金融投资入门系列

债券及债券基金投资从入门到精通

All About Bonds，Bond Mutual Funds，and Bond ETFs

【美】埃斯梅·法尔博（Esmé Faerber） 著
中国农业大学期货与金融衍生品研究中心培训部 译

人民邮电出版社
北　京

图书在版编目（CIP）数据

债券及债券基金投资从入门到精通／（美）法尔博
（Faerber, E.）著；中国农业大学期货与金融衍生品研究
中心培训部译 . —北京：人民邮电出版社，2013.5
　（金融投资入门系列）
　ISBN 978-7-115-31459-8

　Ⅰ . ①债… 　Ⅱ . ①法… 　②中… 　Ⅲ . ①债券投资—基
本知识②基金—投资—基本知识 　Ⅳ . ①F830.59

中国版本图书馆 CIP 数据核字（2013）第 064416 号

内 容 提 要

　　作为资深金融投资市场研究者，本书作者通过自己的实践与盈亏经验，从债券投资的
基础知识入手，详细介绍了各种债券与债券共同基金的交易方式与规则，并深入剖析了相
关风险与报酬，为投资者在选择债券投资组合产品时提供了参考。本书内容由浅入深，文
字通俗易懂，是一本大家都看得懂、学得会、用得上的债券及债券基金投资实战全书。

　　本书适合债券及债券基金投资的入门者以及希望更好地控制投资风险的所有投资者
阅读。

　◆　著　　　【美】埃斯梅·法尔博（Esmé Faerber）
　　　　译　　　中国农业大学期货与金融衍生品研究中心培训部
　　　　责任编辑　陈斯雯
　　　　执行编辑　付微微
　　　　责任印制　杨林杰

　◆　人民邮电出版社出版发行　　北京市丰台区成寿寺路 11 号
　　　邮编 100164　　电子邮件 315@ptpress.com.cn
　　　网址 https://www.ptpress.com.cn
　　　涿州市殷润文化传播有限公司印刷

　◆　开本：700×1000　1/16
　　　印张：20　　　　　　　　　　　2013 年 5 月第 1 版
　　　字数：160 千字　　　　　　　　2025 年 9 月河北第 35 次印刷
　　　著作权合同登记号　图字：01-2012-9269 号

定　价：49.00 元
读者服务热线：（010）81055656　印装质量热线：（010）81055316
反盗版热线：（010）81055315

中文版前言

随着人们生活水平和理财意识的提高，越来越多的人参与到投资大潮中，而债券及债券基金投资凭借可以分散投资风险的优势，成为了最适合老百姓的投资理财工具。在投资者的投资"篮子"里放入一些债券产品，一定是理性且必要的投资选择。与储蓄存款不同，债券及债券基金投资是一门学问，因为并不是所有的基金都能带来良好的收益。"理财有道"已是所有人的共识，作为一种理财方式，投资债券及债券基金也要找到这个"道"才能赚到钱。

《债券及债券基金投资从入门到精通》一书就为投资者提供了这个赚钱之"道"。本书共分为16章，通过介绍债券及债券基金的特征，以及债券的运营过程及其相关的风险报酬，用实例和数据分析的方法，告诉读者该如何选择适合自己的债券产品，从而帮助读者轻轻松松学理财，快快乐乐买债券。

第1章，介绍了投资债券及债券基金的好处和必要性。

第2章～第5章，介绍了债券及债券基金的基础知识，包括债券的发行与基本特征、债券的非系统风险与系统风险、债券的估值和价格波动影响因素、债券收益率与其持有期的关系等。对于入门投资者来说，大量的专业术语会增加理解难度，但本书用通俗简洁的语言对这些术语进行了解释，便于读者快速理解。

第6章，深入介绍了市场经济状况对债券市场的影响。相对于其他投资品，债券投资具有长期持有的特征，本章内容可以帮助投资者提升分析宏观问题的能力，进而积极把握市场变化，对投资收益做出较为准确的预测。

第7章～第13章，分别就特定的债券投资品种进行了全面的介绍和深入的对比，内容包括货币市场债券中的各种短期投资品、国债、政府机构债券、公司债券、市政债券、可转换债券、零息债券等。这部分内容可以帮助投资者了解哪些债券及债券基金投资产品是低风险的，以及选择哪种债券基金产品能够给自己带来稳定的收益。

第14章，从全球视角介绍了国际市场和新兴市场债券，这些债券有助于投资者提高资本报酬的潜在可能性。

第15章，主要介绍了封闭式债券基金和单位投资信托基金的特点及投资注意事项。

第16章，介绍了如何进行投资组合，目的在于帮助投资者建立合理的资产分配组合计划。

对于初涉债券市场的投资者，本书内容可以帮助其快速入门，了解债券及债券基金的种类和特点，理解它们的投资价值所在，以及如何基于市场变化判断其风险，进而作出恰当的评估；对于投资老手来讲，本书亦富有启发性，它将帮助这部分读者全面了解及比较自己的投资产品，作出更明智的投资决策，合理配置及管理各种投资资源。

本书的译者为唐丽君、桂俊煜，钱骏、石辉英对译稿进行了校审。限于译者水平，译文中错误和疏漏之处在所难免，真诚欢迎广大读者批评指正。

"金融投资入门系列"总序

在金融书籍琳琅满目的今天，人民邮电出版社适时引进了"金融投资入门系列"丛书，目的是要给广大的金融投资者提供专业的投资工具及投资知识，解决金融投资者对于金融投资专业知识的困惑，让大家手持一本"可以说话"的投资宝典，在从"外行"跨入金融行业的这一过程中，少走弯路，最终成长为专业的金融投资人才。

稍有一些金融知识背景的人都知道，随着国内金融行业改革的不断深化，目前国内可投资的金融产品越来越丰富，而人们也不再满足于仅仅把钱投资到股市或购买银行理财产品上。但由于国内的投资者对于金融衍生品（诸如期货、期权等）缺乏相应的知识和专业指导，能从中获益的人可以说是寥寥无几。

是什么原因导致了这样的结果？其根本在于目前我国的金融行业与国外发达国家的相比，还处在改革创新的初级阶段，相关的投资品知识尚未得到普及，金融衍生品的投资市场尚未被广大投资者所熟知。大多数投资者缺乏了解相关知识的渠道和途径。翻开国内大部分的金融类教材或相关专业书籍，我们不难发现，这些书籍大多都是照搬西方教科书的理论，以介绍概念和理论知识为主（从概念到原理再到公式），但对于这些知识的实战应用却很少涉及（即使有也是照葫芦画瓢的模仿，无法对国内投资者给予有效的指导）。

当前，广大的金融投资者迫切希望能够系统地学习和掌握金融投资（尤其是衍生品投资）的相关专业知识和实战指导，因为金融市场不但瞬息万变，而且金融投资还常常涉及大量的分析（不但包括国内、国外、宏观、微观以及政治、经济政策的影响，还涉及具体事件对投资风险的影响，等等），这就要求投资者不仅需要了解相关原理，还要懂得相关因素对投资品种的影响程度，金融投资因而已成为一门真正意义上的实战课程。

在此背景下，人民邮电出版社根据目前国内比较热的投资门类，引进并组织翻译了这套"金融投资入门系列"丛书，以满足广大投资者的需求。这套书的引入让大家眼前一亮，给刚刚入行的投资者提供了一整套完备、全面的投资宝典，也有利于专业的投资者借鉴国外各种投资模式的宝贵经验。本套丛书第一批共引进五本，内容分别涉及大宗商品、黄金、债券、外汇、期权等，涵盖了目前国内已经上市的大部分金融衍生品。本套书不仅知识性强，而且覆盖面广、可操作性强。

首先，本套书的原作者们都具有较高的理论水平和实践经验，他们大多为长年从事金融投资理论和实战研究的资深专家；而中国农业大学期货与金融衍生品研究中心培训部作为国内金融衍生品投资研究及实战的权威机构，受人民邮电出版社委托，承担了本套图书的翻译工作。这些年来，中国农业大学期货与金融衍生品研究中心培训部一直致力于金融衍生品投资的研究和实战教育工作，参与本套丛书翻译工作的译者大都是实战专家，对于金融问题，他们不仅具有战略层面的远见，而且还具有操作层面的丰富经验。在翻译过程中，他们结合中国目前的投资环境和现有的金融产品情况，从广大投资者的需求出发，努力将这套浅显易懂、具有实战指导作用的丛书完整地呈现给广大的金融投资者。

其次，本套丛书框架结构清晰，逻辑性强，便于实践。本套书的每一本都对相关金融产品的知识进行了梳理和结构化，并以简单明了的形式呈现给读者，便于读者操作。每一本书的内容都是基于该投资品的基础知识，就投资市场主体构成、投资风险、技术分析以及投资周期分析、投资者风险规避等众多方面，提供了统一的分析框架，便于读者全面了解该投资品的相关知识。

　　最后，本套丛书中的每一本都根据当时的市场状况配有分析图表，图文并茂地说明了各种影响因素带来的投资市场的变化，便于读者直观地了解产品的市场特性。

　　另外，经济的发展和社会的进步离不开人才的培养；反过来，优秀的人才也能促进经济的发展和社会的进步。纵观经济大国的崛起过程，尤其是第二次世界大战后的经济发达国家，无一不是金融市场与经济发展互相适应、金融行业高度发达。在这一发达的背后，层出不穷的金融投资大师们是最有力的支撑。在经济发展全球化的今天，只有投资大师辈出，我们才能在国际化的金融潮流中立于不败之地；只有投资大师辈出，才不至于在定价市场被边缘化，丧失定价话语权；只有投资大师辈出，才能够使民族金融业真正发展，拥有核心竞争力；只有投资大师辈出，才能将我国期货市场建成世界性的定价中心。美国的经济奇迹造就了索罗斯、罗杰斯、巴菲特等一大批大师，而中国的经济奇迹也一定会造就与他们相媲美的杰出人物。而要造就一大批在国际上有影响力的投资大师，基础、有效的教育条件是最根本的保证（例如，科学完整的教学体系、正确的投资理念、全面详实的教辅材料以及系统的实战训练都是投资人才培养的最基本条件）。

　　我们可以预见到，腾飞中的中国经济，将有一个相当长的黄金成长期，这个时期将是中国人在世界金融市场上大师辈出的时代。不过，成为大师的道路是坎坷的，成为大师不仅仅需要机遇，需要个人的智慧和努力，需要个人交易经验的积累，更需要先行者不断地将自己的心得体会与大家一起分享，以承上启下、继往开来。无疑，在未来发展的道路上，这样的"铺路石"多了，路自然就平坦了，大师们也就应运而生了。

　　"金融投资入门系列"丛书将为那些有志于进入金融投资领域、成为金融投资大师的读者提供权威的理论指导和有效的实战经验。相信广大投资者也一定会从中受益匪浅。

中国农业大学期货与金融衍生品研究中心培训部

目　录

All About Bonds,
Bond Mutual Funds, and Bond ETFs

第1章

给未来计划
投资者的启示

　　历史记录不仅让投资者深刻思考过去在股票和债券市场投资的收益，同时也为投资者今后如何投资上了宝贵的一课。对股票和债券投资绩效的评估，可以给投资者的未来投资计划带来启示。

债券的投资收益表现

历史记录不仅让投资者深刻思考过去在股票和债券市场投资的收益，同时也为投资者今后如何投资上了宝贵的一课。对股票和债券投资绩效的评估，可以给投资者的未来投资计划带来启示。

股票投资的热衷拥护者，经常谈论的是历史投资回报率，时间长达 20 年、50 年甚至 100 年。其原因是，在这么长的时间内，投资股票所获得的收益一般都能超过投资债券和其他类别金融资产。然而，一旦时间框架缩短，例如少于五年，那么比较出来的结果就不是如此了，如表 1-1 所示。

表 1-1　大盘股、公司债券及短期国债的历史收益率对比

年限	大盘股	公司债券	短期国债
1926 – 2004 年	9.37%	6.19%	3.5%
1980 – 2004 年	11.12%	10.84%	6.47%
1995 – 2004 年	14.00%	9.87%	3.92%
1999 – 2004 年	− 0.7%	10.76%	2.7%

由上表可以看出，在五年内，债券投资收益的表现要好过投资股票及货币市场债券（现金等价物）。短时间框架内投资，至少在两种情况下债券

的投资收益优于股票：一是经济衰退时，债券的投资收益一般比股票好；
二是高利率高通货膨胀时，短期债券的投资收益（短期国债和货币市场债
券）经常超过长期债券和股票的投资收益。

下面我们举个例子来说明仅投资某一类资产所面临的赔钱风险。

从1995年3月至2000年3月，你只在股市中投资，当美国股市2000
年3月创下历史最高点时，你的收益应该很惊人。那段时间内，债券及货币
市场债券等其他金融投资品不能与股票市场的高收益相比。然而，接下来
的两年半，股票市场指数下挫了50%，其中科技类股票跌了近80%，但是
这期间的债券收益却为正。直到2005年，又过了两年半，股票市场也在上
涨，但离2000年3月的高点还是相差太远。

如果你有投资"千里眼"，在1995年至1999年只投资股票，2000年1
月转投债券，持有至2002年底，2003年又回到股市投资并持有至2004年
底。那么，你的投资收益肯定会非常高。但问题是，我们无法得知何时应
该全面投资股票，何时又应该转投债券。

针对这一问题，我们给出如下分析。

第一，事实上，投资者不可能判定出市场的未来表现，因此不应该将
鸡蛋放在同一个篮子里。也就是说，我们不要仅投资股票或是债券，而应
该组合投资，尽力将赔钱风险降至最低。

第二，将赔钱风险降至最低的关键就是选择不同类型的投资产品。这
些投资品的投资收益不存在相互关系，不会一起跌或一起涨，投资组合中
某个类型的产品价值缩水，另一种投资品的价值就会上升，这样赔钱风险
会降至最低，投资总收益则为正。

图1-1清楚地向投资者解释了通过资产配置可以将赔钱风险降至
最低。

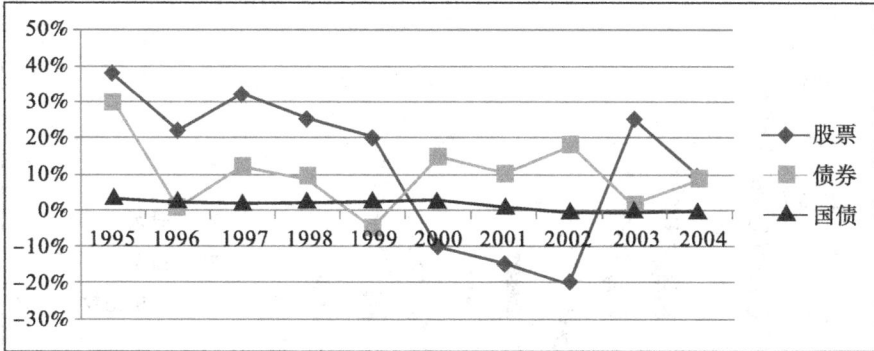

图 1-1 大盘股、长期公司债券及短期国债的历史收益率对比（1995 –2004 年）

从图 1-1 中可以看到，1995 – 2004 年这十年间，大盘股年平均收益率为 14%，但 2000 – 2002 年这三年的收益率都是负的，同时公司债券在十年间只有 1 年出现负值。

2005 年 3 月的纳斯达克综合指数①，相比 2000 年 3 月创下的最高点还是缩水了 60%。而在一个相当广泛的投资组合里，投资范围包括股票、债券、货币市场债券以及不动产投资信托（Real Estate Investment Trust，简称 REIT），投资者这十年内都会收获不错的正数投资回报，完全规避了因股票大跌而带来的赔钱风险。

图 1-2 是一个大盘股，将长期公司债券与由三种投资组成的平衡投资组合的历史收益率相对比，这个投资组合一半投资大盘股，另一半投资长期公司债券，对比的时间跨度超过十年。该图给出了从 20 世纪 90 年代到 21 世纪初期的投资情况，说明了成功的投资需要分散资产，进行多元化投资，并且多元化程度较高的投资组合能较好地抗击市场剧烈的冲击。

---

① 纳斯达克综合指数是以在纳斯达克市场上市的、所有本国和外国的上市公司的普通股为基础计算的。

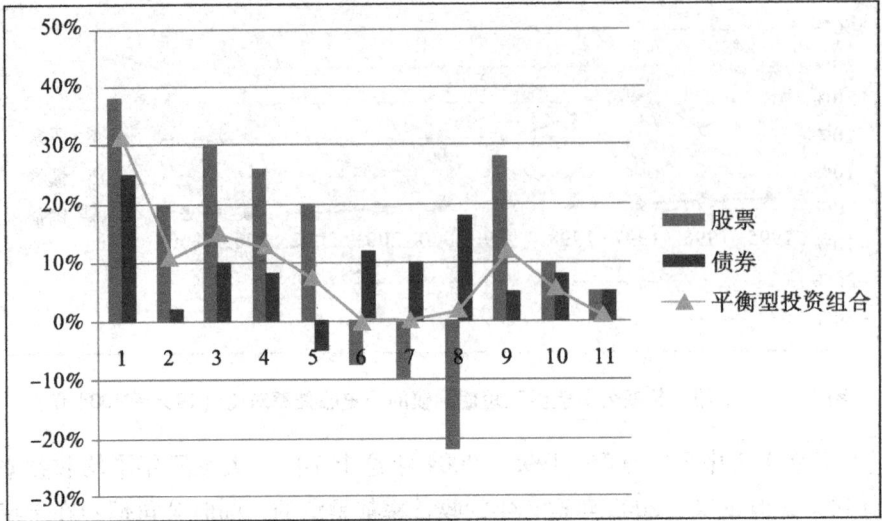

图1-2 大盘股、长期公司债券及一个平衡的投资组合的历史收益率对比（1995 –2005 年）

从图 1-2 这个线性图表上，虽然我们看到该平衡投资组合没有达到股票组和债券组的高收益点，但也没有出现股票组的巨额亏损。

债券在投资组合中的意义

债券提供了可预测的现金收入和资本保值，与股票相比风险更低。因此，债券应该成为每个投资组合的一部分。

1. 投资债券的好处

——由于市场的不确定性，多元化组合的投资能降低投资风险，使投资回报平衡化。多元化组合投资包括股票、债券、货币市场债券以及其他投资性资产。其中，债券的角色就如同船上的锚，能在股票下跌时形成缓冲区。

——债券的投资有金融上的保障，债券持有者能得到持续稳定的利息偿付，本金也一并在到期日偿还。

——某些类型的债券有税收优惠。

——当投资者需要时，可以在到期日前提前赎回债券。

——债券投资比股票投资风险低，完全没有信用违约风险，高信用级别的债券也不存在违约风险。

——债券投资除了有可能赢利（或亏损）外，更重要的是对资金具有保值增值功能。

尽管债券投资有这么多的好处，但因其不能带来如股票投资那么高的收益，所以容易被投资者忽视。从高收益来讲，债券的确不如股票，但它能为投资者建立安全的储蓄金提供一条风险较低的途径。如今，债券已逐渐成为每个投资组合中不可缺少的一部分。

2. 资产如何分配

既然债券是组合投资中不可缺少的一部分，那么在这个组合中，债券应该占多少比重呢？

每种资产类型（股票、债券、房产、期货以及现金）的资金分配额度是很重要的，这将决定投资组合的最终回报率，同时也关系到投资者财务目标的达成情况。每种资产投资所带来的风险和报酬水平各异，其中的某种资产升值时，其他资产可能贬值，也可能维持不变。这种情况下，若投资组合中某种资产投资收益不好，其他类资产也不会受影响，甚至可以弥补其亏损。

资产分配的经典法则之一：年轻的投资者一般更愿意冒风险，他们更倾向于资产增值，而非保值；临近退休的投资者则更倾向于投资组合的保值，因为大的资产缩水会给将来的退休生活带来影响。所以，在策划投资之前，投资时间的范围决定了资产应该如何分配。长线投资意味着投资者不急需这笔钱，能经受住短期股票市场的波动，最终赢得投资组合的增长。长线投资的投资者要能扛得住股票投资带来的风险。短期投资者愿意选择总体风险较小的投资品种，投资组合中债券和货币市场债券所占的比重较高。图 1-3 为投资者介绍了不同时期的投资组合资产配置模型，供读者参考。

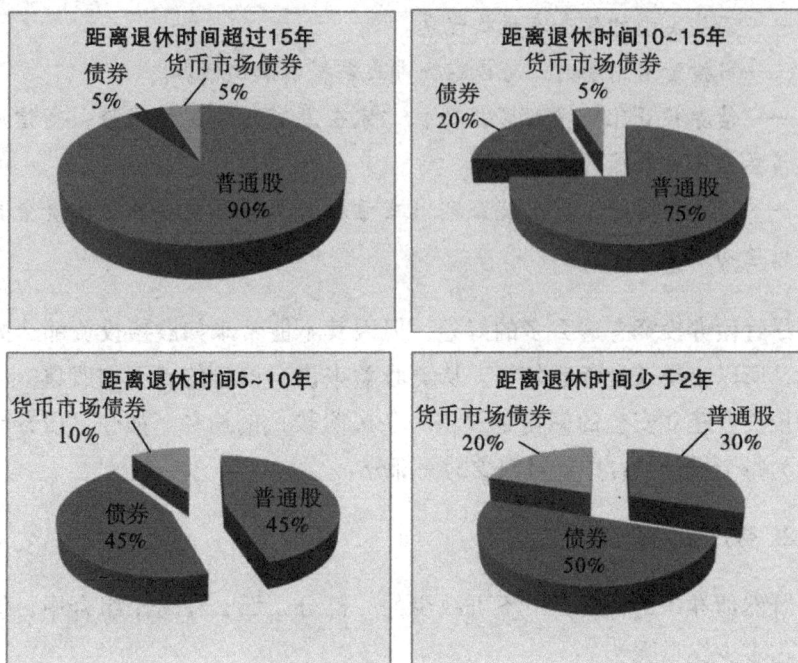

距离退休时间超过15年
债券 5%
货币市场债券 5%
普通股 90%

距离退休时间10~15年
货币市场债券 5%
债券 20%
普通股 75%

距离退休时间5~10年
货币市场债券 10%
债券 45%
普通股 45%

距离退休时间少于2年
货币市场债券 20%
普通股 30%
债券 50%

图1-3 时间周期与投资组合资产配置模型

　　投资时间的长短还决定资产配置另一个重要的方面。一旦投资者开始把储蓄金用于投资养老，那么离退休的时间越长，股票投资的比重就应该越大。例如，55岁退休的人与75岁退休的人相比，根据投资组合的大小，55岁退休的投资者应该让资产增值，以免退休金不够今后生活所需。

　　另外，投资者的财务状况也决定其资产配置。例如，一对带小孩的年轻夫妻在投资时，需要的是现金回报以满足日常开支，而不是资本金的增值。因此，他们应该投资债券，这样才能获得预期的现金流。

　　资产配置是在投资品的增值和保值并获得现金收入中保持平衡的一种方式。在资产配置时，投资者应该充分考虑个人退休时间的长短、风险承受力以及投资组合的金额。图1-3只是一个建议，投资组合应该根据个人需求而定。公认的"拇指规则"② 认为：当快退休了，投资应该从股市中撤出，然后转投货币市场。

如何实现投资的多元化

投资者一旦决定好资产分配比重，下一步就要对投资品（股票和债券）进行分散投资。即使债券没有普通股票波动大，但并不是完全没有风险，通货膨胀、利率及信用违约带来的风险不可忽视。图 1-4 列出了 20 年间不同类型债券的表现。1985 年至 2004 年，垃圾债券在最好年份的收益几乎高至 40%，最差年份的损失达 6%。投资级债券最好年份的收益即使不如垃圾债券或国际市场债券，但最差年份的损失也低于它们。货币市场债券虽然收益最少，但却做到了资产的保值。

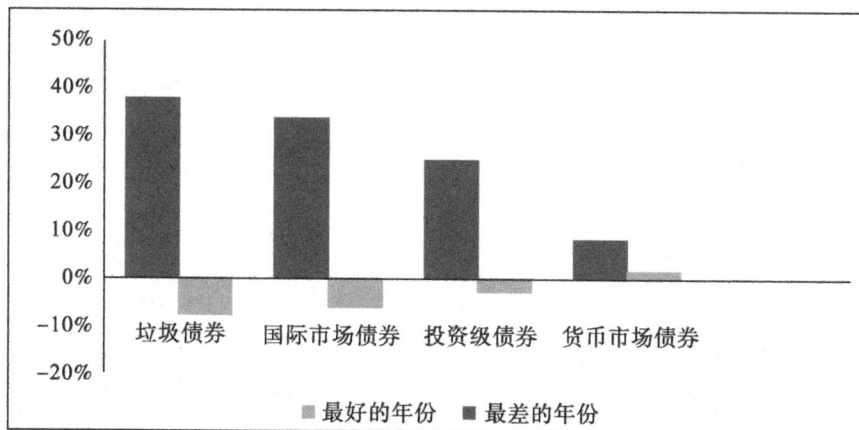

图 1-4 20 年间不同类型债券的表现

图 1-4 展现了四种不同固定收益债券的风险回报特征。可以看出，选择债券投资组合时，应该考虑不同的条件（市场利率、通货膨胀以及信誉品质），表现不同特性的各种债券。

---

② 拇指规则又叫"经验法则"，是一种可用于许多情况的简单的，具有经验性、探索性但不是很准确的原则。

All About Bonds,
Bond Mutual Funds, and Bond ETFs

第2章

债券入门

债券与储蓄存款的主要区别在于，债券持有者能在债券到期日之前把债券卖给其他投资者，而拥有固定期限的储蓄存款只能由其发行机构来赎回。

什么是债券

债券同借据或储蓄账户具有相似之处，你把资金存入储蓄账户，就是把资金借给了银行，而银行以你的存款额度支付存款利息。同样，你购买了债券，就是把资金借给了债券发行者，作为回报，后者会向你定期支付利息。当债券到期时，你作为债券持有者收回债券本金，正如你从储蓄账户上提取全部存款一样。

1. 债券与储蓄存款的主要区别

债券与储蓄存款的主要区别在于，债券持有者能在债券到期日之前把债券卖给其他投资者，而拥有固定期限的储蓄存款只能由其发行机构来赎回。债券是债券发行人的法律义务，发行者要定期支付固定利息，直到债券到期日，并且在到期时归还本金。

2. 债券支付流程

债券支付流程如图 2-1 所示。

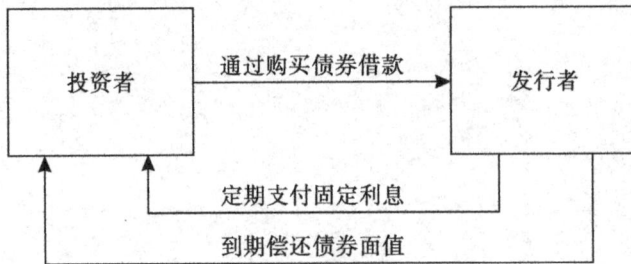

图2-1　债券支付流程

3. 债券的三大基本内容

债券包含三大基本内容：债券息票率、债券到期日和债券价格与收益率。

（1）债券息票率（coupon rate）

债券息票率是债券发行人承诺支付给债券持有人的固定利率，浮动利率债券不在这个范围内。如果息票率为4%，则债券发行者每年要按每张债券40美元支付利息（4%×1 000美元，本书中，债券的票面价值定为1 000美元）。很多债券每半年付息一次，如果发行者支付4%的息票率，每半年支付，则债券持有者每半年将收到每张债券20美元的利息。但其中也有例外，如美国政府国民抵押贷款协会债券（GNMA债券）就是每个月付息一次。有些债券的息票率是根据某一特定指数进行调整或浮动的，这说明利息支付将会根据某一基准指数的波动而发生变化。还有一些债券，例如无息债券以及美国短期国库券是在债券到期时以一次性付息方式向债券持有者支付利息的。

（2）债券到期日（maturity date）

债券到期日是指债券到期的时间，即债券持有人收取票面价值的日期。债券到期日也决定了债券持有者得到利息的日期。例如，债券的到期日为2020年3月1日，那么它的发行者将在这天归还持有者债券的票面价值以及最终的利息。如果是按年支付，则债券持有者每年这一天都会得到利息；如果是按半年支付，那么投资者将在每年的3月1日以及六个月之后得到利息，直至债券到期。

（3）债券价格与收益率（ price and yield ）

债券价格，即债券的市场价是由多种因素决定的，例如该债券息票率与市场利率的关系、债券期限以及发行者信用水平等。债券的息票率一直是固定的（浮动利率债券除外），但市场利率是浮动的，这将导致新发行的债券和现有债券的收益发生变动，其最终决定了现有债券价格。例如，债券息票率与市场利率（相对新发行债券的收益率而言）一样时，债券一般以平价交易（1 000 美元），然而投资者此时愿意花更多的钱购买息票率高的现有债券，而非息票率低一些的新债券。这样就会导致现有债券价格上涨，以弥补其与新发行债券之间的收益率差。同样的，当新发行债券的收益率高过现有债券时，那么现有债券的价格会因为较低的息票率而下降。

市场利率与债券的价格呈反向变动：当市场利率上升时，现有债券价格下跌；当市场利率下跌时，现有债券价格反而上升。它们之间的这种关系也解释了债券存在溢价、平价以及折价交易的原因。

债券投资者容易被自己对市场利率的预期所左右，若是预期未来利率会下跌，他们则更愿意投资债券，因为现有债券的价格会上涨。另一种情况，也就是投资者预期利率上升时，他们就不愿意购买债券了，因为未来债券价格会下跌。

虽然还有其他因素，如债券到期日的时间长短以及债券的整体品质也会影响债券价格，但市场利率对债券价格的影响是最基础的，也是了解债券价格最好的开始。

4. 债券术语

债券术语如表 2-1 所示。

表 2-1　债券术语

术语	解释
平价 （par price）	平价是指债券的票面价值，当债券到期时，归还投资者的金额。本书所说的票面价值一般为 1 000 美元，例如，发行债券时，债券的买入价是 1 000 美元，则投资者以平价买入债券。到期日时，投资者重获 1 000 美元的本金

（续表）

术语	解释
折价 （discount）	低于 1 000 美元面值的成功价格交易就是折价买入。例如，福特汽车信贷公司债券，息票率为 6.37%，到期日为 2008 年，2005 年 9 月 26 日承销时，每张债券是以 967.50 美元折价交易的
溢价 （premium）	以高于 1 000 美元面值的价格交易就是溢价买入。例如，2005 年 9 月 26 日，IBM 公司 2019 年到期的债券，息票率为 8.37%，2005 年 9 月 26 日承销时，每张是以 1 328.75 美元溢价交易的
市场利率 （market rate of interest）	市场利率影响债券价格，从而影响债券的收益。也可以这么说，息票率和其收益的不同将决定债券的价格。例如，你去年购买了一只息票率为 5% 的债券，当时市场利率为 5%，每张债券支付 1 000 美元。一年后，市场利率上升，促使市面上发行了息票率为 6% 的新债券，很有竞争性。如果你出售那只息票率为 5% 的债券，将会是怎样的结果呢？很显然，当其他投资者能购买同样价格为 1 000 美元、息票率为 6% 的新债券时，是不会买入息票率为 5% 的债券的。新投资者预期收益率至少为 6%，也就意味着，为了同当前市场中的债券竞争，债券将折价出售（低于 1 000 美元）。相反，如果市场利率降到息票率 5% 之下，投资者将会溢价（高于 1 000 美元）来购买。所以说，债券价格对市场利率以及其他一些因素都很敏感
提前赎回条款 （call provision）	许多债券投资都会订立提前赎回条款，即债券到期日前，债券发行者以特定价格赎回债券。如果市场利率低于发行息票率，提前赎回条款可以帮发行者提前赎回债券
买入报价 （bid price）	债券有买卖报价。买入价是指卖者将债券卖给买者的价格，也是买者愿意支付的最高价格。例如，买入报价为 $94\frac{1}{2}$，即价格为平价的 94.50%，该债券的票面价值是 1 000 美元，债券持有者愿意以 945 美元卖出

16

（续表）

术语	解释
卖出价 （ask price）	卖出价是债券卖出者愿意收取的最低发行价
价差 （spread）	债券的买卖差价就是价差，其中一部分是经纪人（交易者）的佣金。当价差较大时，表明债券的交易不活跃
基点 （basis point）	基点是用来衡量收益率差异的。一个基点相当于一个百分点的1%。例如，债券的收益率从5.25%下降到5.20%，则收益率下降了五个基点

如何买卖债券

买卖债券比投资其他金融资产更为复杂。当然，个人购买债券也可以像买卖股票一样委托经纪公司办理。但是，不同的经纪公司对债券投资的报价是不同的，交易费用比股票的要高很多。

事实上，大多数债券交易并不频繁，而且只能找某些特定的交易商交易。

个人投资债券并不能像投资股票那样可以通过现有的途径去了解大多数债券的每天报价，因为在网上或任何中央交易所进行交易的债券是没有实时报价的。即使是交易所里最活跃的债券品种，投资者也只能在金融类报刊上找到前一天的债券交易价格。而且，大多数债券交易是通过场外交易（OTC）市场进行的，而非交易所。另一个问题是，经纪公司交易的是自己现有的库存债券，这样同一种债券便会产生不同的报价。例如，同样的一张福特汽车公司债券，一家经纪公司的报价是950美元，而另一家经纪公司的报价就可能是925美元，从而产生价格差异。这种价格差异产生的原因有很多，如债券购买时的价格、手续费成本（因为经纪公司的佣金已经计入手续费成本中，所以投资者也要为这部分买单）、现有的债券库存量等。

不是所有的经纪公司都会收取手续费，有些在线经纪人是收取定额费用的。例如，每份债券收取 2 美元，或者是按每笔交易最低费用收取，以多者为准。

个人投资债券时应该货比三家，到不同的经纪公司询价，这样才能得到最好的购买价格。投资者在比较价格时，应该比较买入价/卖出价，因为买卖价差就是交易佣金。不用说，各经纪公司收取的佣金总会有出入，不同类别的债券，价差也不一样。例如，在美国，政府机构债券和地方公债的价差就高于美国财政部公债的价差，因为前两种债券的交易不如后者活跃。同样，其他交易清淡的债券的价差相对更大。价差大也意味着该债券发行机构的信誉较低。

到目前为止，本书讨论的重点在于导致债券价格不同的原因，以此告诉投资者怎样才能获得最好的价格。经纪公司所拥有同种债券的库存不可能一成不变，这点使债券价格比较起来很困难。若个人投资者不想历经投资债券时因定价产生的重重困难，则可以考虑投资债券共同基金或是债券型交易所交易基金（BOND ETFs）。

债券的共同特征

虽然各类债券定有不同之处，但所有的债券都具备以下相同的特征。

1. 债券到期日（maturity date），即偿还债券的日期。

2. 利息支付（interest payment），即发行者承诺为借款所支付的回报。

3. 本金的偿还（repayment of principal），即债券发行者承诺在债券到期日归还本金。

4. 债券发行合约（bond indenture），该合约包含了所有与发行相关的信息，如：

（1）债券发行规模；

（2）息票率；

（3）利息支付频率（一年或半年）；

（4）到期日；

（5）赎回条款（或有条款），这一条款约定，允许发行人在债券到期之前提前赎回并偿清债券；

（6）再融资条款（或有条款），该条款约定，允许发行人在债券到期时通过发行新债券来偿还债券持有人；

（7）偿债基金条款（或有条款），该条款的订立让债券发行人向债券持有人提供了更大的保障，偿债基金条款规定，债券发行人要将其收入作为储备金用于偿还所发行的债券；

（8）回售条款（或有条款），该条款约定允许债券持有人将其所持有的债券以票面价格回售给债券发行者。

投资债券可以让投资者获得稳定的利息收入，而且，如果持有债券至到期日，还可以收回本金。正如前面所说，虽然债券都有相似的特征，但价格却大不相同，投资者应该认真分析这些导致价格不同的因素。例如，两只债券除了发行人不同，息票率、期限以及信用评级都一致，但是利率变化会给债券发行人带来一定的信用风险，其对应债券价格的变动就会不一样。

债券发行人及投资等级

债券投资者能否从债券上获得稳定的现金流收入以及持有债券至到期日收回本金，是由债券发行者的金融信誉所决定的。债券发行者的金融信誉决定了投资者能否收回本金和利润。美国财政部发行的债券被认为是最安全的，无违约风险。因为，美国政府可以通过提高税收来增加收益，所以其国债被认为是无风险债券。

公司发行的债券不同于国债，不具有保证支付义务。公司发行债券需要盈利之后才能支付利息和本金，为了弥补投资者承担的信用违约风险，公司债券比国债的息票收益更高。

独立的评级服务公司能够评估市政债券和公司债券的信用风险。例如穆迪投资服务公司①、标准普尔公司②以及惠誉评级公司③等。表2-2按等级从高到低的顺序列出了穆迪投资服务公司和标准普尔公司对债券的不同信用等级评定。

表2-2　债券等级

穆迪	标准普尔	等级解析
Aaa	AAA	质量最高的债券
Aa	AA	高质量债券，但风险比前者略高
A	A	还本付息能力强，但存在将来违约的可能性
Baa	BBB	中等质量债券
Ba	BB	还本付息能力中等，此类中 B 等级债券带有投机性
B	B	
Caa	CCC	投机型债券，具有很大的不确定性
Ca	CC	
C	C	
	DDD	债券处于违约状态
	DD	
	D	

　　穆迪投资服务公司和标准普尔公司是两家有名的独立评级机构，尽管它们的评级不完全相同，但大同小异。债券的等级越高，投资者获得利息和本金的可能性越大，即债券安全性越高，最高级别为三个 A。标准普尔公司将 AAA、AA、A 及 BBB 这四个级别的债券定义为投资级债券，而等级低于 BBB 的债券则被认为是带有投机性的垃圾债券。垃圾债券等级较低，意

---

　　① 穆迪投资服务公司是世界著名的债券评级机构，也是世界三大评级机构之一。它主要对公用事业和工业债券进行信用评级，其股票在纽约证券交易所上市交易（代码 MCO）。

　　② 标准普尔公司是世界权威金融分析机构，标准普尔的信用评级以客观分析和独到见解真实反映政府、公司及其他机构的偿债能力和偿债意愿，因此获得了全球投资者的广泛关注。

　　③ 惠誉评级公司是唯一一家欧资国际评级机构，其金融机构评级业务量在全球首屈一指。

味着其发行者在本息支付上有可能违约。在购买债券时，投资者应该向经纪人询问债券的等级情况。大多数在线经纪人会在提供报价时附上债券等级信息。

为避免每天担惊受怕，投资者应该投资等级等于或者高于 BBB 的债券。然而，债券等级只能为投资者提供一个参考，因为债券发行者的财务状况可能会随着时间恶化，导致债券等级下降，继而使债券市场价格下降。相反，当债券等级上升时，债券价格也会上升。同一发行者可能在市场上同时发行多种债券，而每一种债券都会有不同的等级。例如，在 2007 年 5 月 1 日，标准普尔公司将美国礼恩派集团（Leggett & Platt）公司的优先无担保债券的等级由 A + 调低为 A，原因是其公司的相关业务内容持续疲软。

当债券的等级由 AAA 被调低至 A，投资者不用感到紧张，因为等级 A 仍然代表着高质量的债券。但是，如果债券等级被调低至 BBB 以下，那么投资者就要考虑一下是否继续持有该债券了。举一个比较恰当的例子，高风险的次级抵押贷款债券就是有历史信用污点的债券，穆迪投资服务公司和标准普尔公司在这些债券发行没多久就将其降级至垃圾债券。这个例子不仅反映了评级服务公司准确评估债券品级的能力，而且提醒了投资者要格外注意债券发行者的财政状况。

即使不同的债券，也可能有同样的债券评级，但发行者的信用评级可能不一样。正如前面所说，美国的国债优于 AAA 级别的政府机构债券，同理，AAA 级别政府机构债券的信用又优于 AAA 级别的公司债券。应该注意的是，级别的评定并非一成不变，它只能作为发行者信用判定的一条指南。例如，安然债券在其公司破产的前几年的级别还是很高的，公司破产后债券便违约了。

债券投资期限

投资者在做出投资抉择之前，应该认真研究债券的特点，以提高收益率，降低亏损风险。首先，要有一个好的起点，就是将债券期限与自己财务需求相匹配，这样可以限定本金的损失。其次，债券的期限要短至 1 ~ 50

年。举例来说，如果一个投资者拥有可供投资六个月的资金，他自然不愿意投资于 30 年期的长期国债。因为，一旦在投资期内利率升高，该投资者会因债券价格的下跌而丧失部分本金。换句话说，若在投资期内利率下降，投资者则会因债券的价格上升而获利。所以，通过将债券的期限与财务需求相匹配，投资者可以限制由于市场利率的变动而带来的损失。

一般来说，债券投资的期限越长，投资者的收益率越高。这种高收益率取决于未来的利率、通货膨胀率以及发行人信誉风险等多种不确定性。就短期债券投资而言，投资人获得的收益比较低，同时本金损失的风险也十分有限。需要记住的是：在某些情况下，短期利率也可能高于长期利率。决定收益率曲线④的利率期限结构将会根据经济情况的不同而发生变化。

1. 短期债券

在货币市场，有多种多样可转让并且交易活跃的短期借据，货币市场正是由大量的经纪商和交易商组成，他们从事几十亿美元的短期债券交易，包括国库券、银行承兑汇票、可转让存单以及商业票据等。从结构上说，有为新债券发行存在的市场，也有为已发行债券提供交易的活跃的二级市场。

二级货币市场的交易工具如下所述。

（1）国库券，指国家财政当局为弥补国库收支不平衡而发行的债券，期限一般不超过一年。

（2）银行承兑汇票，主要是为国际贸易交易融资而发行的承诺凭证，付款期限最长不得超过六个月。

（3）商业票据，是由信誉最好的公司为短期融资而发行的无担保承诺凭证，期限为九个月以下。

（4）大额可转让存单，是以特定的利润存入商业银行里的银行存款凭证，这些凭证可以在公开的市场进行买卖。大额可转让存单的期限一般为

---

④ 收益率曲线是显示一组货币和信贷风险均相同，但期限不同的债券或其他金融工具收益率曲线的图表。它是分析利率走势和市场定价的基本工具，也是投资的重要依据。

14 天到一年，金额较大（美国的大额可转让存单为 10 万美元）。

（5）回购协议，指出售某种货币市场债券，同时约定在未来某个时间以特定的价格将这种证券购回。

（6）货币市场共同基金，就是对上述短期债券的多样组合进行投资。

这些短期债券从违约风险上看相对安全，由于活跃在二级交易市场，所以流动性也很好。本书在第 7 章将详细地讨论这些短期债券投资工具。

2. 长期债券

在投资时，投资者应该针对自己的财政情况量身定制投资计划，这样投资收益才会更加稳健。具体来说，就是将短期资金用于短期债券投资，将长期资金用于长期债券投资。

投资期限为 1 年以上的债券被视为长期债券，包括期限 1～10 年的中期债券，还有超过 10 年的债券，这些也被称为资本市场证券。但是，短期债券和长期债券之间并没有明显的差别。即将到期的美国中长期债券均被视为货币市场债券。

固定收益的长期债券包括中长期国债、政府机构债券、抵押支持债券、市政债券以及公司债券。零息债券和可转化债券是混合型债券。虽然它们有着不同的特点，但仍然被认为是资本市场证券。

美国财政部发行的长期债券分为两种：一种是 10 年期以内的中期国债，另一种是 10 年期以上的长期国债。

美国政府机构也通过发行长期债券来筹集资金，虽然政府机构债券没有美国政府信用的担保，但仍然被视为信誉高的投资品。相比国库券，它存在一定的信用风险和违约的可能性，因为有许多政府机构发行债券，这些债券的期限、流通性、市场认可度是不相同的。

美国市政债券是由美国各州、县、市政府所发行的，市政债券的主要优点在于特殊的税收待遇，即购买市政债券的利息收入可以减免联邦所得税以及发行所在州和当地的税金。

公司债券是由公司发行的债券，而且各种公司债券的特征和风险差异非常大，高品质的公司债券相比投机性公司债券（垃圾债券），其息票率要低一些。

零息债券是混合型债券，它们不支付利息，而是以较大的折扣发行，并在到期时以票面价格回购。另一种混合型债券是可转换债券，可转换债券是由公司发行的，该债券根据持有者的选择，可以转化为普通公司的股票。

每种长期债券都有不同的风险、回报率、税收待遇、流动性和市场能力，投资者应该在投资前仔细分析不同种类债券的不同特性。

投资者可以选择债券共同基金和债券型交易所买卖基金（ETFs，以下简称"债券ETFs"），以替代长期债券投资。债券共同基金的种类有长期国债共同基金、政府机构债券共同基金、公司债券共同基金、零息债券共同基金以及可转换债券共同基金。债券ETFs的投资种类发展迅速，让投资者有了更多的选择。

长期债券投资的优点就是收益率比较高，由于投资期限长，从而规避了价格波动的风险。

债券共同基金

共同基金就是把众多投资者的资金募集起来，然后代表投资者的利益运用这些资金进行投资。共同基金投资的金融品种取决于共同基金设定的目标。例如，共同基金的目标是通过货币市场债券来提供短期收益，那么，该共同基金应该投资于货币市场债券。同样，还有各种类型的股票共同基金和债券共同基金。

1. 优势

共同基金为投资者投资股票、债券、货币市场债券提供了便利；通过这种方式，投资者无需个人购买这些金融资产（股票、债券、货币市场债券）。共同基金特别受到一些投资者的青睐，它们在知识、经验和时间上都不足以或无法对各种可供选择的金融投资产品进行研究，对此，本书后面章节将对共同基金进行更为详细的讨论。

2. 债券共同基金和单一债券的不同之处

虽然投资债券共同基金，基金经理会代表投资者做选择，确定哪些债券作为投资对象，但是，投资者自己还是要了解债券共同基金的特征，这样才能做出正确的投资选择。许多投资者投资债券共同基金就是为了避免对复杂的单一债券进行研究。共同基金有专业的基金经理，他们会帮助投资者决定基金投资组合中的债券买卖和持有。

债券共同基金和单一债券有以下几处不同。

★ 债券共同基金不同于单一债券，没有到期日的限制。当基金中的债券有到期的，基金经理将用收益再次购买新的债券。而单一债券到期，投资者会以平价（一张 1 000 美元）收回投资本金。

★ 债券共同基金的利息金额是浮动的，而单一债券的息票收入是固定的。

★ 债券共同基金收取的费用会削减基金的收益所得。除了买卖时交付佣金外，单一债券不用交其他费用。

★ 由于基金中债券的买卖，共同基金的品质、风险以及收益总会发生变化。

共同基金给那些没有时间、没有专业知识或不愿意管理自己债券组合的投资者提供了便利，也给了投资者不用投入太多的资金就可以投资多元化的债券组合的机会。

债券型交易所买卖基金（债券 ETFs）

债券 ETFs 可以给投资者提供投资债券的机会，而且投资者无需再担心购买个人债券时定价的透明度。绝大多数债券 ETFs 都是追踪某一综合或行业指数，而且是在交易所进行买卖。这样一来，投资者无需买卖个别公司债券，可以在股票交易所购买投资级公司债券基金。该交易所交易基金是由"一揽子"投资级公司组合的投资，其中还包括追踪长期国债、抵押支持债券以及各种投资周期的政府债券 ETFs。

1. 债券 ETFs 的优势

债券 ETFs 给投资者提供了低费用比率、流动性好（在股票交易所交易）并且丰富的投资组合。与共同基金的费用比率相比，债券 ETFs 的费用比率较低，但是债券 ETFs 需交纳的经纪人佣金会增加其投资成本。然而，它优于共同基金的地方在于，债券型交易所买卖基金的买卖就和股票交易所交易股票一样方便，交易者可以在任何交易时间内以某一具体价格买卖基金份额，而共同基金只能在交易日结束时以其当日收盘价交易。

有关各种债券型交易所买卖基金的具体情况，将在后面相应章节展开讨论。华尔街有一种说法，"投资股票能让你变得富有，而购买债券能让你保持富有。"这句话很好地总结了债券是投资组合的一个重要组成部分。

2. 债券 ETFs 的具体特征

单一债券投资者不需要关注其交易价格的不透明性，而债券 ETFs 却很独特。由于债券 ETFs 在股票交易所交易，其所持内容的价格变动会反映到基金的价格变动上。债券 ETFs 在交易时间内以实时价格交易，而共同基金只以当天的收盘价交易。虽然债券 ETFs 每次买卖都要交手续费，但均低于买入单一债券的费用，而无佣共同基金则没有交易费用。

债券 ETFs 与共同基金有相似之处，例如，投资者不用太多的资金就可以有机会投资多元化的债券组合；不用再逐一买卖债券，也不用费力管理自己的投资组合，为投资者提供了便利。债券 ETFs 的费用比共同基金要低。与共同基金一样，债券 ETFs 每个月分红，其每月用投资组合债券的利息收益对基金持有者分红。

投资债券 ETFs 和共同基金的主要劣势是，投资者对投资所获的利息及资本利得没有控制权。而进行单一债券投资，投资者可以为了得到更高的利息收入而选择高收益率债券，或是持有债券至到期，以此来保值。但不得不说，债券 ETFs 的确给投资者提供了除了投资单一债券或共同基金之外另一个灵活的选择。

债券投资的相关条款

在投资债券时，投资者应该核实债券的所有条款。公司债券一般都设有赎回条款、再融资条款以及偿还基金条款。这些条款对投资者既有利也有弊。因此，了解债券的具体特性很重要，投资者应该先阅读和理解这些条款的具体细节，然后再投资。对于新发行的债券，投资者应该拥有这些条款细节的招股说明书终稿，而预售说明书上只会将此细节简单带过。

1. 提前赎回条款

许多公司债券都有提前赎回条款，这表示发行机构可以在债券到期前以一定的赎回价格回购该债券。这一点对发行机构有利，而对投资者不利。因为，市场利率下跌至低于债券的息票率，发行机构就可以赎回债券，再重新发行息票率较低的新债券，这时即使投资者提前收回了本金，但投资新债券的息票率却降低了。

债券的投资条款会详细列出赎回细节，包括赎回时间及赎回价格。自由可赎回债券未给投资者提供任何保护，发行者可以随时赎回债券。递延可赎回债券给投资者提供了适当保护，发行者只能在规定时间才可以赎回债券（通常为发行后 5 年、10 年或 15 年）。例如，2007 年发行的债券，规定 10 年的递延可赎回，即 2017 年后才可以自由赎回，而通常到期赎回价格同债券的息票率相等。

不可赎回债券对投资者的保护程度是最高的。不可赎回债券意味着在到期日前债券不能被赎回，因此可赎回债券比不可赎回债券的价格要低。由于发行者很少会在市场利率上升时赎回债券，所以对投资者来说，提前赎回债券是非常不利的。而对在购买债券时，购买债券的息票率比已发行债券的息票率要高的投资者来说，提前赎回债券尤为不利。

2. 再融资条款

再融资条款规定发行者不可以使用新发行债券的资金来赎回债券。也就是说，如果债券条款中既有提前赎回条款又有再融资条款，那么用来赎回债券的钱必须是通过内部融资或者变卖股票和资产所得的资金。

再融资条款提供再融资保护，与提前赎回条款相似。例如，提前赎回条款和再融资条款日期都为 2010 年 7 月，若 2010 年 7 月之前赎回，赎回溢价为 5%，那么发行者就要支付投资者每张债券 1 050 美元。用以赎回的资金不能来自新发行的低利率债券，这笔钱必须是"干净的资金"，即通过内部融资或者变卖股票和资产所得。

3. 回售条款

附有回售条款的债券一般少于附有提前赎回条款的债券，主要原因是该条款对债券持有人更有利。回售条款规定债券持有者能够将债券以面值（或是提前约定的价格）回售给发行者。针对上升的市场利率以及通货膨胀对债券收益的影响，这一条款为债券持有者提供了保护。正是因为回售条款对投资者有利，所以许多公司选择发行单次性回售条款的债券，即债券只可以在某一天以约定价格回售给发行公司。

由于可回售的优点，附有回售条款的债券比无此条款债券的价格更高，而且息票率也较低。

4. 偿债基金条款

许多公司的债券合约中都设有偿债基金条款，发行人设立了偿付债券的偿债基金，使发行公司能够在到期日前分阶段地收回部分债券，其中有关具体的细节、日期以及偿还方法等都在合约中有所描述。例如，发行者可以确定具体的赎回日期，或是约定可以不定期收回部分债券。一旦这些债券被赎回，它们也就不再赚取利息。

确定哪些债券会被提前赎回，主要有以下两种方法。

（1）发行公司随机抽选，然后提前将所抽选的债券赎回。一些债券持有者不会因此而受影响，但是该方法让债券的估值变得困难了，因为债券投资者不知道自己的投资何时会被提前赎回。

（2）按比例赎回，所有债券持有者都会因此而受影响。例如，发行公司决定清偿5%的债券，那么所有债券持有者持有的5%的债券都将被提前赎回。这种方式对债券的估值不会产生影响。

虽然偿债基金条款和提前赎回条款都会对投资者产生不利的影响，但也存在两大好处：

第一，为债券持有者提供了一定的保护，因为发行人设立了偿付债券的偿债基金，随着环境的变化，可以减缓债券的违约风险；

第二，有偿债基金条款的债券收益率相对高于无偿债基金条款的债券。

5. 可转换条款

可转换条款约定：债券持有者可以将可转换债券转换成指定数量的该发行公司持有的普通股股票。对此，大多数的可转换债券都设有提前赎回条款，发行者提前赎回可以迫使持有人将债券转换成股票。

可转换债券可以通过其代表的股票或者普通债券的转换价值进行估价。本书第12章将对可转换债券进行详细的讲解。

税收与收益

税收会减少投资者的收益率，因此投资者在选择投资品种时，要着重注意这一点。在美国，利息收入通常按联邦普通税率（投资者的边际税率）来征收，市政债券一般免缴联邦税。投资者在对征税和免征税的债券收益进行比较时，应该使用税后收益率和市政债券收益率相对比。税后收益率的计算方法如下：

税后收益率 =（1－税率）×税前收益率

例如，一个投资者投资于公司债券，其收益率为6.8%，那么应该按照35%的边际税率纳税，计算公式如下：

税后收益率 =（1－0.35）×6.8% =4.42%

这样算出的收益率是可以和市政债券的收益率相比较的，因为市政债券可免缴联邦税。在多数情况下，税收影响着投资决策，有效的税收计划可以降低税赋水平。

　　美国国债投资的利息收入免征美国各州和地方税。对于本州发行的市政债券的利息收入，一般免征州税。

　　投资者还应该知道，如果持有债券超过一年，资本所得税的边际税率将下调（根据2008年的数据）。卖出债券前持有少于一年，则没有税收方面的优惠。

　　既然美国联邦、州和地方税是对利息所得和资本利得征税，那么在美国投资债券的投资者，应该比较不同债券的税后收益率。

All About Bonds,
Bond Mutual Funds, and Bond ETFs

第3章

债券风险

　　债券投资的确存在风险，但并不意味着投资者就要因此把钱藏在床铺底下，因为这样做同样也面临着损失风险。针对无处不在的风险，投资者应该认真进行分析，以了解这些风险是如何影响债券投资的。

许多投资者都错误地认为投资债券是没有任何风险的，其实不然。相比投资股票，债券价格的波动幅度不大，但这并不意味着债券投资没有任何风险，所有的债券投资都伴随着风险。债券投资风险的大小因债券的种类和发行者的不同而异，如果在到期日前卖出债券，市场利率相比购买债券时上升了，那么债券投资者通常面临着只损失部分本金的风险。同样，债券投资者也可能因为债券发行者破产而损失所有本金。债券投资的确存在风险，但并不意味着投资者就要因此把钱藏在床铺底下，因为这样做同样也面临着损失风险。针对无处不在的风险，投资者应该认真进行分析，以了解这些风险是如何影响债券投资的。

利率风险

利率风险是指市场利率变化直接影响债券投资所产生的风险，固定收益债券价格的变动和利率的变动相反。利率上升期间，持有固定收益债券的投资者会发现债券市场价格已下跌，这些债券的新投资者希望获得具有竞争力的收益。与此同时，利率下降期间固定收益债券的价格会上涨，而债券到期日越长，利率风险越高。这就告诉我们，投资到期日较短的债券，或者同时投资一些到期日不同的债券，可以降低利率风险。持有债券至到期日能把风险降到最低。

例如，投资者购买了一只息票率为 5% 的债券，当时市场利率为 5%，每张债券支付了 1 000 美元。一个月后，市场利率上升，促使市面上发行了息票率为 5.25% 的新债券。这两种债券的品质、到期日及售价都相同。如果其他投资者想购买已经售出的债券，肯定不会以 1 000 美元购入，因为他可以用同样的价格买息票率为 5.25% 的新债券。那么，为了让自己的债券有市场竞争力，所持债券将折价出售（低于 1 000 美元）。这时，债券持有者所面临的就是市场利率带来的风险。市场利率上升，现存债券的价格将会下调，相反，如果市场利率下降，则会使债券价格上升。图 3-1 形象地描述了这两者之间的关系。

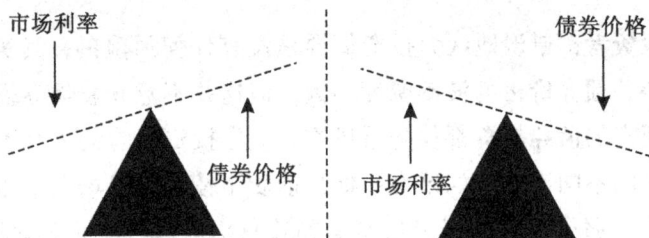

图 3-1　市场利率和债券价格之间的关系

违约或信誉风险

投资债券的另一个风险和投资发行机构的信誉有关。信誉是指发行机构定期付息和到期还本的能力。债券发行机构的信誉风险各异，如果发生无法定期付息或到期还本的情况，就可能导致投资者破产。然而，发行机构难免会遭遇金融上的困难，从而导致他们的债券被像穆迪、标准普尔（S&P）或惠誉这样的重要信用评级机构降级。降级将会导致这些机构发行的债券价格下调，即使这些债券发行机构还是有能力履行付息能力的。

评级机构对债券发行商作出的财务状况分析，能够决定债券发行商履行债务的能力。例如，被标准普尔公司评为 AAA 级别的债券，就被视为信誉极高的债券，具有很强的履约能力。如果该债券发行商从 AAA 级别降到 AA 级别，则意味着信誉品质仍处优良，不必担心其违约。但是，如果投资的债券被连降两级或更多，从具有投资价值降为不具有投资价值，那么投资人就要小心谨慎了。这类债券的市场价格会巨幅下挫，而且其违约或信誉风险会升级。若债券评级被降超过一级，那么债券持有人就应该评估他们是否还要继续持有该债券。

美国财政部发行的公债几乎没有违约风险，而美国政府机构发行的债券会存在无法履行债务的风险。美国各州和地方政府发行的债券，取决于发行单位的财务是否健康以及有无能力获取财政收入。至于企业机构发行的债券，信誉风险和它们的资产负债表、损益表以及赢利能力有关。

购买评级到达投资级别（标准普尔的评级在 A 或 A 之上）的债券，或者分散投资，可以把信誉风险降到最低，因为它们无法履行债务的可能性比较低。换句话说，就是不要把你所有的资金都拿去购买一家机构发行的债券，而应该购买不同机构发行的债券。

赎回风险和偿债基金风险

约定了强制赎回条款和偿债基金条款的债券，存在强制提前赎回的风险。许多公司债券、地方债券、抵押贷款债券以及机构债券都有强制赎回条款。这表示发行机构可以在债券到期前以一定的赎回价格回购。这点对发行机构有利，对投资者不利。因为，市场利率下跌至低于债券的息票率，发行机构可以先赎回债券，然后再重新发行息票率较低的新债券。

如果投资者以溢价买入债券，而赎回价格低于溢价，强制赎回风险就可能造成潜在的本金亏损。用来判断这方面风险的主要指标为投资人对利率的估算。后面章节我们将会具体阐述"债券制订的赎回条款会使债券的存续期间变得不确定"。

为了降低赎回风险，投资者应该核实债券的提前赎回条款，尽量选择不会被强制提前赎回的债券。当投资者想购买的债券交易价格高于面值（也就是溢价出售）时，这一点就显得特别重要。当然，并不是所有的债券都会被提前强制赎回，如果市场利率比债券的息票率还要高，强制赎回对发行者不利。

购买力风险

购买力风险会影响债券的收益，因为债券的利息和本金是固定的，所以投资债券所获得收益的价值将受到通货膨胀的影响。通货膨胀率上升时，债券价格就会下跌，债券获得利息的能力会下降。说到底，债券不是对抗通货膨胀最好的保值工具，只要债券息票率比通货膨胀率高，那么债券价格就会冲销通货膨胀所带来的影响。每个月发表的消费者物价指数（CPI）①或零售物价指数（RPI）②（这两者都是经济学中常用的通货膨胀指标）低于预期时，债券价格会上涨。

为了防范购买力风险，投资人应该选择回报率高于预期通货膨胀率的债券。当你预期未来通货膨胀率会上升时，可以投资浮动利率债券，因为这种债券的息票率会随着市场利率进行调整。

再投资利率风险

债券收益由两部分组成：一部分是利息，另一部分是卖掉债券所获得的市场价值或到期日得到的票面价值。领取的利息可以投资，也可以花掉。再投资利率风险就是指将领取的利息用于再投资，而获得的利率可能低于债券的息票率。所有定期付息的债券都会面临这样的风险。零息债券不需要定期偿付利息，所以也就没有再投资风险。

随着时间的推移，市场利率也在不停地变动，在债券的整个投资过程中，领取的利息将以不同的利率再投资。如果市场利率高于债券息票率，那么再投资的收益将高过原债券的息票率。然而，若再投资的利率低于原债券的息票率，那么再投资的利率风险就会出现。由此可以判断出，再投资利率风险相对于长期债券而言更高一些。

---

① 消费者物价指数（CPI）主要反映一定时期内居民消费商品及服务项目的价格水平变动趋势和变动程度，通常作为观察通货膨胀水平的重要指标。

② 零售物价指数（RPI）也称商品零售物价指数，其反映一定时期内商品零售价格变动趋势和变动程度的相对数。

外汇风险

用外币购买债券（投资海外市场），由于外汇市场汇率经常波动，亦会对投资收益产生影响。例如，投资者购买了欧元计价的债券，若欧元相对美元贬值，那么得到的利息收入换成美元就会减少；相反，若欧元相对美元升值，那么得到的利息收入换成美元就会增加。汇率风险也会影响到期日的收益或是提前卖出时的收益，但它是投资国外债券时才会产生的额外风险。

很明显，即使把钱存到储蓄账户或购买国库券等最保守的投资，也无法避免风险。正如上一章所讲，分散投资不同种类的债券，而不完全只投资一种债券，可以把不同级别的风险降到最低。投资者应该了解和认识每种债券不同的风险水平，这样才能在构建债券投资组合时把整体风险控制到最低。

流动性风险

流动性风险是指债券投资在转化成现金的过程中出现的大幅亏损。债券投资大部分都是场外交易，在交易的终端可能没有及时的买家或卖家，所以会导致买卖差价很大，这就使得交易清淡的债券市场流动性不好。

债券的主要特性之一是定价缺乏透明性，所以其流动性不如普通股。债券的买入价和卖出价一般很难配对，而且很多经纪商从事此交易是为了赚取其中的价差。债券流动性差的另一个原因是，买卖零股债券的佣金远远超过了批发交易债券的收益。

提前还贷风险

对于持有抵押支持债券（又称转递债券）以及担保抵押债券（CMO）的投资者，要考虑到提前还贷带来的风险。当市场利率下调时，抵押贷款者会想办法清偿旧的贷款，用房产再次融资到利率更低的新的抵押贷款。

由于这部分抵押是打包售给债券投资者资产池中的一部分，所以会被提前还贷，这时投资者就会收回这部分抵押支持债券的投资本金。

在这一环节中，主要风险在于当资产拥有者提前偿还贷款额时，资产池的投资者会提前得到本金，但是再投资的收益率却下降了。

政治风险

对于持有外国政府债券和外国公司债券的投资者，会受到政治风险的影响。政治风险包括由于受到国家民众骚乱、军事政变、资产国有化、通货膨胀、货币贬值等因素的影响，所导致的利息和本金收回困难。为吸引投资者投资高风险的外国债券，这些债券的发行者常常用很高的息票率来补偿投资者。投资外国债券时，投资者应了解投资市场的监管程度和保护方式。

突发事件风险

所谓突发事件风险，就是指一个公司被大量发行债券的融资方式收购，即以举债的方式收购（被称为 Leverage Buyout-LBO 杠杆收购）。合并企业的债务上升会令公司债券评级下调，债券价格也会随之下跌，这就导致了违约风险的出现。

债券共同基金的风险

债券共同基金的主要风险是指净资产价值下降所引起的投资基金的损失。基金的到期期限越长，净资产价值下降的可能性越大。这主要是基于利率风险，当利率上升时，债券价格会下降（债券基金的净资产价值下降）；而当利率下降时，债券价格（债券基金的净资产价值）会上升。

投资于诸如垃圾债券等低于投资级别的基金就会产生信用风险。当垃圾债券违约引起不安时，就会引起垃圾债券市场的廉价销售。原因在于，垃圾债券价格的大幅下跌会导致垃圾债券基金的净资产价值也大幅下降。

然而，信用风险对债券基金的影响不像对单一债券那么严重，因为基金的
种类很多，可以通过许多不同的组合分散，通常由组合中一两件违约事件
而引发的损失会很小，所以不会给整个基金投资带来大的影响。

　　一些投资者经常会考虑共同基金的破产风险，其实这种情况发生的机
会很小。共同基金建立的初衷就是减少由于欺诈而引发的失败风险。而且，
共同基金是属于股东的公司，股东通过签订合约建立一个独立的管理公司，
以运作基金的日常经营。虽然管理公司监管基金投资，但是它们不拥有这
些资产（投资）。就像银行一样，它们是持有这些投资的保管人。因此，当
管理公司遇到金融危机时，它们就不能在运作这些基金投资项目了。

　　还有一个防护风险的措施是转移代理机构持有股东的账户，由转移代
理机构对股东的购买和赎回进行跟踪。另外，管理公司持有忠实保险契约，
可以保护基金投资免受管理公司雇员的非法占有和欺诈。

　　除了这些防护措施外，还有其他两个因素可以使共同基金的风险降低。

- 共同基金必须能立即赎回份额，这就意味着投资资产的一部分必须
  是流动的。
- 共同基金必须能在每天结束后，根据已知的信息随行就市地为投资
  定价。

　　除此之外，证券交易委员会（SEC）会对共同基金进行监管。因此，共
同基金的投资者不必担心由于共同基金倒闭或欺诈行为而遭受损失。

债券 ETFs 风险

　　债券 ETFs 的最大风险和债券共同基金一样，莫过于投资者可能会损失
部分投资金额。由于受市场及其他因素的影响，基金的价格会因为买卖供
求关系而波动，这时债券 ETFs 就会面临市场性的风险。

　　当然，投资债券 ETFs 也有利率风险（基金价格和利率反相关）、信用
违约风险、通货膨胀风险以及在扣除各种费用后业绩不如相关债权指数的
风险。

All About Bonds,
Bond Mutual Funds, and Bond ETFs

第4章

债券价格及收益率

　　债券价格和其收益率息息相关，债券投资风险越高，吸引投资者的回报就越高。但是，选择回报率高的债券，一旦判断不准确，高风险可能会给你带来财务上的灾难。

收益率

债券价格和其收益率息息相关，债券投资风险越高，吸引投资者的回报就越高。但是，选择回报率高的债券，一旦判断不准确，高风险可能会给你带来财务上的灾难。债券投资收益取决于债券的息票率、市场利率、到期时间长度以及当债券卖出或到期时能收回的本金。相对应的，决定债券风险程度的则是发行商偿还债券利息与本金的能力。

收益率是用来衡量债券投资回报的。例如，投资者想投资 10 年期国债，到期日为 2007 年 6 月 12 日，收益率为 5.249%，在衡量该债券的潜在收益时，可以将其与到期日为同一天的收益率为 6.18% 的 3A 级公司债券的收益相比较。

债券收益率与其价格之间的关系如图 4-1 所示。

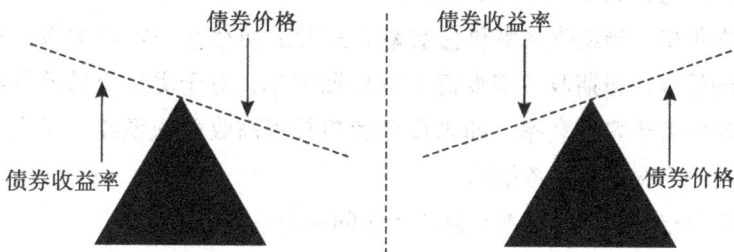

图 4-1　债券收益率与价格之间的关系

如上图所示，债券收益率上涨会导致现存的债券价格下跌，反之，债

43

券收益率下跌会导致现存的债券价格上涨。常见的债券收益率有以下四种。

1. 票面收益率

票面收益率是指债券在发行时确定的利率，它决定了债券发行商承诺每年支付给投资者的利息数额。这些利息用债券面值的百分比或具体数值表示，例如面值为 1 000 美元的债券，每年支付 35 美元的利息，其票面收益率为 3.5%。有些债券半年支付一次利息，例如面值为 1 000 美元的债券，其票面收益率为 5%，那么投资者将每半年收到一次 25 美元的利息。债券的票面收益率在有效期内都是固定的，浮动利率债券除外。如果市场利率和息票率一致，那么债券价格就是 1 000 美元（平价）；如果息票率比市场利率要低，那么债券将折价出售（低于 1 000 美元）。以此类推，当息票率高于市场利率时，债券以溢价出售（高于 1 000 美元）。

2. 当期收益率

当期收益率是按年收益率计算的，描述了债券价格和收益之间的关系。计算公式为：

息票利息÷债券的购买价格＝当期收益率

例如，以面值 1 000 美元购入息票率为 4%（年息为 40 美元）的债券，则当期收益率为 4%（等于票面收益率）。但是在二级市场，大多数债券都是溢价或折价交易的，若以 1 100 美元的价格购入息票率为 4% 的债券，则当期收益率为 3.63%（40÷1 100）。

债券价格、当期收益率和息票率这三者之间存在一定的关系，对于折价交易的债券，当期收益率要高于其票面利率；对于溢价交易的债券，当期收益率要低于票面利率。如果投资者想投资高收益的债券，那么当期收益率就是一个很好的参考指标。

债券价格、当期收益率和息票率之间的关系如表 4-1 所示。

表 4-1　债券价格、当期收益率和息票率之间的关系

债券价格水平	相互关系
折价	当期收益率 > 票面收益率
平价	当期收益率 = 票面收益率
溢价	当期收益率 < 票面收益率

3. 到期收益率

到期收益率是指投资者将债券持有至到期日所获得的年收益。到期收益率是运用货币的时间价值来计算的，各期收到的利息和债券到期日现值之和等于债券现在的价格。也就是说，到期收益率是把未来的收益现金流（包括利息和本金）折算成现值，使之等于债券价格的贴现率。到期收益率也称债券内部收益率或期望收益率，是投资者投资债券时最为关注的。下面这个案例解释了如何通过 Excel 软件计算到期收益率。

【例 4-1】10 年期债券以 770.36 美元买入，息票率为 5%（年付 50 美元），到期收益率的计算如下所示。

打开 Excel 软件，点击公式栏里的插入函数，先选择类别"全部"，然后选择 RATE（返回年金的各期利率），填入相关数据。具体如下图所示。

RATE

Nper　`10`　　　　　　　　= 数值

Pmt　`50`　　　　　　　　= 数值

Pv　　`− 770.36`　　　　　= 数值

Fv　　`1 000`　　　　　　= 数值

Type　`0`　　　　　　　　= 数值

函数计算出来的结果 = 0.085

其中：

Nper，为总投资期，债券的付款期总数；

Pmt，为各期应支付的金额（利息）；

Pv，为债券的现值，即从该项投资开始计算已经入账的款项（在数额前加上负号）；

Fv，为未来值（债券面值）；

Type，数字"0"或省略表示各期支付款在期末，数字"1"表示各期支付款在期初。

函数计算出来的结果＝各期利率。

这个案例中，债券的到期收益率为8.5%。如果你的电脑无法使用Excel，也可以用以下公式估算出到期收益率。

$$到期收益率 = \frac{利息收入 + （1\,000 - 债券价格）\div 距离到期日的年数}{（1\,000 + 债券价格）\div 2} \times 100\%$$

$$= \frac{50 + （1\,000 - 770.36）\div 10}{（1\,000 + 770.36）\div 2} \times 100\%$$

$$= 8.24\%$$

使用这一估算公式得出的收益率为8.24%，比用Excel软件计算得到的真实到期收益率要低，产生这一差异的主要原因是估值公式没有考虑到利息收益的货币时间价值。

由于到期收益率涉及利息的再投资收益，所以要以下面两个假设为前提：

第一，投资者持有债券至到期日；

第二，投资者每期的利息收入都按照到期收益率进行再投资。

如果投资者没有将债券持有至到期日，则要将债券到期日的面值替换为债券的卖出价格，这样才能计算出债券的内部收益率。

计算到期收益率时，如果上述假设条件不成立，那么投资者的真实收益率就不等于计算出来的到期收益率。例如，将收到的利息用于消费而非再投资，则息票率不再赚取利息。这时，投资者的真实收益率要小于算出来的到期收益率。同理，若债券的到期收益率是8%，投资者以低于或高于8%的收益率对利息进行再投资，则真实的收益率也就不等于8%了。事实上，由于利率水平经常变动，以到期收益率对利息进行再投资是很难的，其收益率通常和到期收益率不同。

　　总之，在比较和评估具有不同息票率和价格，以及不同品质的债券时，到期收益率能给投资者提供有价值的参考。例如，通过比较等级分别为 AAA 和 BBB 的两种债券的到期收益率，投资者能很容易地看出选择等级较低的债券能获得多少额外收益。同时，投资者还能判断出各种不同期限下不同债券收益率之间的差异。

　　票面收益率、当期收益率、到期收益率和债券价格之间的关系如表 4-2 所示。

表 4-2　票面收益率、当期收益率、到期收益率和债券价格之间的关系

债券价格水平	相互关系
折价	票面收益率 < 当期收益率 < 到期收益率
平价	票面收益率 = 当期收益率 = 到期收益率
溢价	票面收益率 > 当期收益率 > 到期收益率

4. 赎回收益率

　　赎回收益率是投资者持有债券至提前赎回时得到的年收益率。债券附有提前赎回条约时，赎回收益率可以通过之前求到期收益率的公式来计算，其中，要将债券面值替换为债券的赎回价格。对于附有提前赎回条款的债券，投资者应该同时确定其到期收益率和赎回收益率，因为债券被提前赎回时，赎回收益率才是投资者所能获得的年收益率。

收益率曲线

　　收益率曲线描述了在风险水平相同时，债券的收益率和距离到期日时间的关系。图 4-2 显示的是 2000 年 6 月 21 日、2003 年 6 月 19 日、2004 年 12 月 31 日以及 2007 年 6 月 15 日的美国国债收益率曲线图。该曲线上，分别用点标示了期限为 3 个月、6 个月、2 年、5 年、10 年以及 30 年国债的收

益率，曲线分别描述了这四日不同美国国债的收益率与各种期限之间的关系。表4-3列出了不同国债在这四日的不同收益率数据。

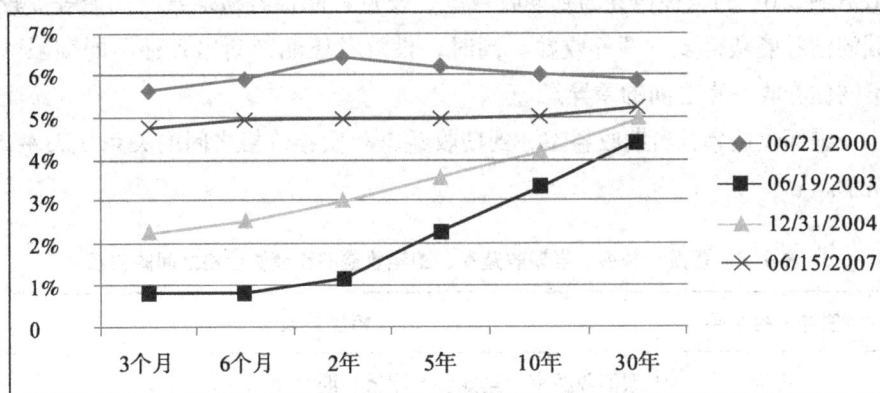

图4-2　美国国债收益率曲线图

表4-3　美国国债收益率数据

期限＼日期	2000 年 6 月 21 日	2003 年 6 月 19 日	2004 年 12 月 31 日	2007 年 6 月 15 日
3 个月	5.63%	0.82%	2.28%	4.77%
6 个月	5.92%	0.83%	2.56%	4.96%
2 年	6.43%	1.17%	3.04%	4.98%
5 年	6.20%	2.28%	3.58%	4.98%
10 年	6.02%	3.37%	4.21%	5.02%
30 年	5.89%	4.42%	5.00%	5.25%

　　通过对任意一天收益率曲线的分析，投资者可以大致了解不同类型的债券在各种收益期限下的不同收益率。例如，图4-2展示的是美国国债的收益率曲线，但同时也可以得到其他类型债券的收益率曲线，如市政债券、公司债券或机构债券。

　　注意，图4-2中2000年6月21日到期美国国债的曲线形状，债券期限在 3 个月到 2 年的区间曲线是向上倾斜的，在 2 ~ 30 年的区间曲线则是下降的。这种倒挂的收益率曲线通常是不合常规的。这意味着，在延长债券期限时，投资者将面临更大的风险，而获得的收益却很少。通常，收益率曲线应该是向上倾斜的，就如图 4-2 中 2003 年 6 月 19 日以及 2004 年 12 月 31 日到期国债的曲线形状那样。因为债券期限越长，债券持有者的风险就越大，为了补偿投资者的额外风险，债券发行者会支付更高的利息。

过去出现过少数几次短期债券的收益率高于长期债券收益率的情况，此时收益率曲线向下倾斜。也就是说，债券期限越长其收益率反而下降。这种情况在 1979 年、1981 年和 1982 年出现过。下降形状的收益率曲线可能表明经济衰退，但也有可能是对通货膨胀的预期。投资者受经济衰退疑虑的影响，会预期将来利率水平下降以及出现温和的通货膨胀，所以会通过购买长期债券来将收益率锁定。这种情况就使得长期债券价格上升，收益率下降。

随着市场利率的波动，债券收益率也会不断变动，收益率曲线的形状每天都在发生变化。收益率曲线可以帮助投资者判断应该购买何种期限的国债。通过比较并分析收益率曲线，投资者可以获得债券在各种期限下收益率的信息，从而做出投资抉择。

那么，投资者该如何知晓债券收益率，并构建一条收益率曲线呢？投资者可以通过网络获得各种到期日的债券收益率，以此构建一条收益率曲线，并根据该曲线形状来决定到底进行短期债券投资还是长期债券投资。

在构建收益率曲线的过程中，投资者应该记住以下几点。

■ 多数情况下，收益率曲线是向上倾斜的，这意味着长期债券的收益率要比短期债券收益率高。

■ 收益率曲线变动通常是上下平移的，短期收益率上升时，长期收益率也会上升；同样，短期收益率下降时，长期收益率也会下降。

■ 在经济衰退时，短期收益率比长期收益率下降更快；在经济扩张时，短期收益率比长期收益率上升更快。

收益率曲线是一个很好用的工具，它可以预测市场利率、经济发展方向和状况，以及债券的价格和收益。

债券估值

由于受息票率和市场利率之间的关系、债券的信誉以及距到期日时间长短的影响，债券价格会有所波动，另外，投资者对债券风险的评估也影响投资者对回报率的要求，这些因素最终决定了债券的价格。如果一个投资者认为一种债券比另外一种债券风险更高，那么他在购买高风险的债券时，愿意支付的价格会较低。因此，垃圾债券的贴现率比有投资评级的债券的贴现率要更高，这样才能吸引投资者。相对于具有投资级别的债券或国债，投资者对垃圾债券回报率的要求更高。

影响债券估值的因素如图4-3所示。

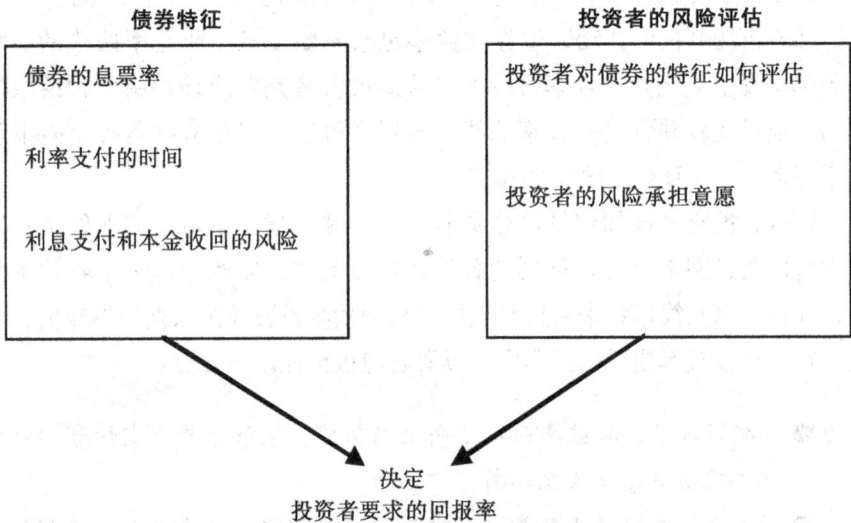

债券特征
- 债券的息票率
- 利率支付的时间
- 利息支付和本金收回的风险

投资者的风险评估
- 投资者对债券的特征如何评估
- 投资者的风险承担意愿

决定
投资者要求的回报率

图4-3　影响债券估值的因素

债券发行后很少在二级市场上（1 000美元）平价交易，因为，市场利率是不断变化的，有些债券是溢价售出，而有些则是折价售出。

债券的市场价格取决于未来各时期一系列的利息支出及本金偿还，也包括投资者要求的回报率，如图4-4所示。投资者可以运用货币的时间价值将未来这一系列的现金流以市场利率作为贴现率来贴现，例如某债券每年年末支付30美元利息，三年后偿还本金1 000美元，若要达到投资者要求的回报率，则在购买时应该折价买入。

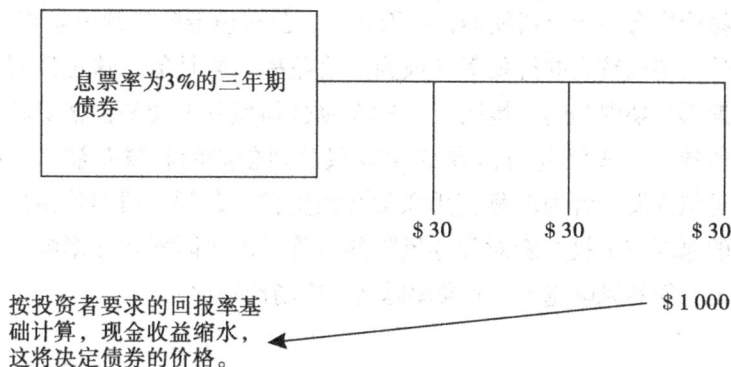

图4-4　债券的市场价格

大多数公司债券都半年付息一次，也就是息票率对折，到期时间以六个月来折算而不是以一年。知道这些，我们可以利用 Excel 的财务公式来计算债券的价格。

例如，半年付息的债券，息票率为3%，到期日为三年，价格应该是多少呢？投资者要求的回报率为6%。

息票率为3%半年付息一次的债券，每六个月得到的利息为15美元。投资者的要求回报率为6%，每半年就是3%，到期日三年中共六次还息（总投资期为六期）。运用 Excel 的财务公式来计算，点击插入函数，选择PV（现值），将数字按下面顺序填入即可。

Rate	0.03
Nper	6
PMT	15
FV	1000
Type	0
计算结果 = 918.742	

债券的价格与息票率、市场利率或投资者期待回报率、债券风险以及距到期日的时间相关。如果我们将美国中期国债的价格与相同票面利率和期限的公司债券价格作一作比较就会发现：两者是不相同的。美国中期国债的交易价格会高于公司债券，原因在于，公司债券的违约风险相对较高，因此其价格将以较高的折现率（或到期收益率）来计算。这也证明了为什么在息票率与期限相同的情况下，AAA 级公司债券的交易价格要高于 BBB 级公司债券。AAA 级公司债券与 BBB 级公司债券的收益差被称为超额收益，这是债券发行者为超额信用风险必须支付的金额。债券价格之所以上下波动的原因在于投资者对债券风险的评价。这些因素相互影响的关系可以总结为：债券风险越大，收益率越高，市场价格越低。

债券价格为什么会波动

债券价格的波动和债券的息票率与市场利率、信用等级以及到期日之间的相互影响有关。这些因素之间的关系如下所述。

1. 各影响因素之间的关系

■ 债券的息票率与市场利率的关系。市场利率上升且高于息票率，债券价格会下跌，当期收益率才能和市场利率相当；相反，市场利率下跌时，债券价格上涨，债券息票率越低，其价格因此受到的影响就越大。

■ 到期时间长短的影响。到期时间越长，债券价格的波动幅度越大。

■ 以给定债券收益的变动为前提：到期日时间越长，债券价格的波动幅度越大；债券价格的波动幅度增长速度随着到期日的长度增加而放缓；债券价格的波动幅度与债券收益率负相关；因收益率下降所导致的债券价格的向上波动幅度，大于因收益率上升所导致的债券价格下跌的幅度。

■ 市场对风险评估变化所带来的影响。信誉越低则价格越低，信誉越高则价格越高。债券风险越高，其带来的价格波动越大。

2. 利率和债券价格之间的关系

债券价格上下波动的第一个原因在于其与市场利率之间的关系。市场利率上升，现有发行债券的价格会下跌；市场利率下降，现有债券的价格会上涨。债券价格上涨下跌的幅度则取决于债券的息票率。市场利率与债券息票率之间的关系决定了债券是以溢价出售还是以折价出售，概括如下：

- 折价——当息票率低于市场利率时，债券折价交易；
- 折价——当债券到期收益率高于息票率时，债券折价交易；
- 溢价——当息票率高于市场利率时，债券溢价交易；
- 溢价——当债券到期收益率低于息票率时，债券溢价交易。

3. 利率和债券期限之间的关系

债券价格上下波动的第二个原因在于其与债券期限之间的关系。受债券期限的影响，债券价格对市场利率变动的敏感程度会更加强烈。例如，息票率相同的两只债券会因期限不同而对市场利率变化作出不同的反应：债券期限越长，债券价格越不稳定，而且变动幅度越大。

All About Bonds,
Bond Mutual Funds, and Bond ETFs

第5章

久期和凸度

　　作为投资者，在面对经济运行中的通货膨胀时常常无能为力，这时，可以通过购买息票率高过当前或预期通货膨胀率的债券来降低风险。同样，通过了解久期的概念可以让投资者提高抗击利率风险的能力。

久 期

通过本书前几章的介绍，我们得知债券主要有以下几项风险：

- 发行者的违约风险；
- 通货膨胀带来的购买力下降的风险；
- 因市场利率波动带来的风险。

投资者可以通过对债券多元化的投资组合管理来降低违约风险。也就是说，投资者不要把所有的钱都投在某一只或几只级别不高的债券上，而应该投资品质更好的债券，以降低风险。

作为投资者，在面对经济运行中的通货膨胀时常常无能为力，这时，可以通过购买息票率高过当前或预期通货膨胀率的债券来降低风险。同样，通过了解久期的概念可以让投资者提高抗击利率风险的能力。

久期是指债券持有者收回其全部利率和利息的平均时间，在这个时间内，不管市场利率如何变化，债券的收益率都保持不变。理解了债券现金支付的过程就理解了久期这个概念。例如，年息票率为 5%、期限五年的债券，现金支付的过程如下：这五年，每年得到 50 美元，五年后收回 1 000 美元本金，总计为 1 250（5×50+1 000）美元。久期的概念最早是弗雷德里克·马考勒（Frederic Macaulay）提出来的，所以又称马考勒久期。马考勒久期是使用加权平均数的形式计算债券的平均到期时间。它是债券在未来产生现金流的时间的加权平均值，其权重是各期现金值在债券价格中所占的比重。具体的计算方法是，将每次债券时间加权的支付现金现值的总计除以债券价格，由此得出整个债券的久期。

例如，某债券的面值为 1 000 美元、息票率为 6%、期限为 3 年、市场价格为 973.44 美元、当期市场利率为 7%，其久期如表 5-1 所示。

表 5-1   马考勒久期的计算示例

支付时间	计算符号	支付金额（息票和本金）	计算符号	现值利息系数（折现率为 7%）	计算符号	时间加权支付额的现值
1	×	60	×	0.9346	=	56.08
2	×	60	×	0.8734	=	104.80
3	×	1 060	×	0.8163	=	2 595.83
						2 756.71（时间加权支付现金的现值总计）

$$久期 = \frac{时间加权支付现金的现值总计}{债券市场价格} = \frac{2\ 756.71}{973.44} = 2.83\ 年/期$$

久期是时间加权平均，是以未来时间发生的现金流折现成现值，再用每笔现值乘以现金流发生的时间进行求和，然后以这个总和除以债券当前的价格得到的值。现值是货币的时间价值中与终值相对的价值。今天的 1 美元比未来的 1 美元具有更高的价值，因为货币随着时间的推移可能发生增值，未来的 1 美元贴现到今值，就要低于 1 美元。上述案例中，久期为 2.83 就是指债券持有者收回此债券的利息和本金的平均时间是 2.83 年。

除了上述计算方法，还有一个方法可以计算久期，计算公式为：

$$久期 = \frac{(1+y)}{y} - \frac{(1+y) + n\ (c-y)}{c\ [\ (1+y)^n - 1\ ] + y}$$

其中，c = 息票率，y = 到期收益率，n = 距到期日的年数。

将上例中的数字代入公式，得：

$$久期 = \frac{1+0.07}{0.07} - \frac{(1+0.07) + 3\ (0.06-0.07)}{0.06\ [\ (1+0.07)^3 - 1\ ] + 0.07} = 2.83\ 年$$

　　对于定期支付息票率的债券，其久期都要比债券本身的期限要短。由于零息债券只在到期日偿付本金，所以它的久期就等于其债券期限本身。

　　具有不同期限或息票率的债券久期也不同。市场利率发生变动时，久期越长的债券价格波动越大，而久期较短的债券价格波动越小。具有相同久期的不同债券，在市场利率变动时，其价格波动情况类似。具体如表5-2所示。

表5-2　息票率为6%，不同期限的各种债券在市场利率变动下价格的对比

期限	市场利率为5%时债券的价格	市场利率为7%时债券的价格
2 年	1 018.56	981.88
5 年	1 042.27	959.01
10 年	1 077.21	929.72
20 年	1 124.63	894.04

　　上表中，市场利率下降为5%时（低于息票率6%），债券的价格高于其面值。随着债券的期限从2年增加到20年，债券的价格也逐渐上涨。相反的，当市场利率升到7%时（高于息票率6%），债券价格比面值要低，而且期限越长的债券的价格下降幅度越大。由此可以总结出：

　　（1）债券期限越长，债券价格波动越大；

　　（2）债券价格和市场利率负相关，当市场利率上升时，债券价格下降；当市场利率下降时，债券价格上升。

　　同样的，息票率为6%、期限为30年的债券要比期限短于30年的债券面临价格波动的可能性更大。在市场利率变动时，若具有相同的债券期限，则息票率较低（为4%时）的债券的价格波动会剧烈一些。这是因为息票率较低债券的持有者，其每年收到的现金流数额较少，而将这些现金流进行再投资的收益也相对较低。债券的到期日越久，债券持有者收回债券所需要的时间越长，而债券到期日越长，到期日债券面值的现值就越低。

　　以下内容解释了债券再投资利率风险、息票率及距到期日时间与久期之间的关系：

- 债券息票率越低，久期越长；
- 债券息票率越高，久期越短；
- 债券距到期日时间越长，久期越长；
- 债券距到期日时间越短，久期越短；
- 久期越短，债券价格的波动越小；
- 久期越长，债券价格的波动越大 。

久期解释了为什么零息债券的久期与其期限相等。零息债券在期限内不支付利息，仅在到期时一次性支付本金。除了零息债券外，所有其他种类的债券久期都小于该债券的期限。

久期是一个工具，在投资者需要的投资时间内，可以用来管理利率风险。通过对比到期日和债券久期，投资者可以减少在债券上的投资损失。下面这个案例解释了久期是如何帮助投资者减少由于利率变动而给价格带来的影响。

2000—2003 年，这三年间因为利率下降，债券价格上涨，上升的价格让债券投资者收获颇丰。债券持有者在高于其购买价时卖出债券，在获得稳定的利息支付的同时还得到了资金的升值。经纪公司、交易商还有个人投资者购买债券就是预期利率将持续下跌。根据穆迪投资服务公司的报告，历经 28 个月，直至 2003 年 6 月，银行持续增加对美国国债的持有至 46%，高达 3 550 亿美元。虽然利率跌至 45 年以来的新低，但也意味着再往下跌的可能性不大了。利率上涨会给投资债券的人带来巨额损失。这样的影响到底有多大？这决定于债券的息票率、市场利率变动情况以及债券到期日。市场利率上升 1% 或 2% 对国债价格（发行价为 1 000 美元）的影响如表 5-3 所示。

表 5-3　市场利率上升对国债价格的影响

利率变动	2 年期、息票率为 1.5% 的国债的价格	5 年期、息票率为 2.75% 的国债的价格	10 年期、息票率为 3.5% 的国债的价格	30 年期、息票率为 4.57% 的国债的价格
上涨 1%	980	955.16	920.87	855.78
上涨 2%	962	912.81	849.25	740.71

　　市场利率上升 1% 对 2 年期国债的影响最小，对 30 年期国债的影响最大，同时利率上涨 2% 对到期日期限最长的债券影响最大。从上表中我们可以得知，利率上涨 2% 时，哪怕加上利息所得，其所有的债券的收入都为负。但是，如果投资者持有 10 年期债券，将利息所得以最高利率 6.57% 再投资，可以弥补债券价格下跌带来的一些损失。实际上，若投资者持有债券达 6.92 年，该债券就不会有任何损失了。这就是我们所说的久期。利率下降时投资者也应该考虑到久期，以更低的利率再投资。因此，了解久期是避免利率变化对投资回报影响的关键。

修正久期

　　修正久期可以用来测度债券价格对利率变化的敏感性，例如，久期一样的两只债券若期限不同，它们对利率变化做出的反应则不同。而修正久期可以帮助投资者判断当利率变化时，哪一只债券的价格上下波动得更大。下面的等式可以计算出到期收益率（或利率）变化时债券价格的变化。

$$债券价格的变化 = \frac{-（久期 \times 收益率变化）}{（1 + 到期收益率）} \times 价格$$

　　例如，息票率为 6% 的 3 年期债券，市场价格为 973.44 美元，到期收益率为 7%（要求的收益率），久期为 2.83 年。那么，当该债券的到期收益率增加至 7.1% 时，其价格又会是多少呢？答案如下：

$$债券价格的变化 = \frac{-（久期 \times 收益率变化）}{（1 + 到期收益率）} \times 价格$$

$$= \frac{-（2.83 \times 0.001）}{（1 + 0.07）} \times 973.44$$

$$= -2.57（美元）$$

也就是说，到期收益率折价 0.001 时，债券价格下降 2.57 美元。

凸 度

凸度是指对债券的价格和收益率的关系用曲线弯曲程度来衡量。在市场利率发生较小变化时，久期这个概念是很有作用的。但是，当市场利率变动幅度很大时，用久期作出的估计就不准确了，因为债券价格和收益率之间不再是线性关系。在这种情况下，凸度可以帮助我们修正这些错误。

凸度是指对债券的价格和到期收益率之间的关系用曲线弯曲程度来表达。随着债券收益率下降，债券的价格以递增的速度增长；反之，随着债券收益率上升，债券价格以递减的速度下降。也就是说，债券价格上升和下降的幅度不一致，债券价格上升的速度要比债券价格下降的速度快，即价格——收益率曲线为正凸性曲线。这是所有不可提前赎回债券的特性。这说明，相对由市场利率上升造成的损失，投资者从市场利率下降中得到的利润则更多。债券收益率变动引起的投资收益增加或减少的数量取决于债券的久期和凸度。

下面，表5-4用数据说明了 A、B、C 三种债券的价格与收益率之间的关系，而图5-1则描述了这三种债券的凸度。

表5-4 债券价格与到期收益率之间的关系

债券 A 3 年期，息票率为 13%		债券 B 10 年期，息票率为 8%		债券 C 30 年期，零息债券	
到期收益率	债券价格	到期收益率	债券价格	到期收益率	债券价格
1%	1 352.93	1%	1 663.00	1%	742.90
2%	1 316.92	2%	1 538.64	2%	552.00
3%	1 282.56	3%	1 426.64	3%	412.00
4%	1 249.75	4%	1 324.88	4%	308.00
5%	1 217.82	5%	1 231.64	5%	231.40
6%	1 187.09	6%	1 147.21	6%	174.10
7%	1 157.46	7%	1 070.19	7%	131.40
8%	1 128.82	8%	1 000.00	8%	99.40
9%	1 101.27	9%	935.82	9%	75.40
10%	1 074.60	10%	877.07	10%	57.30
11%	1 048.88	11%	824.14	11%	43.70
12%	1 024.03	12%	774.02	12%	33.40
13%	1 000.00	13%	731.56	13%	25.60

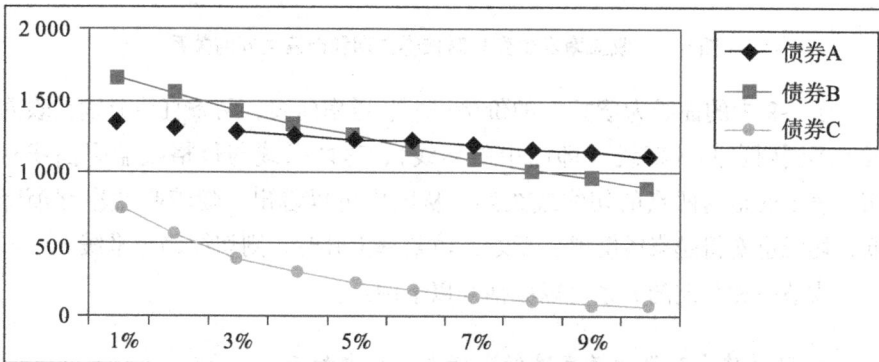

图5-1 三种债券的凸度

在图 5-1 中，债券 A 的息票率最高（13%）、期限最短（3 年），价格——收益率曲线接近水平，凸度是最小的；债券 B 的息票率为 8%，期限为 10 年，相对于债券 A，其凸度较大；债券 C 的息票率为 0，期限为 30 年，是三种债券中凸度最大的。从图 5-1 中可以看出，债券的凸度越大，到期利率的变动导致的债券价格变化的幅度越大。总体来说，影响凸度的相关因素有如下两点：

- 到期利率越高，债券凸度越大；
- 债券息票率越低，债券凸度越大。

图 5-2 显示了随着收益率发生变化，债券久期和凸度之间的关系。

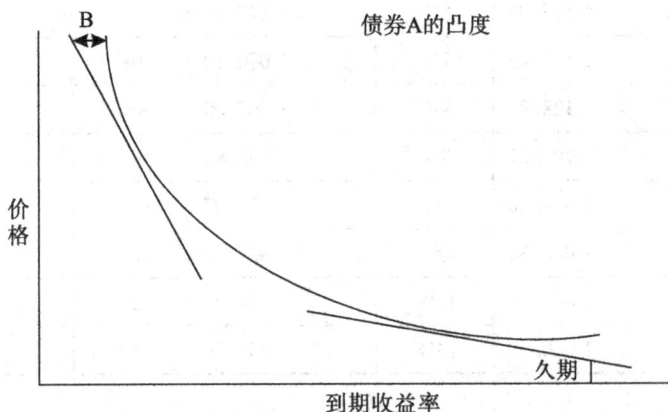

图 5-2　收益率发生变化时债券久期和凸度之间的关系

图 5-2 中的曲线为债券 A 的价格——收益率曲线，两条直线分别代表曲线上不同两点的久期线（即图中的切线），这两条线与价格收益率曲线相切，表示的是这两点的切线或久期。从图中可以看出，随着收益率逐渐降低，切线也变得越来越陡峭；反之，收益率上升时，则切线趋于平缓。

收益率和久期的关系可以概括为以下两点：

- 随着债券到期收益率降低，债券的久期加长；
- 随着债券到期收益率上升，债券的久期缩短。

收益率变动幅度较小时，久期能够较准确地估算出价格，而收益率变化幅度很大时，久期会低估债券的真实价格。正如图5-2中箭头B所示，久期运用的是线性衡量方法，而凸度是用实际的曲线关系来表达。

凸度对投资者的价值

投资者可以根据债券凸度来决定购买哪些债券。如图5-3所示，在焦点处，债券1和债券2的市场价格收益率和久期都相等，无论利率怎么变化，债券1的价格总是高于债券2，因为债券1的凸度比债券2大。

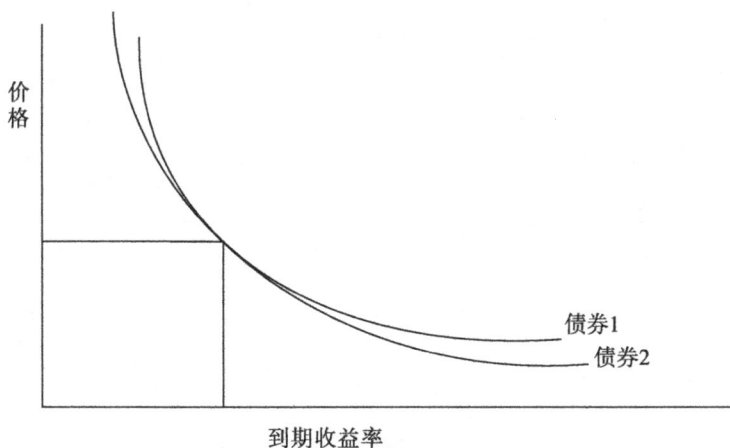

图5-3 不同凸度的两种债券

这里要注意一点，在不同的收益率水平上，购买债券1的投资者会愿意多花多少钱购买债券2呢？其关键在于利率水平的预期变化，如果预期未来利率不会发生大的变化，那么债券1相对债券2的优势就没那么明显。这样一来，投资者可能不愿意支付债券1高于债券2的溢价部分。然而，若预期未来利率将大幅变动，则投资者可能就愿意支付这部分的溢价了。

All About Bonds,
Bond Mutual Funds, and Bond ETFs

第6章

经济状况和债券市场

　　本章探讨了金融市场和宏观经济环境之间存在的积极且模糊的关系。众所周知，所谓经济分析，基本就是知名经济学家对经济指标的不同解读，而投资者要利用这些不同的经济解读来作出投资决策。本章将依次探讨经济货币政策、财政政策以及债券市场上相关的美元政策的实施等。

经济状况和债券市场之间的关系

早些年（20 世纪 80 年代至 90 年代初，以及 2001 年至 2002 年），投资债券的收益可以达到两位数以上。然而，这些好日子似乎已经过去。现在投资的收益率又恢复到正常水平，债券的年收益率为 5% 左右，投资者在选择投资品时需更加小心。通过解读经济与金融市场的关系，可以帮助投资者做出更好的投资组合决策。

本章探讨了金融市场和宏观经济环境之间存在的积极且模糊的关系。众所周知，所谓经济分析，基本就是知名经济学家对经济指标的不同解读，而投资者要利用这些不同的经济解读来作出投资决策。本章将依次探讨经济货币政策、财政政策以及债券市场上相关的美元政策的实施等。

经济利好的新闻一般会短期提升股票市场的势头，同时导致债券市场走低。交错的经济信号一般都会对金融市场产生部分影响，尤其是对债券和股票投资人而言。相反，经济疲软的消息一般会活跃债券市场。下面我们将分析 2001 年 1 月至 2002 年 11 月这段时间导致股票市场下跌的因素，以帮助投资者更加清楚地了解股票、债券市场和经济运行之间的关系。

"非理性繁荣"之后，20 世纪 90 年代持续到 2000 年的股市泡沫，公司治理的崩溃以及股票估值过高，最终导致了 2001 年股市下跌。虽然同期也有经济增长的好消息，但是市场上的负面消息还是占主导地位。某些公司的不法行为滋生了投资者投资的信心危机。安然公司（Enron）2001 年 12

月宣布破产，紧跟其后的电信运营商世界通讯公司（World-com）和有线电视经营商阿德尔菲亚公司（Adelphia Communications），泰科国际公司（Tyco International）以及环球电讯公司（Globle Crossing）阴郁的审计诈骗和公司丑闻等，这一系列事情的发生加剧了股票市场的恶性下跌，甚至一些高品质公司的股价也跌破了历史低位，投资者都从股票市场转向债券市场，从而在股市下跌的 2000 年至 2002 年这三年间，债券市场投资收益高达两位数。

2006 年 7 月 19 日，美联储主席伯南克在美国参议院金融委员会发表证词，称"经济增长将会放慢，通货膨胀率将下降"。这些话为 2006 年下半年债券市场的兴旺做了铺垫。由于需求强劲，所以导致了债券收益率下降且价格上涨。但是，利率的下调会激起房地产及股票市场的反弹。同时，也有许多因素能终结债券市场繁荣，例如石油和大宗商品价格持续上涨将导致通货膨胀，这一情况会促使债券投资者转而寻求更高收益，最终导致债券价格下跌。

股市是比债券市场更好的经济预警指标吗？通过仔细研究经济运行状况，我们可以从中获取一些线索。如果面临经济衰退，美联储一般会降低利率以刺激经济增长，此时股票和债券市场都会上涨。相反，如果经济过热，美联储一般会提高利率来控制通货膨胀，此时股票和债券市场都会下跌。因此，利率的高低以及资金的可供程度反映了经济的运行状况，而相比于股市，利率的高低以及资金的可供程度与债券市场的紧密度更高。

收益率曲线显示了短期利率和长期利率的关系，从历史的角度上说，倒挂的收益率曲线说明短期利率高，长期利率低，预示着经济将进入衰退期。债券的收益率曲线准确地预见了美国历史上大多的经济衰退，银行若能短期获得更高的收益，就不愿意长期贷款，那么长期信贷就紧缩了。

另外，当长期利率超过短期利率时，银行便有了贷款的动力。收益率曲线越陡峭，则预示经济增长在提速。因此，追踪债券市场以及利率差是了解经济运行方向的线索。

通过事后分析，投资者能清晰地对经济和金融市场的发展做出判断。

但是，事后信息对投资者的早期投资来说显然太迟了。而通过对经济和金融市场指标的解读，投资者就能找到预示股票和债券市场变化方向的信号。另一方面，有些投资者可能会质疑：如果经济学家和金融分析师对经济形势的看法都无法达成一致，单个投资者如何凭一己之力获得更精准的答案呢？其实，对个人投资者而言，能够通过经济学家和金融分析师的预测或关键的统计指标来作出自己对市场变化的判断才是最重要的。所以说，对经济指标的理解有助于投资者在股票和债券市场上做出果断的决策。

经济运行状况报告

对经济运行状况的理解以及预测经济发展方向，有助于投资者在股票和债券市场上做出更好的决策。以一周为基础，发布的大量最新经济信息，构成了经济发展趋势的预期。该部分列出了识别经济发展趋势最为常见的经济指标。

1. 国内生产总值 GDP

国内生产总值 GDP，是用美元衡量的商品和服务的总产出。当期 GDP 和前期 GDP 相比表明了经济的增长情况。GDP 增长表明经济正在扩张，公司有更多的发展机会来增加它们的销售和提高他们的利润。但是，通货膨胀扭曲了 GDP 对经济增长衡量的准确性。实际 GDP 是调整后的价格水平变化，运用选择的基期价格衡量每一时期的商品和服务。运用实际 GDP 数据与前期进行对比，更能准确地衡量真实增长率。因此，GDP 成为了衡量一国经济是否健康的指标。目前，美国的通货膨胀率较低，名义 GDP 变化不大。图 6-1 说明了 2000 年至 2007 年这几年间每季度实际 GDP 的情况，实际 GDP 自从 2001 年的第三个季度以来就一直保持正增长。

2006 年以及 2007 年的前半年，股票和债券市场都增长不错，表明了这两个市场和 GDP 增长的正相关关系。进一步仔细审查债券市场和 GDP 增长的相关关系，可以发现 GDP 增长为负值时，由于投资者会预期未来利率将会下调，从而刺激了经济增长，债券市场反应良好。我们应该记住，一般

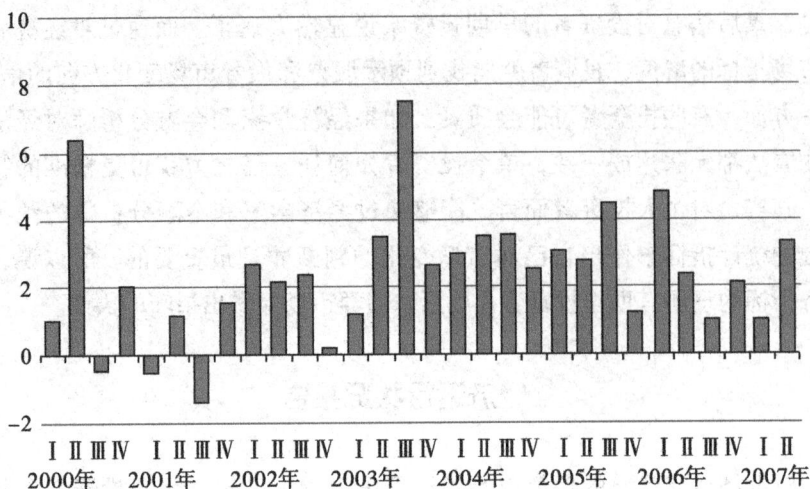

图 6-1　实际 GDP

所谓的经济衰退是指 GDP 增长连续两个季度为负值。即便 GDP 增长从 2006 年第二个季度至 2007 年的第一个季度都为正，但债券收益率曲线还是出现了倒挂，而这预期了经济的衰退。从另一方面来看，对于 GDP 快速增长，债券市场并未做出利好的响应，其原因在于担心通货膨胀。为了探明经济运行状况，投资者应该更加关注除了 GDP 之外更多的经济指标。

2. 工业产出能力

一个更能集中衡量一国产出的指标是每个月的工业产出报告，它衡量了一国整体制造业的产出，通常制造部门会引起经济的短期波动。图 6-2 说明了美国从 1970 年至 2005 年间的工业产出能力。这一时间段，美国的工业产出能力稳步增长，然而，自 2000 年至 2005 年趋于稳定，与这期间的实际 GDP 增长相比趋于一致。

当经济处于恢复期时，制造业产能利用率就成为了主要的观测指标，这一经济指标衡量了经济体内有多少潜力可控，当一个经济体的工厂产能利用率高出 85% 时，经济学家就会担心通货膨胀的发生。例如，当经济恢复强劲，经济体增长较快，而利率较低、失业率下降时，就会有增加工资和提高商品

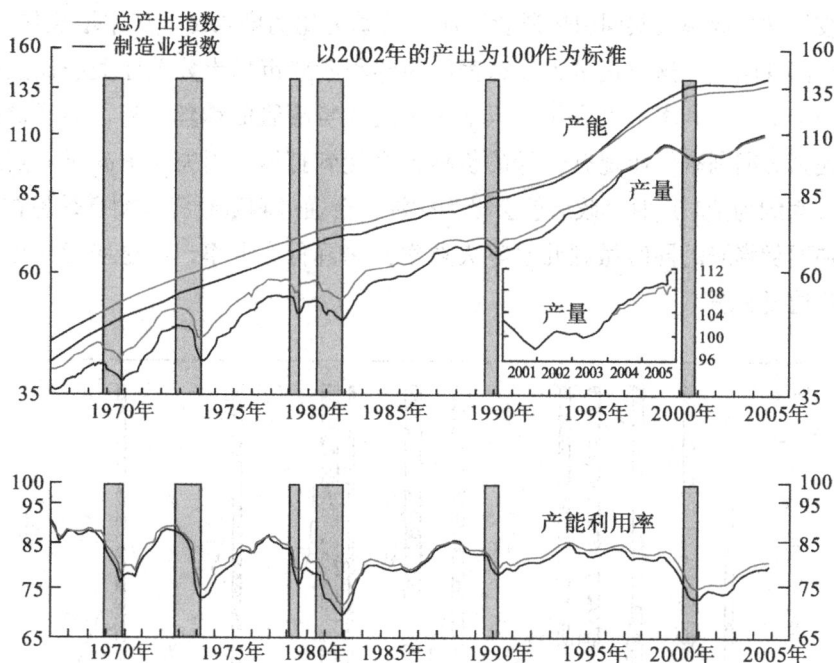

注：根据美国经济研究局（NBER）的数据，图中的柱状体代表的是经济衰退时间段。

图 6-2　工业产出能力以及产能利用率

价格的压力。2007 年 4 月—7 月，制造业产能利用率为 81.4%～81.9%。图 6-2 中的柱状体代表的是经济衰退时间，很明显，工业产能和产能利用率在衰退期下降，而在恢复期又持续增长。

3. 失业率

失业率是一个国家无工作劳动力的比率，是经济增长的又一个指标。经济体的失业率控制在 4%～6% 时，被认为是健康的；若失业率低于 4%，由于工资价格的不断上涨，就会引发通货膨胀；而失业率高于 6%，又有可能导致消费的下降。在图 6-3 中，2007 年 5 月美国失业率为 4.5%，失业率从 2000 年开始连续七年呈下降趋势。失业率上升导致了经济的衰退（图中的柱状形状已标示），经济衰退后，失业率下降了。通常，持续增长的经济和较低的失业率会共同引爆通货膨胀。劳动力比例增长比生产率增长快时，就会出现问题。这也正是为什么美国债券和股票市场十分关注美联储主席在国会上关于利率的发言了。只要一出现通货膨胀的蛛丝马迹，美联储就会提高短期利率，而现有债券的价格就会受到打压。当失业率高于一定水平（大约为7%）时，政府就会极为关注，会通过刺激经济（初衷是想在不增加通货膨胀的同时做到几乎零失业率）来降低失业率，而这些行为也会刺激通货膨胀。

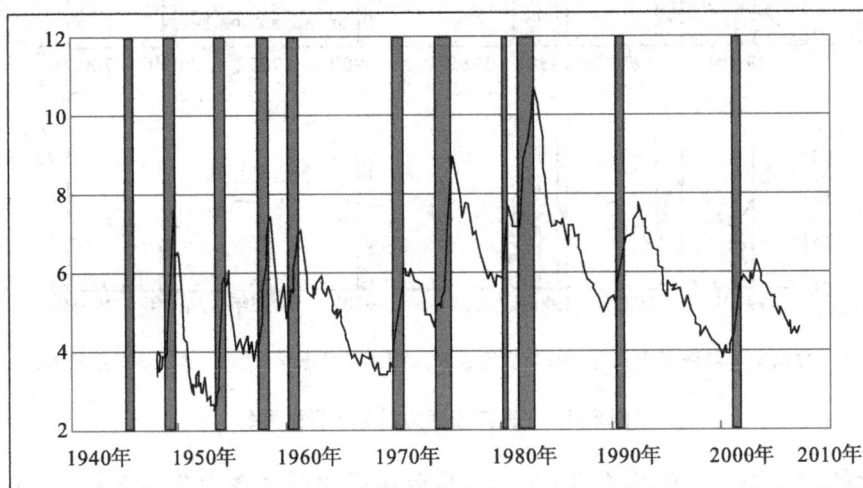

图6-3　非农失业率

4. 通货膨胀

通货膨胀是指经济体一段时间内的商品和服务价格上升。通货膨胀也被定义为货币和信贷供给的过剩。一般在商品和服务的需求超过产出，从而导致价格上涨的经济体中会出现通货膨胀。换句话说，就是过多的货币追逐过少的商品和服务，2007年8月，通货膨胀率相对较低，为2.1%，一些经济学家预计通货膨胀会下降2%，而另一些经济学家则认为通货膨胀离灭亡还非常遥远。

5. 消费者物价指数（CPI）

消费者物价指数（CPI）是衡量通货膨胀的指标之一，是由美国劳动统计署按月计算的。美国劳动统计署监管 CPI 中物品的价格变化，诸如食品、服装、住房、交通、医疗保障和娱乐。CPI 计量了通货膨胀水平，若与前期的 CPI 进行对比则更显其价值。

许多经济学家认为，CPI 引发通货膨胀就像猫在追逐自己的尾巴。社会保障支付以及雇员劳动合同中，因生活成本增加的开支与 CPI 密切相关。实际上，CPI 有可能夸大了通货膨胀的水平。

当通货膨胀水平过高时（相对前期而言），美国联邦政府会采用紧缩的经济政策来降低通货膨胀水平，图 6-4 用 1990 年—2007 年（17 年）的 CPI 数据表示出当时相对较低的通货膨胀率。

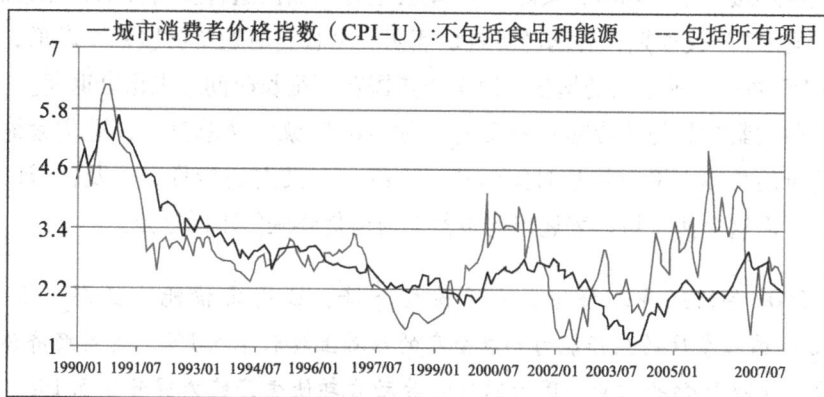

资料来源：美国克利夫兰联邦储备银行。

图6-4 美国历年的通货膨胀

6. 生产者物价指数（PPI）

生产者物价指数（PPI）每月对外公布，用于监管为生产所用的原材料成本。相比于 CPI，PPI 能够更好地预测通货膨胀，因为原材料价格上涨传至消费者购买产品时的价格上涨具有一段时间的滞后性。

7. 商品价格指数

商品研究局的商品价格指数也是一个重要的经济指标，用于衡量原材料价格。如果六个月内这一指标显示出很大幅度的上涨，那么就要警惕通货膨胀了。其他的经济指标，如首要通货膨胀指数是由哥伦比亚大学经济周期研究中心研发的，用于预测消费者物价指数周期变动。随着商品价格上涨，首要通货膨胀指数也上涨，那么很明显就是通货膨胀要来临了。

8. 通货紧缩

通货膨胀对债券市场、股票市场，乃至整个经济体都会产生不利影响，当通货膨胀水平提高时，实际 GDP 就会下降（如 1980 年的美国）。同样，当通货膨胀水平下降时，实际 GDP 就会上升。然而这种反向关系并非常态，20 世纪 90 年代中期，美国经济就是证明。尽管当时通货膨胀水平较低，实际 GDP 并没显示出大的增长，以至于美国花了很长时间才走出衰退期。

通货紧缩是与通货膨胀相反的一种经济现象。简单言之，通货紧缩是指物价的总体水平在较长时间内持续下降，广义上是指货币以及信贷的紧缩。下面这个例子可以表述出通货紧缩与通货膨胀的不同之处。

2002 年的经济环境中，由于价格下降，公司定价能力变弱，然而，2002 年第三季度的生产能力却在全年的基础上增长了 5.1%。这对经济体而言是一个很强劲的信号，因为同样的劳动力却使生产能力提升了 5.1%。如果价格下降损失的部分少于生产能力提升所获得的利润，那么就不会有通货紧缩。

9. 新屋开工率

新屋开工率每月都会公布，用于表明房屋建筑的强弱情况，也就是为新房开工所发的住房建筑许可证数量。相对于之前月份，房屋开工率的增加表明经济情况比较乐观，有更多的人购房。因此，可以看出新屋开工率

的增长能够增强消费者对经济的信心。图6-5表明了2000年1月—2007年
4月独户式住宅房屋开工率的强弱情况。

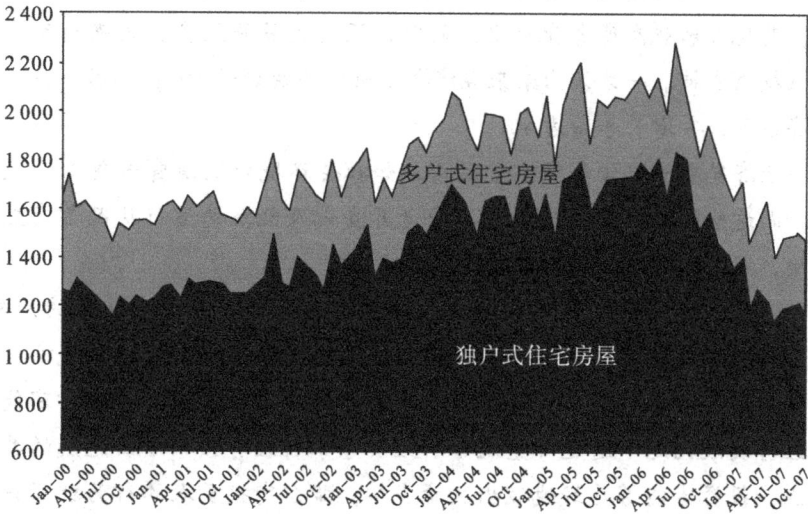

图6-5　2000年1月—2007年4月，美国独户式住宅房屋开工率的强弱情况

新屋开工率从2006年1月—2007年7月一直在下降，其原因可以追溯
到2005年那波建造新房的浪潮时期，当时可谓规模空前，这也导致了之后
房价下跌。2007年的次贷危机爆发，让美国的房地产市场一蹶不振。建筑
行业的失业率引起美国经济增长的放缓，结果使得很多经济学家预言经济
将衰退。

上述介绍的这些经济指标只是整个经济情况的部分展现。通过分析这
些经济指标和统计数据，投资者可以更好地调整自己的投资思路以及预测
经济的发展变化。本章对经济情况进行简单概述的同时，着重说明了其复
杂性，投资者不要因此就认输或者忽略掉经济状况对投资的影响，而应利
用对经济预测的共识来投资，做好投资决策的准备。

经济发展将走向衰退还是持续增长？关于经济发展该何去何从的问题，悲观或乐观态度者皆有之，同时，还有大量的经济数据来为两者的观点提供支持。一方认为未来经济年增长仅为疲弱的1%；而另一方坚持经济强劲，年增长率高达4%。

经济发展面临诸多不可定因素，如社会环境以及消费者信心的缺失等，而这些因素对商业投资、消费者开支以及经济的运行状况都有显著影响，同时也会影响到股市和债券市场。

尝试预测经济发展何去何从，对于投资者而言是个很复杂的问题。倘若投资者对此置之不理，那么就和鸵鸟把头埋在沙里躲避危险没什么两样，最终投资结果一定会不如意。对严谨的投资者而言，绝对不能忽视经济发展问题。通过考虑及分析经济学家在经济预测方面达成的共有观点，投资者能够更好地做出投资安排。华尔街投资人的行为就正说明了这一点：同一周，两个经纪公司同时改变了其对投资者资产配置计划的建议，其中一家经纪公司预期经济衰退，从而减少了5%的股票头寸；而另一家则预期经济好转，反而增加了股票投资。

经济状况对债券市场的影响

债券市场的表现和市场利率之间存在很强的相关性。经济体的市场利率下降时，现有债券的价格会上升。而市场利率一般都会在经济衰退时下调，这段时间内投资者持有投资组合中的债券就有利可得，也会因为利率下降而延长对债券的持有时间。

经济衰退时，出于对信贷和违约风险的考虑，人们常常转而投资高品质的债券。因此，高品质债券和投机债券之间的信用收益差会扩大。原因在于，投资者购买国债，国债价格上涨，收益率下降，而卖出投机债券会导致其价格下降，收益率上涨。

　　经济复苏期情况则相反。美联储提高利率来对抗通货膨胀，同时给过热的经济降温。这一操作导致债券价格下跌，收益率上升。投机债券和3A 高品质债券的收益率都会上升，这样它们之间的信用收益差就会变小。经济体利率上调，债券投资者倾向购买短期债券，因为持有短期债券的让渡价值较小。而有耐心的投资者会继续等待，直到他们认为利率已达到最高点时才会出手购买新债券。

货币政策和金融市场

　　货币政策对经济及金融市场具有实质性的影响，联邦储备银行（以下简称"美联储"）是美国的中央银行，其工作重心是保障金融的稳定，并且设计实施货币政策。除此之外，联邦储备银行还监管国家的其他银行并为美国政府提供金融服务。货币体系的稳定性取决于经济体系中的货币供给。通过调节经济活动中货币与信贷的供给，联邦储备银行就能影响美国的经济增长、通货膨胀、失业率、工业产出及长期利率，最终对股市和债券市场产生影响。

美联储改变货币供给和利率带来的影响

　　美联储银行通过增加或减少全国的货币供给，来保持稳定的货币流通价值、合理的利率水平以及交易流通领域充足的货币量。美联储银行用以调控货币供给的三个主要工具为：

- 公开市场操作
- 存款准备金
- 贴现率

1. 公开市场操作

美联储在公开市场上买卖美国债券（主要是国债和回购协议），以扩张和收缩全国的货币供给，以及商业银行的存款准备金。图6-6中，T型账户展示了美联储通过从市场上买入债券来扩张货币供给时借方和贷方的情况。美联储从市场上买入债券增加了美联储的债券库存，三天之内要将款项存入某家商业银行，这时，该商业银行的存款量就增加了。公开市场操作的行为既增加了商业银行的存款储备，也增加了其在美联储的存款准备金，同时银行也可以贷出更多的钱，这样全国的信贷和货币供给就扩张了。

联邦储备银行		商业银行	
美联储购买债券时，其证券存货增加	商业银行的准备金增加	商业银行准备金增加，从而增加贷款	美联储通过购买债券使商业银行存款增加

图6-6　联邦储备银行和商业银行在公开市场购买债券的具体情况

为了收缩货币供给，美联储会在公开市场上卖出债券。这一举动能够吸收全国的货币供给，而商业银行的存款准备减少将导致银行能借贷出去的钱减少。图6-7介绍了美联储通过卖出债券来收紧货币以及其和商业银行T型账户的情况。

联邦储备银行		商业银行	
美联储售出债券时，其证券存货减少	商业银行的准备金减少	商业银行准备金减少，其贷款能力下降	美联储出售债券使商业银行存款减少

图6-7　联邦储备银行和商业银行在公开市场卖出债券的具体情况

联邦储蓄公开市场委员会（FOMC）是由纽约的联邦储蓄银行主席、理事长以及其他联邦储蓄银行的总裁组成，在轮流的基础上进行公开市场操作。委员会每两周召集一次会议，每次会议召开六周后向公众发布会议结果。债券交易者敏锐地意识到，美联储对公开市场操作中买、卖及约束买卖的各种行为会对利率产生大的影响，从而影响债券价格。

公开市场操作对利率有直接的影响，当美联储从市场上买入债券扩充货币供给时，国债的价格上扬会诱使投资者卖掉他们的债券，此行为使得国债的收益率下降，从而导致利率更低；反之亦然。

2. 存款准备金

存款准备金是联邦储蓄银行要求其他银行在美联储保持一定储备的资金。2006 年的存款准备金为储蓄金额的 10%。美联储对存款准备金的调整并不频繁。

美联储会通过减少存款准备金来增加货币供给：储备金减少可以使银行将更多的钱贷出去；相反，当美联储增加准备金，就会导致利率上升。存款准备金的变化不仅会增加或减少货币的供给，还会对货币供给产生乘数效应。

举一个简单的例子，假设你在甲银行存入 100 美金，存款准备金为 10%，那么甲银行就有 100 美元的存款，其中 10 美元作为存款准备金，90 美元可以贷给 A 公司。A 公司转而把这 90 美元存入自己的银行——A 银行。A 银行拿 9 美元做存款准备金，其他 81 美元可以贷出去。这个过程不断重复，原来的 100 美元在银行系统中不断流转，最终扩充了货币供给。图 6-8 解释了这个乘数效应产生的过程。

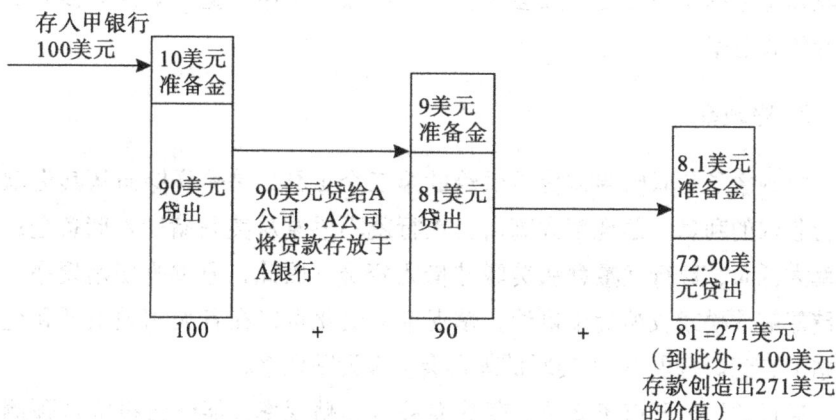

图 6-8　乘数效应产生的过程

联邦储备银行可以通过降低准备金来扩大乘数效应，这相应地增加了商业银行的贷款能力。事实上，存款准备金和货币供应量并不存在很密切的关联性，因为存款准备金关注的是存款储备，这部分只是对狭义的货币供应量的控制（M1）。而（M2）广义货币供应量和更为广泛的货币供应量（M3）的定期存款部分不包括在内（下一小节货币供应量的定义将详细讨论 M1、M2 和 M3）。可以说，存款准备金在货币供应量控制中扮演的是一个有限的角色。

联邦储备银行对商业银行的准备金并不支付利息。商业银行可以将超额准备金借给其他需要增加准备金的银行。这些资金通常被称为联邦基金。在大多数情况下，这些交易是短期且无担保的，但偶尔也会出现长期交易。商业银行给这类资金支付的利率被称为联邦基金利率，一些报纸的金融报道中有说明。联邦储备银行能够通过改变货币供应量来调控联邦基金利率，联邦基金利率和准备金数额的变化会被相关媒体广泛报道。

联邦基金利率的目标已从 2007 年 5 月 10 日的 5% 下调到 2008 年 3 月 18 日的 2.25%。在 1998 年—2008 年，联邦基金目标利率最高达 6.5%（在 2000 年），最低仅 1%（在 2003 年）。联邦基金利率的变化对货币市场和债券市场产生了深远的影响。货币市场债券的收益率，例如短期国债收益率，对联邦基金利率的变化一般会有反应。当然，联邦基金利率也会影响长期债券的收益率。

3. 贴现率

贴现率是美联储调控货币供给的第三个工具，是美联储向从其借款的银行收取的利息。贴现率太高时，银行就不愿意从美联储借入储备金；贴现率太低时，银行就愿意从美联储借入资金。因此，通过改变贴现率，美联储能够放松或收缩货币供给。贴现率的变化可以在各大相关报纸和金融网站上查到。每隔 14 天美联储理事会会重设贴现率。

通过关注公开市场交易、存款准备金和贴现率，能够给投资者预测未来利率走向提供更好的感知度。

货币供应量的定义

在考察货币供应与金融市场关系前，我们需要对货币供应量的不同测量方法进行了解。尽管有一定的局限性，但仍然可以将这些方法与自己货币供应量的测量方法做一做比较。

我们拥有多少现金？除了我们的口袋、钱包、床垫下和支票账户里存放的现金外，储蓄账户、货币市场共同基金和其他投资也能够很容易地转换成现金。根据相似的思路，我们将 M1 定义为狭义货币供应量，M2 定义为广义货币供应量，M3 定义为更广泛的货币供应量。

（1）M1，指流通中的现金和银行的活期存款，这里的活期存款仅指企业的活期存款。

（2）M2，包括 M1，再加上居民储蓄存款和企业定期存款。

（3）M3，指一国货币供应总量，包括 M1、M2，再加上金融债券、商业票据及大额可转让存单。

哪一个口径才是测度货币供应量的最好指标呢？这是经济学家们争论已久且很难回答的一个问题。联邦储备委员会倾向于使用 M2，这是目前美国的广义货币量定义。

利率变化能够解释那些关于货币供应定义的差异。在长期利率保持相对高水平的情况下，短期利率下降会使投资者迅速将低收益的银行贷款（包括在 M2 中）转化为高收益的债券。一些经济学家认为，资产组合的迅速变化将导致货币供应量不能准确地反映国民经济的状况。例如，当人们将货币从储蓄账户转到支票账户时，你可以看到 M1 迅速增加了，而 M2 却没有变化。不同货币分类显示的货币供应量的差异持续不断，而投资者更应该关注一段时期内货币供应量总的变化趋势。关注联邦储备银行公开市场操作、准备金要求和贴现率的变化以及货币供应量的增减，可以帮助投资者更好地作出投资决策。

总之，大量经验事实表明，货币供应量变化对经济活动的名义量是有影响的，但对长期的实际经济增长的影响如何，则仍是一个争论不休的话题。

对金融市场的影响

当联邦储备银行采取紧缩货币政策时，它可以在公开市场卖出证券以减少货币供应，也可以同时（或）提高准备金要求以降低商业银行的贷款能力。此外，还可以同时（或）提高贴现率以阻止商业银行借款。

这些货币环境的变化将影响公司的盈利状况。当货币供应减少时，利率就会上升，从而使公司与个人的借贷成本上升，迫使他们推迟购买，这将导致销售额下降。销售额下降与借款成本上升会使公司盈利能力下降，最终导致股票和债券价格下降。

当利率上升时，投资者能从固定收益证券和货币市场工具中获得更高的收益。因此，很多投资者会从股票市场中抽出资金，将其投资于流动性高的短期债券和长期债券，这使得股票市场面临更大的价格下降压力。高利率还会提高交纳保证金投资者的借贷成本，这时投资者会将资金转向债务工具投资，以降低利息成本。

货币政策对利率具有直接影响，而利率和股票价格密切相关。利率上升，股票价格下降；利率下降，股票价格上升。但有时情况也会发生变化，例如2000年—2002年，当时利率跌至历史新低，而与此同时股市也是下跌的。

股票市场投资者往往会在利率上升时进入债券市场，在利率下降时退出债券市场。利率上升对投资者进入债券市场投资是有利的，但对债券持有者不利，原因在于，市场利率与债券价格存在反向关系。利率上升期间，固定利率债券的投资者会发现自己所持债券的市场价格在下跌，因为购买债券的新投资者会预期更具竞争性的收益率。反之，利率下降期间，现存债券的价格则会上涨。

联邦储备银行的公开市场操作对利率和债券市场也有直接影响。当联邦储备银行在公开市场买进国债时，它会与其他购买者竞价，从而导致国债价格上升、其收益率下降。这使国债与公司债券收益率差异扩大。由于国债价格上升、收益率下降，投资者会转向购买公司债券。而当联邦储备银行在公开市场出售债券时，结果则相反。

上述分析告诉我们，如果投资者能够正确预测货币政策的变化，就能够适时改变投资策略。

财政政策与金融市场

财政政策目标与货币政策目标是相同的，即追求充分就业、经济增长和价格稳定。政府运用财政政策来刺激或抑制经济。财政政策的工具主要有税收、政府支出和政府债券管理，而货币政策则是通过控制货币供应量来实现同一目标。财政政策的变化也能够影响金融市场。

联邦政府运用税收工具增加收入，同时减少经济中的货币量。税收政策能够刺激或抑制经济和股票市场。当税收增加时，消费者会因为财富减少而削减投资和消费，商家利润因而减少，并最终导致利润下降。

然而，减税也有相反的经济效果。居民会将更多的资金用于消费和投资；而商家将从增加的消费支出和低税收中获利，这将带来销售额和利润的增加。

1. 政府支出

政府支出增加具有与减税同样的经济效果。减税政策在储蓄与投资方面具有良好的效果，而政府支出用于经济产品和服务生产方面的效果更好。因此，政府支出可以作为刺激或抑制经济增长的工具。

2. 债务管理

当政府收入小于支出时，财政赤字就产生了。赤字支出对金融市场，特别是股票市场有着显著的影响。政府有两种方式为赤字融资：一是从金融市场借贷，二是增加货币供应。

政府通过从金融市场借款提高债券市场的收益率，这对股票市场具有抑制作用。通过在市场上出售债券，政府债券的价格会下降，而收益率却会上升。通过收益率差（公司债券与政府债券之间）的比较，投资者倾向于投资政府债券，这会导致公司债券价格下降、收益率上升。因此，政府在金融市场上借款有抑制债券价格、提高收益率的作用。政府在债券市场购买债券则具有相反的效果，会造成债券市场价格上升、利率下降。

当政府为不断增加的赤字融资时，就必须为吸引投资者购买债券而支付更高的利息。这样做提高了经济的整体利率水平，由于高利率抬高了收益率要求，所以对股票市场有抑制作用。例如，1998 年美国政府宣布削减财政预算赤字，从而降低了债券收益率，提高了债券价格和股票价格。股票和债券市场的这种趋势持续到 2000 年，直至财政赤字转为财政盈余。

3. 增加货币供应

如果政府增加货币供应，通货膨胀将抬头，而通货膨胀对经济，特别是债券市场具有负面效应。

概括地说，当政府无力抑制赤字支出增长时，股票和债券市场就会因此受到影响。当政府能够削减赤字支出时，它就能减少借款并偿还债务，这将降低总体利率水平。投资者会密切关注那些能有效影响赤字变化方向的政策及预算。

政府支出增加会带来通货膨胀，并引起债券持有人的迅速反应。在全球化的计算机交易体系中，债券持有者可在数小时内抛售上百万美元的美国国债，这会使债券价格暴跌，并使长期收益率急剧上升。由于美元是较安全的货币，美国长期国债市场（期限在 10 年以上）吸引了全球的投资者，这对政府支出变化尤为敏感。

财政政策能够影响证券市场，通过对财政政策变化的预期，投资者能够更好地确定自己的投资战略。

4. 美元与金融市场

金融市场的波动与美元的相对价值是相互联系的。与其他主要货币相比（例如欧元和英镑），自 2000 年初至 2007 年末，美元的相对价值已经跌至历史最低。美元的贬值，主要是受经济原因以及尾随美国的地缘政治风险的影响。伊拉克战争的爆发以及创历史高位的各类大宗商品（石油、天然气、小麦、玉米和大豆）的价格都对美元的相对价值产生了反向影响。

然而，美元的相对价值走弱并不一定对经济发展不利。弱势美元，美国出口商品的价格会相对便宜，对美国的出口企业有利。这个优势，理论上讲至少能增加美国的出口，减少美国的进口（因为进口货物的价格变得相对较贵），进而减少甚至消除贸易逆差。但是，从另一方面来看，美元贬值会导致投资品缩水，使得外国投资者不愿意到美国从事投资活动。

货币的比价会随市场供需关系的变化而发生变化。当针对一种货币出现超额需求时，这种货币就会升值；而当需求下降时，这种货币就会贬值。货币之间的比价由外汇市场所决定，而外汇市场由国际银行和外汇交易商构成。

5. 通货膨胀

通货膨胀与利率对货币的相对价值也有重要的经济影响。

一国的高通货膨胀能引起本币贬值。例如，若美国的通货膨胀率上升 6%，原来 100 美元的商品现在要卖 106 美元。结果，美国消费者倾向购买等值的进口商品。这就增加了对外币的需求，降低了对美元的需求。购买力平价理论对此的解释是：如果一国商品的价格相对另一国上升了，为了维持国家之间商品价格的一致性，一国本币必须贬值。

通货膨胀对外国投资也有损害。由于担心贬值，外国投资者都不愿意投资于高通货膨胀国家的金融资产。因此，为吸引外国投资者，高通货膨胀国家必须对外国投资者支付更高的利率。

利率上升会对债券市场形成下跌压力。由于短期债券在利率上升时收益率会提高，所以投资者会出售长期债券，转而购买各种短期债券。

6. 利率

当一国利率水平高于其他国家时，非本国居民将投资于该国的国库券和其他高收益投资工具。这意味着对该国货币的需求量增加了，理论上会导致该国货币升值。在利率和通货膨胀率下降时，结论则相反。利率、通货膨胀率和币值的关系拓宽了跨国投资者的思考范围。

本章讨论的焦点是金融市场与经济活动的总体关系。一般来说，如果公司大量盈利，那么，经济的高速增长会伴随着股票市场的上涨。但是，经济高速增长对债券市场的影响是不确定的，这主要是由于人们对通货膨胀的担心所引起的。必须注意，不能把经济与金融市场的关系过于简化。在经济扩张时期，对通货膨胀的担心和对利率走高的预期会令债券市场下滑，从而对股票市场产生负面影响。同样的，由于利率走低，经济滑坡可能伴随着一个上升的债券市场，这又对股票市场产生正面影响。通过预测经济的发展方向，投资者能够更好地预测债券市场的走势。

All About Bonds,
Bond Mutual Funds, and Bond ETFs

第7章

货币市场债券

　　货币市场债券不仅流动性强、市场性好、安全性高，而且到期时间较短（为一年或一年以内），是投资者用来存放应急备用金以及短期资金的投资工具。

货币市场债券的特性

货币市场债券不仅流动性强、市场性好、安全性高，而且到期时间较短（为一年或一年以内），是投资者用来存放应急备用金以及短期资金的投资工具。这些证券包括大额定期存单、货币市场共同基金、国库券、商业票据、银行承兑汇票以及回购协议。这些投资工具也可以作为临时短期资金投资的最佳选择。

货币市场作为债券市场的一部分，它包括到期时间为1年以及1年以内的债券的交易。货币市场不是指特定的某个地点，它还包括通过电话和网络交易的全国银行和所有交易者。货币市场债券的优势在于，鼓励投资者利用闲置的现金进行投资，以获得收益。这些短期投资工具的特征是违约风险低、流动性高、市场特性好，但由于交易面值较大，所以将许多个人投资者拒之门外。货币市场债券的特性如表7-1所示。

表7-1 货币市场债券的特性

投资目标	特征	优点	缺点
利息收入	流动性好	闲置资金可以得到充分利用，从而获得投资收益	收益率低，可能无法抗击通货膨胀的损失

（续表）

投资目标	特征	优点	缺点
本金可回收	市场性好	是现金临时投资最好的选择	货币市场债券的大多数投资产品交易面值较大
容易变现	风险低	信用品质高	

货币市场共同基金

对于个人投资者而言，短期资金最方便的投资工具就是货币市场共同基金，其提供了一种便捷的投资方式。投资货币市场共同基金时，投资者应该了解每个短期投资工具（例如国库券、商业票据、银行承兑汇票以及回购协议）的特征，理由有以下两点。

第一，货币市场共同基金是将筹集到的资金投资于单一的短期固定收益债券。通过了解这些债券的运作方法，投资者能够评估不同货币市场共同基金的风险和收益。

第二，有时候，直接投资这些单一的固定收入债券比通过货币市场共同基金间接投资更有利。

货币市场共同基金直接与存款形成竞争关系。这些年来，货币市场共同基金迅速发展，而银行存款的竞争力不断减弱。现在，银行、经纪商以及投资公司都出售货币市场共同基金，其中，经纪商的货币市场共同基金收取的费用和销售佣金较高。为了获取更高的销售佣金，经纪人和财务顾问就有动机将投资者的资金从投资公司的货币市场共同基金中移到他们经营的产品上来。例如，他们会说服投资者投资一个年收益率为4%的短期收益债券基金，而不推荐投资者投资年收益率为3.5%的货币市场共同基金。从表面上看，前者可能是一个更好的选择。然而，短期货币基金和货币市场共同基金是不同的，因为前者的净收益值是波动的，而货币市场共同基金的净资产值固定为 1 美元 1 份额。表 7-2 说明了有佣金短期债券基金和无佣金的货币市场共同基金的对比情况。

表 7-2　有佣金的短期债券基金和无佣金的货币市场共同基金的对比

2% 的佣金收费基金	金额（美元）	无佣金收费基金	金额（美元）
投资金额	10 000	投资金额	10 000
2% 的佣金费用	200	无佣金费用	0
可用于投资的基金额度	9 800	可用于投资的基金额度	10 000

无佣基金不涉及佣金费用，投资金额为全部本金。而投资有佣债券基金，经纪公司的操作费用比投资公司要高，投资者要用好几年的收益来弥补佣金上的花费。

大多数的货币市场共同基金是由投资公司提供的，由于其比股票投资和债券投资风险更低，所以成为了投资者用现金和短期资金投资的新选择。管理货币市场共同基金的投资公司将投资者的资金汇总，然后向投资者发放基金份额，接下来，再将筹集的资金投资到诸如国库券、商业票据、银行承兑单、大额定期存单、欧元、回购协议、政府机构债券等短期证券上。

货币市场共同基金主要有以下三种。

（1）一般目的的货币市场共同基金：这一基金投资于各种货币市场债券，诸如国库券、商业票据、银行承兑单、大额定期存单、回购协议、短期离岸证券等。

（2）美国政府货币市场共同基金：这一基金投资于短期国库券以及政府机构债券。

（3）免税货币市场共同基金：这一基金仅投资于免美联储收入税的短期市政债券。

货币市场共同基金的安全性

虽然货币市场共同基金没有像银行货币市场储蓄账户一样购买联邦储

蓄保险公司（FDIC，美国政府的独立机构）的保险，但相对来说也是安全的。理由如下：

第一，投资的工具都是政府及政府机构或者是大公司发行的债券；
第二，这些债券大多是短期的，风险较低。

最安全的货币市场共同基金仅投资于美国国债，因为国债有美国政府的信誉作保证。所有的货币市场共同基金相对来说都是安全的，因为大机构在短期内违约的可能性比较小，并且短期内债券的价格波动幅度不大。因此，一般货币市场共同基金的价格为每份额 1 美元。

投资者在投资前，应仔细阅读招股说明书，上面列出了货币市场共同基金的不同债券种类。根据历史经验，国库券、大额定期存单、银行承兑单、商业票据的违约风险较低，少数公司的商业票据有过违约的情况，但经营这些基金的投资公司都代替投资者承担了违约损失。

2007 年，美国"次贷危机"对商业票据市场施加了很大压力。两大抵押贷款投资公司由于抵押贷款坏账而申请破产保护，之后这些公司延长了可延长资产抵押商业票据的承兑期限，而资产抵押商业票据几乎占据了 2007 年 7 月美国未偿商业票据的一半。

高收益、高风险的短期债券确实存在，一些激进型的货币市场共同基金会投资于此类产品，以提高收益率。基金的招股说明书上会明确列出基金的投资限定范围，包括是否设有投资可延长资产抵押商业票据和其他高收益、高风险债券，对此投资者要好好研读。

基金的欺诈行为是投资者担心的另一个问题，例如，基金公司中有人从投资者账户中盗用或挪用资金。当然，所有投资都有可能发生此类情况，但货币市场共同基金相对具有保障性，具体原因如下：

- 投资公司并不实际持有基金，投资者开立基金账户的过程都通过指定的托管银行来完成，并记录下来。
- 托管银行具有保险而且也受到约束，以防因挪用或欺诈而产生损失。

也就是说，货币市场共同基金同其他短期投资，如储蓄账户一样，具有防范欺诈的保障作用，这在一定程度上可以减少投资者的担心。

如何投资货币市场共同基金

货币市场共同基金按每股份额价格出售，为投资者提供了便利，而且投资者在追加或提取资金时无税收负担。与此相比，短期债券共同基金就没有固定的基金份额的价格，这意味着，当卖出基金时，如果买入价和卖出价不同，就会产生资本收益或损失。这正是投资者不愿意将短期资金投资于短期债券基金，而更愿意投资于货币市场共同基金的主要原因之一。

投资于货币市场共同基金可以通过致电（大多数基金公司都提供了免费电话服务）基金公司，或是从基金网站上下载招股说明书和申请表直接申请。证监会（SEC）要求共同基金公司必须将招股说明书邮寄或通过网络发送给新的投资者。招股说明书包括与基金有关的以下信息：

（1）开立新账户所需的最小金额；

（2）投资者如何从账户中提取资金；

（3）基金的投资目标、投资政策以及投资限制；

（4）基金管理者、管理费用、操作费用以及其他费用的说明；

（5）基金公司的财务报表。

在填写申购表之前，投资者应仔细阅读招股说明书，然后将填好的申购表和新开账户的支票一并寄回基金公司。投资者每个月都会收到关于其账户里的基金份额、资金存取以及红利收入的财务情况。大多数基金投资公司对于额外投资都有最小金额的规定，一般为 100 美元。

投资者可以根据需要从基金账户中提取金额，方式如下：

（1）通过签发支票；

（2）将基金中的金额转入银行账户；

（3）投资者提出提款的书面申请后，由基金公司签发支票并将支票邮寄给投资者；

（4）将资金转投同一投资公司基金家族的其他基金；

（5）投资者可以提出系统提款计划申请（SWP），由基金公司定期签发支票给投资者、投资者银行账户或第三方。

注意事项

1. 在购买货币市场共同基金时，应选择可以对多种不同基金进行投资的基金公司，以便在投资基金转换时更具灵活性。

2. 避免投资要收取销售、赎回和高管理费用，以及高费用比例的基金。

3. 避免在货币市场共同基金上投入过多的资金，因为从长期来看，货币市场的真实回报率不可能超过通货膨胀率。

4. 将短期持有的现金投资于货币市场时，要避免购买短期债券基金，以免基金价格跌到短期债券基金的购买价格以下时遭受本金损失。

短期国库券

短期国库券（T-bills）为短期的债券，由美国政府折价发行，到期日为一年或一年以内。直接购买短期国库券比通过货币市场共同基金间接投资短期国库券要稍微困难一些。短期国库券是继货币市场共同基金之后最受欢迎的短期个人投资工具。

短期国库券是美国财政部代表美国政府发行的具有高安全性的短期投资工具（没有信誉和违约风险）。因此，短期国库券的投资收益较其他货币市场债券要低，短期国库券与其他证券之间的收益差价会因经济状况的变化而变化。

短期国库券可以在市场上流通，不支付利息，期限分别有 4 周、13 周、26 周和 52 周。短期国库券的最低购买面额为 100 美元，其他为 100 美元的整数倍。表 7-3 列出了短期国库券的拍卖细节。

表7-3 短期国库券的拍卖细节

期限	最低面额（美元）	乘数	拍卖	拍卖时间
4 周	100	100	每周一次	周二
13 周	100	100	每周一次	周一
26 周	100	100	每周一次	周一
52 周	100	100	4 周一次	

通常，短期国库券会折价发行，折扣金额取决于拍卖会上的投标价格。到期日时，短期国库券以面值偿还本金。面值和折扣价之间的差价就是利息收入。例如，你以 985 美元买入面值 1 000 美元、期限为 26 周的国库券，那么持券至到期日，你的利息所得为 15 美元。下面我们分别介绍如何计算短期国库券的收益率和价格。

1. 如何计算短期国库券收益率

短期国库券没有标明利率，可以通过以下公式计算：

$$\text{收益率} = \frac{(\text{面值} - \text{买入价格})}{\text{买入价格}} \times \frac{365}{\text{距离到期日的天数}} \times 100\%$$

例如，买入 980 美元、期限为 26 周（6 个月）的短期国库券，到期以面值赎回，年收益率则为 4.08%，计算如下：

$$\text{收益率} = \frac{(1\ 000 - 980)}{980} \times \frac{365}{182.5} \times 100\% = 4.08\%$$

由于联邦储备银行要求提交的投标报价不是以年为基准，而是以银行贴现为基准，所以使得收益率的计算相对复杂，如下所示：

$$\text{以银行贴现为基准的收益率} = \frac{(\text{面值} - \text{买入价格})}{100} \times \frac{360}{\text{距离到期日的天数}} \times 100\%$$

例如，买入 98 美元、期限为 26 周（6 个月）的短期国库券，2 美元的贴现值，到期以面值赎回，银行贴现率计算如下：

$$\text{银行贴现率} = \frac{(100 - 98)}{100} \times \frac{360}{180} \times 100\% = 4\%$$

由此可见，银行的贴现率总是低于年收益率。

这里要注意一点，收益率是以每 100 美元的面值来标价的，以每年 360 天取代之前的 365 天。

2. 如何计算短期国库券价格

短期国库券按折价发行，即低于面值 1 000 美元或 100 美元的价格，到期的国库券再以面值赎回。折价与面值之差为利息收入。买入贴现率为 4.1% 的国库券的价格（即当日交易者愿意卖入的价格），以及卖出贴现率为 4.08% 的国库券的价格（即当日交易者愿意卖出的价格），到期日为 180 日，最终短期国库券的价格计算如下所示。

（1）交易者愿意卖出的价格，也是投资者能买到的价格为：

$$卖出价格 = 面值 - 面值 \times （买入贴现率）\times \frac{距离到期的天数}{360}$$

$$= 100 - 100 \times （0.0408）\times \frac{180}{360}$$

$$= 97.96 \text{ 或 } 979.60 （美元）$$

（2）交易者愿意买入的价格，也是投资者能卖出的价格为：

$$买入价格 = 面值 - 面值 \times （卖出贴现率）\times \frac{距离到期日的天数}{360}$$

$$= 100 - 100 \times （0.0410）\times \frac{180}{360}$$

$$= 97.95 \text{ 或 } 979.50 （美元）$$

如何买卖短期国库券

新发行的国库券可以在一级市场上直接从联邦储备银行购买，没有佣金和其他费用。新发行的国库券也可以在二级市场上，通过银行和经纪公司间接购买，但要支付一定数额的服务佣金，已经发行的国库券也可以通过它们进行交易。

1. 直接购买

投资者可以通过开设一个账户以及提交投标表格的方式直接从财政部

购买国库券。

联邦储备银行每周对新发行的国库券进行拍卖，投资者可以选择竞争性投标和非竞争性投标。

直接通过联邦储备银行购买的国库券登记在财政部直接账面记录系统中，这个系统主要针对持有债券至到期日的投资者。如果投资者想要在到期日前卖出国库券，必须填写"转换申请表"，将账户转到商务账面记录系统，然后才可以将国库券售出。这个系统主要记录了通过金融机构以及政府证券交易商购买的国库券。

2. 竞争性招标

竞争性招标是为了以一个特定的收益率购买国库券而向美国财政部提出的报价。竞争性报价的数额以银行提供的贴现基数提交标书，保留小数点后 2 位数为准。例如，投资者以 98 000 美元的价格购买面值 100 000 美元、期限为六个月的国库券，则提交给联邦储备银行的竞争性报价就是4.00%。1998 年之前，美联储从收到的所有标书中选择那些贴现率最低（价格最高）的报价，将所接受的竞标收益率从最低到最高排列，其中最高的收益率（最低的价格）被称作收益率停止点。投资者的报价越靠近收益率停止点，其所获得的收益越大；以最低收益率竞标成功的投资者，所获收益最少。这也正是大家所说的"赢家诅咒"。现在，国库券竞争性招标拍卖用的是单一价格拍卖法或荷兰式拍卖法，所有招标成功且低于收益率停止点的价格都将成交。这样就消除了"赢家诅咒"。举例来说，收益率的接受范围为 3.99% ~ 4.12%，而所有的招标成交价都为 4.12%。

投资者投标时所报的收益率取决于两个因素：短期投资工具决定的货币市场利率，以及目前对国库券短期利率的预期。研究这些利率，投资者投标成功的几率会更大。选择竞争性招标，在所报收益率超过收益停止点时，投资者会面临投标被拒绝的风险。然而，竞争性招标的优势在于，相对非竞争性投标，其可以得到更多的收益回报。

3. 非竞争性招标

非竞争性招标是指投资者购买国库券时，不需要向美国财政部提出报价的一种购买方式。非竞争性招标，投资者在国库券拍卖结束后，会以竞争性招标接受价的平均价格买入国库券。总体来说，拍卖会上每个投资者100 美元的短期国库券以及 500 万美元的中期国库券的投标，基本都会被接受，也就是说能确保投资者中标。

竞争性招标存有两大劣势，对于缺乏经验的投资者来说，竞争招标前的计算相对较难，同时，投资者还面临着投标被拒的风险（在所报收益率没有被接受时）。

投资表格可以通过邮寄、发电子邮件或由本人在拍卖结束前亲自派送的方式提交联邦储备银行或分行。竞争性投标的表格必须在发售说明书中注明的指定时间内寄送到。邮寄的非竞争性招标文件最迟须在拍卖日的前天午夜 12 点之前寄出，在证券发行日前寄到。所付款项必须随投标表格一并寄出。

投标被接受后，投资者会收到美联储的确认收据以及部分付款，这部分付款是投标金额和国库券价格折扣之间的差额。在投标表格上，投资者可以选择"在债券到期后是否将资金进行再投资"。如果不选择再投资，联邦储备银行会在到期日把等同于国库券面值的金额转入投资者账户。直接购买国库券并持有至到期日的一个优点在于，投资者可以不用支付佣金或其他费用。

大额定期存单

大额定期存单（CD）是指至到期日的一笔在金融机构里的定期存款。通过投资大额定期存款，可以赚得一定时间内的固定利息。到期日时，投资者将收到大额定期存单的投资本金和利息。例如，投资者可以将 500 美元投资于六个月到期、年利率为 4% 的大额定期存单，即这 500 美元被存在银行，这时银行会承诺六个月后，在到期日归还投资者本金和利息共计 510 美元。大额定期存单并没有市场化，如果投资者需要在到期日之前收回投资，并且没有市场可以让买家来购买该债券，那么投资者就必须去大额定期存单的发行机构，在交付提前赎回罚金（例如，因罚款扣掉一个季度的利息收入）后才能将其变现。

可转让大额定期存单可以在到期日前在二级市场上进行交易。这些存单的面额较大，都超过 10 万美元，有确定的到期日和利息。交易这些大额定期存单时，一般以 100 万美元或更高的金额为单位进行整批交易，对于利率和到期日，投资者和金融机构会进行商榷。相对于其他货币市场债券，如短期国债和商业票据，大额定期存单的收益率更有竞争力。

若银行是联邦存款保险公司（FDIC）的成员，则会为每一个账户都提供 10 万美元的保险金额。这也吸引了许多投资者将大额定期存单作为短期资金的投资渠道。有些网上银行会提供在线的最高利率的大额定期存单，投资者在接触这类投资渠道时应注意，有些银行的信誉会稍低，应核查这些银行是否具有 FDIC 的保险。

商业票据

尽管个人投资者很难买到商业票据，但它却被货币市场共同基金大量持有，成为一种间接投资品。通过了解商业票据，投资者可以更好地评估货币市场共同基金的风险。商业票据是一种无担保的短期票据（IOU），一般由最大的、最有信誉的金融和非金融公司发行，作为其融资的方式。商业票据以折价出售，发行期限从几天至 270 天。商业票据的面值比较大，从 5 000 美元到 500 万美元不等。

1. 一般商业票据

商业票据通过交易商或发行人直接向投资者出售，交易商购买商业票据，然后立即转手将批量票据卖给机构投资者，从中获取较小的差价（年利率为 0.125%）。即使个人投资者购买商业票据的量比较大（15 万美元），交易商也不会出售。因为，债券交易委员会规定，商业票据只能出售给资深的投资者，交易商定位所有的个人投资者都不够成熟。对此，个人投资者只能通过经纪人购买交易商的票据，这些票据数额较小（25 000 美元或以上），并且要支付佣金。作为小额投资的手续费，该佣金收取比例较高。

个人投资者可以直接向发行人购买小额数量的商业票据（25 000 美元）。购买前，个人投资者可以打电话或写信给知名的金融公司，例如通用汽车承兑公司（JMAC）、克莱斯勒金融公司、西尔斯公司等，了解它们的发行条件、发行利率以及发行期限。

除此之外，个人投资者也可以通过银行来购买商业票据，但银行会收取少量费用。选择商业票据时，投资者最好投资好品质且有高评级的商业票据，以免承担潜在的信用风险。

2. 资产抵押商业票据

资产抵押商业票据（Asset-Backed Commercial Paper，ABCP）是以一揽子资产为抵押发行的短期债券融资工具。一般商业票据与资产抵押商业票据的本质区别在于：一般商业票据是由公司发行的一种短期、无抵押担保票据，用以为公司日常经营融资，融资方式一般是向货币市场共同基金和大型机构投资者出售该票据。资产抵押商业票据是金融投资公司为购买抵押贷款、汽车贷款、信用卡贷款以及应收货款而融资。有些资产抵押商业票据的抵押资产是次级贷款（不良信用借出的贷款）。2007 年的次贷崩盘，就是因为次贷借款人无法还款，从而导致许多次贷发行者以及投资资产抵押商业票据的对冲基金都严重亏损所造成的。

本质上，资产抵押商业票据较于一般商业票据存有更高的违约和信贷风险。因此，在投资货币市场共同基金时，投资者应仔细核查该基金投资资产抵押商业票据的数量和质量。

结构性投资工具

与 2007 年次贷危机相关的两大因素有结构性投资工具（SIVs）和商业票据。结构性投资工具就是固定收益基金，将通过商业票据融资所得的钱用以投资抵押贷款（抵押贷款支持债券）。它是用商业票据融得低成本资金去投资高收益证券，赚取其中的高利差。2007 年 9 月，当商业票据投资的利差高达 100 个基点时，投资者纷纷兑现票据，而不是延期。此举动使得许多结构投资载体（SIV）被迫在亏损的情况下卖出债券，资金断裂的流动性发行导致许多 SIV 倒闭，其他的 SIV 必须寻求所属银行的金融支持。在此类复杂的金融投资中，一个重要的事实就是商业票据投资者没有任何金钱上的损失。

银行承兑汇票

银行承兑汇票是最不为人所知的短期货币市场投资品。对于个人投资者来说，银行承兑汇票是很好的投资对象，是为进出口交易而发行的可转让定期汇票。例如，进口商希望在收货时付款，就可以在当地一家银行申请银行承兑汇票，约定在货物到达后 3~6 个月付款，如果出口商不希望等候付款，那么可以将这张银行承兑汇票拿到银行兑换。银行可以将该汇票卖给投资者，投资者折价购买承兑汇票，到期时再以面值卖给银行（这时进口商已经将钱付给了银行）。由于银行承兑汇票交易金额大，主要的投资者为中央银行而非个人投资者，因此银行承兑汇票的收益一般稍低于商业票据和大额定期存单。

个人投资者可以向大型商业银行和经营银行承兑汇票的交易商询问是否有适合投资的商业承兑汇票。银行承兑汇票的投资金额一般为 2.5 万 ~ 100 万美元。对于面值较大的承兑汇票，银行会将其分成若干份出售。个人投资者一般通过投资货币市场共同基金来间接持有银行承兑汇票。

回购协议

回购协议是一种法律合同，依据该合同，一方在卖给另一方证券的同时，要约定在未来某一时间以合同价格购回该证券。大多数回购协议买卖的是美国政府证券，持有期限的长短视交易双方的需求而定，但大部分的回购协议交易期限仅几天。

　　回购协议的利息为证券的买入价和卖出价之差，利息收益用于缴纳美联储、州和地方政府的税金。由于回购利率由买卖双方通过谈判来决定，所以没有固定公开的利率，但是回购利率非常接近于国库券及联邦基金利率。回购利率可能略低于联邦基金利率，因为回购要以证券为抵押。但这并不意味着回购协议没有风险，1982 年就有一家名为 Drysdale Securities 的证券公司在近 40 亿美元的回购协议上出现违约。

　　尽管回购协议是有担保的贷款，投资者还是要注意以下两点：

　　第一，借款人偿还贷款的能力；
　　第二，购买价格不要超过证券的价值，因为一旦协议出售方违约，投资者将遭受损失。

　　为什么投资者或机构要购买回购协议而非债券呢？原因如下所述。

　　第一，回购协议的第一大优点是其期限可以根据需要灵活调整。
　　第二，回购协议可以转移交易中因市场波动而给证券投资者带来的损失。因为回购协议是作为抵押品进行交易的，所以购买回购协议可以避免证券市场价格波动的风险。一旦需要现金，回购协议的卖方可以卖出证券。但是，这样做也有不利的一面，即当证券价格跌破当初购买价时，投资将遭受亏损。

　　回购交易的主要参与者是证券交易商、企业和金融机构，令人遗憾的是，由于交易额巨大（100 万美元或更多），许多个人投资者无法直接参与投资。
　　前面所谈到的货币市场债券为投资者提供了一个短期流动资金投资的好机会，这比把钱存入银行要好。但值得注意的是，短期的货币市场债券投资从长远来看，不够对冲通货膨胀带来的损失。

货币市场共同基金与单一证券的比较分析

　　投资者到底应该投资于货币市场共同基金，还是投资国库券、大额定期存单、银行承兑汇票或商业票据等单一证券呢？表7-4列出了货币市场共同基金与货币市场各类证券之间的优劣对比，供投资者参考。

表7-4　货币市场共同基金与单一证券的比较

对比内容	货币市场共同基金	各类证券
易于开立账户	是	是：大额存单和国库券
具有流动性和市场性	是	是：国库券
提前赎回会造成本金损失	不是	是
收益率较高	不是	是

与单一证券相比，货币市场共同基金的一大优势在于，它有固定的基金份额价格，而且买卖时不需要承担税收，只有收益所得需要纳税。相比之下，买卖单一证券就没这么简单了，例如国库券，虽然其流动性强，市场性高，但在二级市场卖出之后，至少需要三天才能收到相应的收入。

较于单一证券，货币市场共同基金的另一个优势是，如果在到期之前需要资金，不会产生本金损失。即使是流动性和市场性最好的国库券，由于市场利率的波动也会带来本金损失或收益。而其他投资工具的流动性都比较差，大额定期存单还要为提前赎回支付罚金。

货币市场共同基金唯一的缺点是，个别证券投资的收益有时候要高于它。然而，我们要记得，货币市场共同基金的投资目的只是为应急资金和短期现金提供一个暂时的去处，并非长期投资策略。

货币市场共同基金和单一证券的优劣势比较如表7-5所示。

表7-5　货币市场共同基金和单一证券的优劣势比较

证券类型	优势	劣势
货币市场共同基金	易于买卖投资 卖出后，资金会在三天或更快的时间内到账 比储蓄存款收益更高 可以隔夜拨付资金	股息收入要缴纳联邦税和州以及地方税 收益率低于个别货币市场的证券投资

（续表）

证券类型	优势	劣势
国库券	无信用违约风险 投资期限灵活 直接购买无佣金 利息收入免缴联邦税以及州和地方税 二级市场的交易很活跃	投资收益率比定期存单以及其他短期证券的投资收益率要低
大额定期存单	收益率高于货币市场共同基金 银行的定期存单都有 FDIC 的保险	提前赎回要交罚金 二级市场只适用于可转换大额定期存单
商业票据	相对于同样期限的国库券，其收益率更高	个人投资者难以投资 发行面额较大 利息需缴税 无二级交易市场
银行承兑汇票	相对于同样期限的国库券，其收益率更高 可在二级市场交易	个人投资者难以投资 发行面额大（2.5～100 万美元）
回购协议	投资期可以根据投资者需要灵活调整	发行面额太大，几乎将个人投资者拒之门外（不低于 100 万美元）

All About Bonds,
Bond Mutual Funds, and Bond ETFs

第8章

美国财政部
发行的债券

投资者在进行债券投资之前，应该明确自己购买债券的目的，这样才能做出正确的投资选择。一般而言，债券比股票更安全，而且收益固定，虽然它不能像某些网络股和生物科技股那样让你的投资一夜就翻一番，但是债券在股票市场下挫时，会为你的投资组合提供保护。

债券类型介绍

虽然所有债券都具有共同的特征，如息票率、面值以及到期日等，但不同类型债券的具体情况是不一样的。例如，美国中长期债券就不存在信誉和违约风险，有些中长期债券提供通货膨胀保值效用，被称为通货膨胀保值债券（TIPs）。市政债券提供免除联邦税收的利息收入，一些抵押债券每月都返还利息和本金，垃圾债券却像股票一样，可能会给投资者带来两位数的收益或损失。投资者在投资之前，应了解每种债券的不同之处。

投资者在进行债券投资之前，应该明确自己购买债券的目的，这样才能做出正确的投资选择。一般而言，债券比股票更安全，而且收益固定，虽然它不能像某些网络股和生物科技股那样让你的投资一夜就翻一番，但是债券在股票市场下挫时，会为你的投资组合提供保护。总之，购买债券就是为你的投资组合上了保险，保证了你的固定收益。

美国政府发行多种债券产品来弥补日益增加的预算赤字。预算赤字是因政府支出超过税收而产生的。政府一般在货币市场和资本市场上以发行债券来募集资金。美国国债被视为最安全的投资品，没有信誉和违约风险。原因在于，政府生产货币的能力几乎没有什么限制。美国政府有三大重要手段来增加货币：印钞票、征税和向公众发行更多的国债。在美国长期债券市场上，政府是最大的借方，许多的投资者会竞相购买政府债券，这些投资者包括美国民众、机构投资者（银行、共同基金、对冲基金、保险公司、养老基金）、国内公司以及境外投资者。

美国财政部发行的债券包括短期、中期和长期国债，此外还包括通货膨胀保值债券（TIPs）和储蓄国债。例如，本书第 7 章介绍的短期国债，其没有利率，是贴息债券，期限不超过 1 年；中期国债的期限一般为 2 ~ 10年；长期国债的期限在 10 年以上。中长期国债可以在市场上交易，而且在到期日前每六个月支付一次利息。美国储蓄国债是不可交易的政府债券，一般面值较小，期限不同，用于鼓励小额投资者进行投资。本章在讨论中长期国债之后将具体介绍储蓄国债。

国债产品

美国政府发行的国债产品有短期国债、美国中长期国债、通货膨胀保值债券（TIPs）和储蓄国债。

1. 美国中长期国债

中长期国债是美国财政部发行的付息债券，受美国政府的支持。中期国债的期限为 2 ~ 10 年，长期国债的期限在十年以上。与短期国债不同，中长期国债是付息债券，每六个月支付一次利息，而短期国债是折价债券，没有利息。

美国中期国债的原始期限为两年、五年和十年不等，而长期国债的期限高达 30 年或更长。中长期国债的发行面值为 100 美元 ~ 100 万美元，它们也是现有中长期债券中最安全的投资品，因此其收益率与期限相似的政府机构债券和公司债券相比要更低。然而，由于二级市场交易量活跃，中长期国债与期限相似的公司、机构债券以及市政债券相比要更具流动性，不仅如此，其在买卖过程中的定价也更为透明。另外，国债产品的利息所得是免征州所得税的。

2. 新发行的国债

投资者可以在债券拍卖竞价时直接购买中长期国债以及通货膨胀保值债券（TIPs），或者通过经纪公司或商业银行购买。通过经纪公司或商业银行购买新发行的国债，购买者需要交纳佣金，佣金大小视购买面额以及相关费用支出而定。为了避免这笔支出，投资者可以在联邦储备银行的拍卖会上直接购买新发行的国债。

（1）定期国债拍卖会的信息

新发行国债的拍卖会是定期举行的，表 8-1 中列出了定期国债拍卖会的一些信息，供读者参考。

表 8-1　定期国债拍卖会的相关信息

期限	最小投资额（美元）	倍数	发布通知日期	拍卖日期	发行日期
2 年	100	100	每月 3 日或 4 日	两天后	当月最后一天
5 年	100	100	每月 3 日或 4 日	三天后	当月最后一天
10 年	100	100	2 月、5 月和 8 月的第一个星期三	当月的第二周	2 月、5 月、8 月以及 11 月的 15 日
30 年	100	100	2 月、5 月和 8 月的第一个星期三	当月的第二周	2 月、5 月、8 月以及 11 月的 15 日
5 年 TIPs	100	100	4 月和 10 月的第三周	当月的最后一周	当月最后一天
10 年 TIPs	100	100	1 月、4 月、7 月及 10 月的月初	当月的第二周	当月最后一天
20 年 TIPs	100	100	1 月及 7 月的第三周	当月的最后一周	当月最后一天

（2）申请流程

直接从财政部购买新发行的国债之前，投资者要先登录财政部网站开设直接账户（其过程和"第7章"介绍的短期债券的部分一致）。首先，填写新账户申请表，设立一个国债直接账户。在这个账户里，国债交易均以书面形式记录，不再发国债凭证给投资者。提交此表后，投资者会收到确认信息、账号以及有关账户的其他信息。该账号用以购买所有国债（包括中长期国债以及通货膨胀保值债券），购买金额不超过10万美元的，账户免费；超过此金额的，美联储收取25美元的年费。

接下来，就是在拍卖竞价会上购买中长期债券或者通货膨胀保值债券（TIPs），投资者需要填写一张投标表格，即投资短期国债所用的投标表格。

除了填写个人信息之外，投资者需要提供个人银行账户的信息，购买国债所获收益直接汇入这个银行账户。账户编码由9个数字组成，代表的是投资者所处金融机构的名称，该号码位于表格左下角账号的前面。

（3）投标方式的选择

投资者购买国债时，可以选择竞争性投标或非竞争性投标。然而，通过财政部直接程序购买，投资者只能采取非竞争性投标方式。竞争性投标方式只允许通过经纪商、交易商以及金融公司进行交易，他们能进入商务账面系统来操作。这个系统主要记录了通过金融机构以及政府证券交易商购买的国库券，而财政部直接账面系统则记录拍卖竞价时直接购买的国债。在使用竞争投标报价时，投资者要报出保留小数点后两位数的收益率（如4.06%）。如果所报收益率太高，投资者的竞价投标可能不会被接受。

通过非竞争性投标，投资者可以以竞争性投标的平均价购买债券，但每次拍卖投标都限于500万美元。

（4）30年期国债的拍卖

30年期美国债券按以下方式定价。

首先，投资者提交投标书，财政部由低到高接受收益率报价，直到售完为止。在已接受的报价范围内，收益率最低的竞标报价者的所得收益会低于那些报出高收益率的竞标报价者。这种现象被称为"赢家诅咒"。但是，如果投资者在报价时要价太高，也有不中标的危险。

（5）以单一价格拍卖的步骤

中长期国债以及通货膨胀保值债券（TIPs）以单一价格拍卖方式出售的步骤如下：

第1步，投资者提交竞标报价；

第2步，按照竞标收益率的大小从低到高接受标书，直到国债售完为止；

第3步，所有胜出者都将按被接受的最高收益率认购国债。

例如，如果财政部公布出售90亿美元两年期的国债，可接受的竞价范围为4.72%～4.74%，那么所有投资者都将按4.74%的竞价购买国债。这种方法能够消除所谓的"赢家诅咒"，因为被接受报价的所有投资者都要按同样的价格购买国债。

若国债的发行日正好在周六、周日或是节假日，投资者需要支付应计利息。例如，国债标注周六发行，实际要到下周一才能发行，投资持有国债者六个月后会收到第一次的利息支付，虽然实际上持有时间差了两天，但投资者还是要支付这两天的利息，使持有时间和真正的利息支付时间达成一致。

在投标书中，投资者可以选择竞争性招标还是非竞争性招标，精明的投资者会参加竞争性投标，他们能够将投标收益范围精确在小数点后两位数（如4.06%）。投资者可以通过观察拍卖前的交易情况来确定收益的可能范围。在拍卖前几天，交易商们会以"真实发行报价"为基础开始交易这些国债，《华尔街日报》和《纽约时代杂志》的金融版都有发行前交易收益率的相关报道。

投资者递交已密封好的标书后，财政部接受低于收益率停止点的所有报价，直到发行的国债全部售完为止，最终所有胜出者都将按单一价格认购国债。如果投标报价太高，那么投资者就会在拍卖竞价中被拒。

对于不愿意承担被拒风险的投资者，或者不知道如何竞标的投资者，可以选择非竞争性投标。所有非竞争性投标的投标额最高可达500万美元，而且是以收益率停止点的收益率价格成交。

投标书必须在拍卖会关闭之前通过邮寄、电邮或者本人亲自递送的方式提交。竞争性投标书必须在发售说明书指定的时间内寄到；而非竞争性投标书，必须在拍卖前一天的凌晨寄出，并且要在债券发行前确认寄到。

国债发行 45 天后，投资者可以通过直接售出程序卖出国债，通过这个程序，卖出请求将传送到芝加哥的美联储银行，债券会卖给出价最高的国债经纪商。这个服务需收取 45 美元的费用。

3. 已发行的国债

投资者可以通过银行或经纪公司买卖已发行的国债。市场上有许多已发行的国债，这些国债根据息票率和距到期日长短的不同，以折价或溢价的方式交易。与公司债券一样，报纸上金融版的国债发行栏目也有中长期国债的报价。这些报价以票面价值为基础，面值的 1% 为 1 个点，1 个点代表 10 美元，而且最小变动价位为 1/32 个点，后面的数字代表多少个 1/32 点。例如，报价形式为 $ 101：16，是指 $ $101\frac{16}{32}$或者 $ 1 015.00 。

国债交易的二级市场是场外交易市场，较为活跃，在这里交易商提供买方报价和卖方报价。受流动性的影响，在所有固定收益债券中，国债的买卖差价最小（仅仅几美分）。

通货膨胀保值债券（TIPs）

通货膨胀保值债券（TIPs）是由财政部发行的，其利息和本金收益需因通货膨胀率的变动而调整。

1. 通货膨胀保值债券（TIPs）的投资说明

通货膨胀保值债券（TIPs）可以防止通货膨胀风险，由于 21 世纪初期通货膨胀率处于历史低位，这类债券并未引起人们的广泛关注。TIPs 发行时，息票率是固定的，再加上通货膨胀指数部分，这类国债的息票率在拍卖竞价时就已确定，直至到期，本金部分会根据通货膨胀率而进行调整，

调整后的本金要到国债到期日再偿还。例如，一个投资者购买了面值为
1 000美元、息票率为3.5%的通货膨胀保值债券，如果当年的平价通货膨胀
为2%，那么债券的价格将根据此通货膨胀率调整为 1 020 美元。息票率根
据调整后的价格来计算（3.5% ×1 020 美元）。相反，当通货膨胀率下降
时，债券的价格将向下调整，利息支付要根据下调后的价格来计算。半年
期的利率偿还也是根据通货膨胀调整后的本金数量来计算的。

TIPs 的收益在低通货膨胀时，与一般债券相比其收益更低。所以，在
投资 TIPs 之前，投资者要比较收益率和对通货膨胀的预期。例如，十年期
的中期国债，票面收益率为 4.875%，而十年期的 TIPs 的票面收益率为
4.25%。TIPs 若要超过常规的中长期国债，未来十年内通货膨胀率必须上
升 0.625%（4.875% – 4.25%）。

这类国债拍卖竞价方式是单一价拍卖或荷兰式拍卖。

2. 通货膨胀保值债券（TIPs）的特点

到期日时，TIPs 以调整后的本金值或票面价值赎回。以下总结了 TIPs
的特点：

（1）利率在拍卖时设定并至到期日保持不变；

（2）债券的本金随通货膨胀进行调整，但调整过的本金仅在到期日
偿还；

（3）半年付息一次的债券，利息根据支付日通货膨胀调整后的本金
计算；

（4）拍卖竞价方式采用单一竞价拍卖或荷兰式拍卖；

（5）此类债券可以根据美国财政部的本息分离债券（Separate Trading
Registered Interestand Principal Securities；STRIPS）计划，将本金和利息分开
（本书"第 13 章"将进一步介绍本息分离债券）进行交易；

（6）在到期日，债券根据通货膨胀调整后高于面值的本金或初始发行
时等于面值的本金赎回。

3. 通货膨胀保值债券（TIPs）的不利之处

此类债券的不利之处在于，债券持有者必须根据通货膨胀调整后的利息收入及本金支付联邦所得税。换而言之，对于这种调整后的收入，还存在一个负的现金流概念，这也使得此类投资工具对税收递延者来说更为合适。当然，和其他国债一样，其利息收入免征州所得税和地方所得税。通货膨胀保值债券是相对较新的债券类型，投资者在二级市场上没有太多的选择。

与所有其他固定收益债券一样，通货膨胀保值债券也面临利率变动的风险。此类债券的收益率远比常规国债要低，并且通货膨胀率一直处于低水平，市场利率的任何变化都会导致该债券的价格发生变动，期限较长的通货膨胀保值债券（如 20 年期）尤为不稳定。

虽然通货膨胀保值债券保护投资者不受通货膨胀的影响，但其反面效应也存在，如果通货膨胀一直处于低水平，持有通货膨胀保值债券的投资者获得的收益比投资相同期限的常规中长期国债的收益要低。

美国中长期国债的投资风险及优缺点

1. 投资风险

由于联邦政府直接承担偿还义务，所以中长期国债无信用和违约风险，1985 年以后发行的美国国债，无突发事件风险和提前赎回风险，只面临利率风险和通货膨胀风险。

投资者应避免投资期限过长的国债，除非你确定通货膨胀和市场利率在未来会下行。与所有的固定收益债券一样，国债也面临利率风险，其价格与市场的利率呈反向变动，当然，价格与距到期日时间的长短也紧密相关。长期国债（30 年期）的价格会随着市场利率的变化大幅波动，而期限越短，利率带来的价格波动就越小。

2. 优点

（1）无信用和违约风险。

（2）提供多种不同期限的国债产品。

（3）利息收入免缴美国州所得税和地方所得税。

（4）有些国债的最低购买面值为 100 美元。

（5）由于有活跃的二级市场，所以其流动性、市场性较强。

（6）直接通过联邦储备银行或其支行购买国债，没有交易费用。

（7）交易附加费用是所有固定收益债券中最低的。

（8）通货膨胀保值债券还可以抵御通货膨胀风险。

3. 缺点

（1）收益率低于政府机构债券和公司债券。

（2）中长期国债不能抵御通货膨胀风险，而且，一旦通货膨胀率超过息票率，可能会导致其损失本金。

（3）期限较长的长期国债会面临利率风险，如果购买长期国债后利率上升，那么长期国债的市场价格会下降，投资者要是被迫在此情况下提前赎回，则会损失大量的本金。

（4）投资通货膨胀保值债券，如果通货膨胀率一直较低，相对同样期限的中长期国债的收益要更低。

（5）联邦所得税征收部门对通货膨胀调整部分的利息收益要征收利息所得税，而调整后的收入只有在到期日才能收到，这之间存有负现金流。

4. 如何作出投资选择

国债是最安全也是收益最低的债券型传统金融产品，其期限类型有多种选择。虽然政府机构债券和公司债券的收益率较高，但在安全性上无法与国债媲美。如果国债与其他类型固定收益债券的收益率差别不大，那么国债是更好的投资品。当然，这两者之间收益率差别显著时，投资者可以考虑选择其他债券。

国债有多种期限选择，投资者可以交错拥有不同期限的国债。例如，将购买 10 年期或 30 年期国债的资金分别投资于 2 年、3 年、5 年、10 年和 30 年的国债。这种方案可以提供稳定的收益，另外，当短期国债到期时，会零碎地释放出本金。投资多种不同期限国债的好处是，可以避免因长期投资导致的利率风险，而且在这一时期内，投资者收益所得较为平均。担心未来通货膨胀的投资者就应该投资 TIPs。

> **注意事项**
>
> 投资者应避免投资期限过长的国债，除非你确定通货膨胀和市场利率在未来会下行。如果预期未来存在高通货膨胀率，那么可以投资通货膨胀保值债券（TIPs）。

美国储蓄国债

美国储蓄国债是由政府发行的不可转让债券。储蓄国债的收益率比较低，无法与其他投资收益相比。储蓄国债是很安全的投资品，可以通过国债直接程序和向政府直接买卖。购买储蓄国债，投资者需要开设一个国债直接账户，通过网络程序购买储蓄国债。另外，投资者也可以通过银行以及储蓄和贷款机构购买纸质的储蓄国债。

储蓄国债有两种类型：EE 储蓄国债和通货膨胀指数储蓄国债（I-Bonds）。

1. EE 储蓄国债

2005 年 5 月 1 日之后购买的 EE 系列储蓄国债的收益率是固定的，例如 2007 年 10 月，EE 储蓄国债的收益率是 3.4%；而 1997 年 5 月和 2005 年 4 月之间购买的 EE 储蓄国债，其收益率等于五年期国债收益率六个月平均数的 90%，因而是变动的。

电子版的 EE 储蓄国债（通过财政直接系统认购）的认购面值为 25 美元，而纸质 EE 储蓄国债是以面值的一半认购（25 美元认购 50 美元面值的储蓄国债），面值有 50 美元、75 美元、100 美元、200 美元、500 美元、1 000美元以及 10 000 美元。纸质 EE 储蓄国债 20 年后可以保证面值收益。每人每年认购纸质和电子 EE 储蓄国债的最大认购值是 30 000 美元。

EE 储蓄国债发行 12 个月后可以提前兑现，但是，持有储蓄国债不满五年，会被罚三个月的利息。例如，持有者购买 EE 储蓄国债 18 个月后要求兑现，那么只能收到 15 个月的利息。若购买时间超过五年，持有者要求提前兑现的，就不存在利息处罚。

EE 储蓄国债利息收入是以复利的方式每半年计算一次，持续 30 年。利息收益只缴纳联邦政府所得税，免征州所得税和地方所得税。当 EE 储蓄国债用以支付教育费用时，其利息部分可以免征联邦政府所得税，但是有一定的限制条件。

2. 通货膨胀指数储蓄国债（I-Bonds）

通货膨胀指数储蓄国债（I-Bonds）是一系列储蓄国债，由美国财政部发行，有纸质的，也可以通过财政直接系统购买电子版。通货膨胀指数储蓄国债（I-Bonds）电子版的最小面额是 25 美元，纸质版的最小面额是 50 美元，每年最大认购额为 30 000 美元。

通货膨胀指数储蓄国债的持有者在持有该国债期间，不仅可以得到固定的利息收入，还可以得到部分通货膨胀指数上的收益，即城市消费者价格指数 [Consumer Price Index for All Urban Consumers（CPI-U）]。美国公共债务部门会在 5 月和 11 月公布债券的收益率。5 月份公布的半年期通货膨胀指数是指，从上年 9 月到本年 4 月底，这六个月 CPI-U 数据的变动情况。11 月份公布的半年期通货膨胀指数是指，从 4 月到 9 月底，这六个月 CPI-U 数据的变动情况。即使存在严重的经济紧缩，通货膨胀率也不可能为负数，因而，投资者持有通货膨胀指数储蓄国债是不会赔钱的。

通货膨胀指数储蓄国债的利息收入是在到期日支付，或是在国债提前赎回时支付。换言之，利息收入和其要征收的税都递延到持有者将国债最终变现的那一天。

同投资 EE 储蓄国债一样，通货膨胀指数储蓄国债为投资者提供了安全且便捷的存钱方式，并且可以确保少量的利息收入。另外，在通货膨胀率上升时，投资者还可以获得另一部分收入。

表 8-2 中是通货膨胀保值债券与通货膨胀指数储蓄国债的比较，供读者参考。

表 8-2　通货膨胀保值债券与通货膨胀指数储蓄国债的比较

比较项目	通货膨胀保值债券	通货膨胀指数储蓄国债
投资类型	可在二级市场上销售	无二级市场买卖
购买渠道	参与拍卖或通过经纪商购买	网上购买或通过银行购买
最小认购额	100 美元或以 100 美元为基数的通货膨胀调整增量	电子版 25 美元，纸质版 50 美元
通货膨胀率	每月公布的 CPI-U 数据	5 月和 11 月公布每半年的通货膨胀率
税收	每年利息和通货膨胀调整增量征收联邦税，但免征州和地方税	利息收入和要征收的税金都递延到持有者将国债赎回或到期时，免征州和地方税
到期日	5 年、10 年及 20 年期债券	利息支付可达 30 年期
如何卖	到期前可在二级市场上销售	12 个月后可以赎回，但要交三个月利息的罚金。五年后赎回的可免交罚金
利息支付	按息票率，每半年支付一次利息	应付利息贯穿债券的整个生命周期，直到赎回日支付

3. 美国储蓄国债的优势

（1）储蓄国债是一种安全的投资品，利息和本金都由政府提供担保。

（2）转让储蓄国债没有手续费、佣金等任何费用。

（3）储蓄国债有助于资本的积累。

（4）储蓄国债免征州和地方所得税。

（5）储蓄国债不存在利率变化风险。

（6）即使市场利率跌至相当低的水平，只要投资者投资 EE 储蓄国债达五年以上，也可以确保获得少量的利息收入。

（7）符合免税条件的债券持有者，当他们的配偶和亲属需要支付高等教育费用时，储蓄国债赎回时的利息收入可免征联邦所得税。

（8）可以购买最小面值为 50 美元的通货膨胀指数储蓄国债。

（9）通货膨胀指数储蓄国债的收益与通货膨胀率挂钩，这样可以使投资者在通货膨胀率上升时得到保护。

4. 美国储蓄国债的劣势

（1）要想得到全部的利息收入，储蓄国债必须持有五年，如果持有期少于五年，那么支付给投资者的利息会低于原定的利息水平，需要缴纳三个月利息的处罚金。

（2）EE 储蓄国债有面临通货膨胀的风险。

（3）每人每年投资 EE 储蓄国债的限额为 30 000 美元。

（4）其他债券支付利率高于储蓄国债。

（5）通货膨胀指数储蓄国债不能为投资期小于五年的投资者提供合适的投资品。原因在于，若债券不到五年期提前兑现，债券持有人会面临三个月的利息处罚，并且，投资者只能在购买债券六个月后方可兑现。

注意事项

相比其他安全的投资品，例如中长期国债，储蓄国债在收益上会增加投资者的投资回报。

储蓄国债提供了安全且便捷的存钱方式，而且买卖储蓄国债没有手续费、佣金等其他费用。

国债共同基金

国债共同基金是先将投资者的资金集中起来，然后将其投资于不同基金品种的一种投资产品。依据投入资金所占基金的份额，投资者会在每月收到基金分红。若投资者投资单一国债，则只能每半年获得一次利息收入。

1. 如何选择国债共同基金

从名称上看，国债共同基金的投资范围只限于国债，但事实并非如此。许多国债共同基金也持有其他债券，目的是提高收益率，如政府机构债券、公司债券、国外债券、零息债券、担保抵押债券（CMOs）以及国债衍生品，单纯的基金名字并不能说明基金持有债券的品种。

许多共同基金家族，例如美国先锋集团（Vanguard Group），美国世纪投资（American Century）以及美国富达投资集团（Fidelity Investment Group）等，它们都提供国债共同基金投资。除了投资普通国债，也有投资TIPs，如美国世纪投资和美国先锋集团的通货膨胀调整国债基金。

在这类基金中，为了选择正确的投资品种，投资者应该仔细研读基金招股说明书。共同基金的目标决定了其持有债券的种类、品质以及期限范围。一般而言，以国债打头的基金，至少有65%的资金投资于国债。但从风险的角度考虑，其他35%的基金投资品种对投资者同样重要。例如，当市场利率波动时，零息债券收益的波动会像过山车一样剧烈。当然，基金持有的债券过于保守也不是投资者愿意看到的。

在投资前，投资者应仔细比较基金的不同特性。

（1）核实基金持有情况。投资者可以向共同基金公司咨询债券持有的具体情况，例如该债券是否是担保抵押债券。

（2）咨询基金的风险情况。国债没有信用风险，而其他债券都有信用和违约风险。

（3）了解基金持有债券的平均期限。一般而言，债券期限越长，利率变动时的价格波动越大。

（4）了解基金的收费情况。每种基金的收费都不同，投资者应该找到成本最低的债券基金。

另外，选择基金时，投资者不要只看重收益率而忽略其他因素。为了使基金收益高于国债收益，国债共同基金可能存在如下问题：

- 投资其他债券，增加了信用和违约风险；
- 频繁买卖所持债券，可能会提高资本收益，但也可能增加损失；
- 增加持有债券的平均期限；
- 对头寸进行套期保值，如果情况与预期相反，付出的代价会很高；
- 运用债券衍生工具提升收益率的同时也会加大风险；
- 暂时削减基金费用。

2. 国债共同基金的风险

国债本身不存在信用和违约风险，可国债共同基金并非如此，特别是当国债共同基金持有 35% 风险较大的其他债券时。但这并不能说明国债共同基金存在很大的风险，它可以通过资产多元化来降低风险。基金持有某一债券的违约风险会给投资者带来损失，但会小于投资者个人持有该债券所带来的损失（除非投资者持有多元化的债券组合）。

利率风险会影响国债共同基金的份额价格，基金价格波动取决于基金所持有的债券组合以及期限。20 世纪 90 年代初，一些政府共同基金持有大量的债券衍生品，因此在利率急剧上升时，导致了这些基金价格大幅下挫。在面临利率变化时，期限较长的基金比期限稍短的基金产生的价格波动大。

3. 如何购买国债共同基金

投资者可以从国债共同基金家族中购买，也可以间接通过经纪商、金融理财公司及银行等机构购买。通过后者购买国债共同基金需要缴纳一笔佣金，若是购买收费基金，则佣金会更多。

许多共同基金家族都有自己的网站，投资者可以下载招股说明书和登记表。另外，投资者可以拨打免费电话咨询开户等方面的信息。

4. 避免购买收费基金

投资者应该避免购买收费基金，收费基金是按每 1 美元资金投入的比例收取费用的，这意味着投资此类基金必须要付出更多的资金才能取得和不收费基金一样的收益。

长期国债在拍卖时，每次的收益率差异不大，也就是说，理想状态下所有国债共同基金应获得相同的收益率，这使得收费基金收益率难以与不收费基金的收益率持平。另外，收费基金的费用收取主要是为了扩充运营和管理基金，收费基金招股说明书中对各种收费有明确的介绍。

5. 国债共同基金的优势

国债共同基金是一种便捷的投资品，易于买卖及管理。国债共同基金给投资者提供了自由选择基金品种的便利，投资者不必等到特定的拍卖日再购买。未到期前，共同基金的份额比国债更容易出售。

6. 国债共同基金的劣势

（1）国债共同基金经常面临资本亏损的风险，因为出售价格有可能低于购买价格，即使是持有期限较长的国债共同基金也有可能面临这种风险。

（2）国债共同基金没有到期日的说法，当其投资的某支债券到期时，会被另一只新的国债所代替。

（3）单一国债的收益率可能高于国债共同基金（这与混合基金正相反），原因在于国债共同基金收取年费和其他费用。

（4）为了提高收益率，许多国债共同基金都持有风险系数较高的其他类型债券。

（5）国债共同基金投资者在基金的资本收益分配上没有控制权，尤其是那些靠活跃交易来提高总收益的共同基金。

（6）国债共同基金的具体投资内容只在季度末公开，所以投资者在购买共同基金时，并不清楚具体的投资内容。

> **注意事项**
> * 投资共同基金所面临的风险可能比投资单一国债的风险更高。
> * 持有其他类型债券的国债共同基金会根据利息所得征收州和地方所得税。

国债交易型开放式指数基金（ETFs）

间接投资国债的第二种方式就是投资国债交易型开放式指数基金（ETFs），ETFs 是一种跟踪"标的指数"变化，且在证券交易所上市交易的基金。有些债券 ETFs 还跟踪特定的久期，例如，Ameristock/Ryan 五年期国债指数基金（代码：GKC），这只基金跟踪大多数最近拍卖的五年期国债；而 iShare 雷曼 1～3 年期国债指数基金（代码：SHY），则跟踪雷曼兄弟 1～3 年期国债指数，这一指数反映的是美国国债市场中久期为 1～3 年国债的短期收益率。

1. 如何购买国债 ETFs

通过购买跟踪特定久期的国债 ETFs，可以帮助投资者将自己的债券投资处在合适的特定久期。投资国债 ETFs，投资者应该注意跟踪的指数会随着新的国债拍卖结果而变化，那么国债 ETFs 收益会好过指数。原因在于，新交易的国债价格相对市场价有部分溢价，导致指数在国债拍卖后表现稍差。

2008 年 5 月 1 日，基金公司 ProFunds Group 发行的两只国债 ETFs，对中长期国债做空。这两只基金分别为 Ultra Short Lehman 7～10 年期国债基金（代码：PST），以及 Ultra Short Lehman 20＋国债基金（代码：TBT）。基金投资者在国债价格下跌时获利。投资这些基金所获得的收益是所对应日指数变化的反向两倍。也就是说，如果 7～10 年期国债指数以及 20＋国债指数下跌了 1%，那么投资该国债 ETFs 基金的投资收益是 2%（扣除费用前）；反之亦然。这两只基金的优势在于，投资者不用在经纪公司开设保证金账户就可以在债券市场做空。购买这些国债 ETFs 的基金份额就如同在交易所买股票一样简单，但必须谨慎风险，一旦 Lehman 债券指数上涨而非下跌，就会造成本金损失，尤其是当指数与收益存在两倍杠杆的时候。

同普通股票一样，国债 ETFs 在证券交易所买卖，投资者可以在交易时间内买卖基金份额。

2. 投资国债 ETFs 的注意事项

（1）国债 ETFs 买卖是通过经纪商交易的，每次交易都要收取佣金。

（2）投资之前，投资者应对比感兴趣的各种国债 ETFs 的买卖价差，价差越小则成本越少。一般而言，价差的大小也反映了交易的活跃度，越小的价差表明交易越活跃，反之亦然。

（3）投资者应仔细研读招股说明书（可以从网上下载），对比不同国债 ETFs 的费用，选择成本最低的国债 ETFs。先锋集团就发行了成本最低的国债 ETFs：佣金费用 0.11% + 买卖价差 0.07% = 0.18%。与 0.5% 的成本相比，每 100 美元的收费分别为 0.18 美元和 0.5 美元。给股东分派股息时，就会按比例扣除这些费用。国债收益率相对较低（根据不同期限一般为 3.5% ~ 4.5%），从分红中扣除这些费用，随着时间的推移，各国债之间的区别就会拉大。

3. 国债 ETFs 的风险

国债没有信用和违约的风险。然而，投资国债 ETFs，一旦卖出基金时的价格跌破买入价就会损失投资本金。市场利率也会给国债 ETFs 的价格带来影响，基金所持国债的久期越长，受利率变化的影响越大。

4. 国债 ETFs 的优点

（1）具有灵活的实时价格和交易信息，可以在交易时间内买卖。

（2）投资者不需投入大量资金购买基金股份。

5. 国债 ETFs 的缺点

由于买卖国债 ETFs 要交付佣金及其他费用，所以国债 ETFs 的收益比同久期的个别国债收益要低。

注意事项

投资国债 ETFs 损失投资本金的风险要高于持有个别国债。通过财政部直接系统参与拍卖，直接认购国债并持有国债至到期日是没有任何费用的，可以保证投资者重新获得本金。国债 ETFs 的每股价格是波动的，投资者有可能会低于买入价卖出基金。

国债、国债共同基金以及国债 ETFs 的比较分析

直接从联邦储备银行通过拍卖购买国债不仅方便，而且免交手续费。投资者持有债券至到期日，他们的实际收益不会因为缴纳佣金和其他费用而减少，国债到期时可收回全部本金。国债共同基金和国债 ETFs 的基金份额的价格是变动的，投资者卖出基金时，可能会损失部分本金，国债共同基金和国债 ETFs 会因年费而减少，相对于无佣共同基金，国债 ETFs 在买卖时还要收取交易费用。

在所有债券类投资中，国债的价格是最透明的。个别国债投资的唯一缺点在于，如果投资者在未到期前抛售国债，那么从联邦储备银行直接购买的国债的收益率会下降，投资者要持有 45 天后才能卖出新发行的国债。通过财务部直接系统购买的国债可通过该系统卖出，但是申请书要寄到芝加哥联邦储备银行，以市场价通过政府机构经纪商卖出的，还要缴纳 45 美元费用。

现存已发行的国债也可以在活跃的二级市场交易，由于其交易量大，市场流动性较好，所以其买卖价差是所有债券中最小的。

国债没有信用和违约风险，但是某些国债共同基金持有混合债券，因

此就产生了风险。在这种情况下，投资单一国债无违约风险以及安全高的
特点，在一般共同基金和国债 ETFs 多元化的投资中就没有体现出来。无论
市场利率上涨还是下跌，或是保持不变，投资单一中期或长期债券都可获
得固定收益（每半年支付同样的利息）直至到期日，但国债共同基金和国
债 ETFs 的收益会因利率变动而变动。国债共同基金每月分红，而一些国债
ETFs 一年分红一次，这些条款在招股说明书中都有列示。

与其他债券需要批量购买不同，个人投资国债不需要大量的资金，这
为小额投资者进入国债市场提供了便利。

总而言之，愿意从联邦储备银行购买国债并持有到期的投资，收益会
比较好，要高于100%投资国债的共同基金及国债 ETFs，因此，选择个别国
债投资比投资国债共同基金要好。但对于那些不愿意到拍卖市场上申购国
债的投资者而言，选择国债共同基金或国债 ETFs 更适合。

表 8-3 总结了国债、国债共同基金以及国债 ETFs 之间的主要区别。

表 8-3　国债、国债共同基金以及国债 ETFs 之间的主要区别

区别项目	国债	国债共同基金	国债 ETFs
买卖难易	易于通过拍卖购买新发行的债券，在到期日之前售出稍难。现存国债日内在二级市场上交易活跃	基金份额买卖方便，但只以当天的收盘价交易	交易时间内以实时价格交易，比较方便
交易费用	通过财政部直接交易系统参加拍卖购买的，没有交易费用。在二级市场上交易已发行的国债要支付佣金	无佣共同基金没有交易费用	每次交易都有手续费

（续表）

区别项目	国债	国债共同基金	国债 ETFs
现金收入	利息半年一付，产生的现金流在持有期间都是固定的	每个月的现金分红不同	现金收入不固定，利息可能按年付或在一年内多次支付
管理费用	无	视不同基金而定	视国债 ETFs 而定
收益	固定收益，无需扣除其他费用	收益不固定，还要扣除其他费用	收益不固定，还要扣除其他费用
税收计划	易于算出收益和风险报酬比	基金分红不固定，所获收入会扰乱纳税计划	相比共同基金，其税收计划更有效
投资额度	最小投资额为 100 美元	不同基金要求认购的最小份额不同	最小投资额是一股
本金安全度	持有国债至到期日可以收回所有本金	卖出基金时的价格低于购买价，本金可能受损	变动的基金股份价格可能造成本金损失
持有内容	已知	一个季度后才公布基金所持投资的内容	已知

　　国债是最安全也是收益率最低的固定收益债券。如果通货膨胀率一直保持现有的较低水平，普通的中长期国债收益率将高于通货膨胀保值债券。但是，如果通货膨胀率上升，通货膨胀保值债券的收益率与通货膨胀率挂钩，就可以得到更高的收益。

　　普通的储蓄国债与通货膨胀指数储蓄国债是保守投资者的理想选择。通货膨胀率上升时，通货膨胀指数储蓄国债还提供额外收益。储蓄国债收益低于普通中长期国债，这也意味着储蓄国债对于整个投资组合收益的增长贡献不大。但是，储蓄国债却被视为银行储蓄的最佳替代品。

　　投资者在投资前，应该考虑国债与其他债券存在的收益差别，若收益差别不大，投资国债则是更佳的选择。然而，要使收益差别显著，投资者应认真考虑选择其他债券。

第9章

政府机构债券和
抵押转递证券

　　政府机构除了发行传统债券（机构债券），还发行抵押转递证券。政府机构债券和抵押转递证券对希望投资高品质且收益高于国债的投资人具有吸引力。

政府机构债券

政府机构债券由政府机构或政府担保企业（Government Sponsored Enterprises，简称 GSEs）发行。政府担保企业是由国会赞助或特许的公司，许多都是私有的并由私人管理。在这些由联邦资助的大型机构中，如联邦住宅贷款抵押公司（FHCMC）、联邦国民抵押协会（FNMA）、联邦住宅贷款银行（FHLB）系统、农民信用银行、学生贷款市场协会（Student Loan Marketing Association，简称 SLMA）以及其他许多机构，前三个机构（FHCMC、FNMA、FHLB）提供资金给经济体系中的抵押和住宅部门；农民信用银行提供资金给农业部；SLMA 提供高等教育的贷款资金。政府机构除了发行传统债券（机构债券），还发行抵押转递证券。政府机构债券和抵押转递证券对希望投资高品质且收益高于国债的投资人具有吸引力。

不同政府机构发行的债券特点各异，但都具有如下共同特征：

（1）新发行的政府机构债券通过银团进行出售，交易者也可以在二级市场上买卖此类债券；

（2）大量发行的政府机构债券的流动性和市场性都很强；

（3）政府机构债券不需要在美国证券交易委员会（SEC）注册；

（4）某些政府机构债券的利息收入免征美国州和地方所得税；

（5）政府机构债券在事实或法律上都有联邦政府的支持，所以比公司债券更安全。

政府机构债券比财政部发行的相同期限债券的收益率要高，但比大多数 AA 或 AAA 级公司债券的收益率低。不同种类的政府机构债券，给投资者提供了大量不同发行和偿还期限的选择。这类债券能吸引那些要求报酬率高于国债，同时又不希望承担信用风险的投资者。联邦政府对政府机构债券不作信用担保，但会给予一定支持，以免此类机构的债券发生违约情况。田纳西州流域管理局（Tennessee Valley Authority）及世界银行（the World Bank）就是有关机构债券的两个典型发行单位。

政府机构债券的期限有几天的，也有长至 30 年的，利率可固定也可以是变动的，同时没有提前赎回条款。投资者在投资之前，应该仔细核实所投政府机构债券的具体特征。

抵押转递证券

抵押转递证券也被称为住房抵押贷款证券（Mortgage-Backed Security，MBS），是由政府机构或政府担保企业（GSEs）发行的。该债券将偿还住房抵押贷款的支付转移给本债券投资者。抵押转递证券比一般的固定收益证券要复杂得多。抵押转递证券是在抵押转递过程中产生的。大多数人购买住房时，都要从贷款公司和银行这样的金融机构抵押贷款。贷款人会承诺在抵押贷款期限内按月偿还部分贷款，然而，大多数银行和贷款公司不会一直持有抵押至借款人还款结束，银行和贷款公司会将抵押权卖给其他（政府或私人）机构，这些机构会将抵押权打包成抵押转递证券，然后将其出售给投资者，而住房贷款者继续偿还同样的月供给新定的金融机构。

抵押转递证券的操作流程如图 9-1 所示。

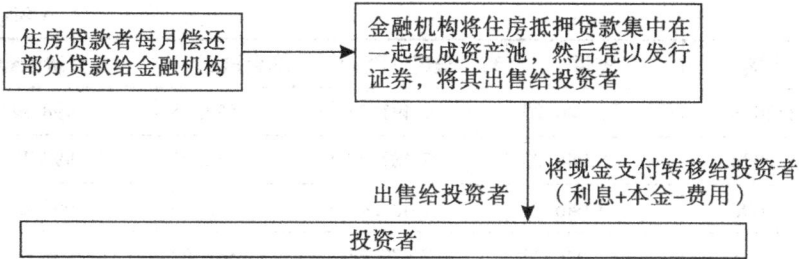

图9-1 抵押转递证券的操作流程

1. 抵押转递证券的操作流程

这些金融机构将购买的住房抵押贷款集中在一起组成资产池，然后凭以发行证券，出售给投资者。抵押资产池中的抵押品几乎相似，抵押转递证券是同类资产抵押品的组合。投资此类证券，投资人可按月领取利息和本金（需扣除一定费用，通常为 0.5%）。各种抵押转递证券组合的差异很大，有些由几千个抵押权构成，有些则只有几个抵押权。这些组合的最低发行价一般为 100 万美元。

2. 本金和利息

通过研究该证券抵押的运作方式，投资者可以清楚抵押转递证券的真正含义。例如，某抵押权组合有 100 万美元，现将 100 万美元以传统的 30 年期抵押债券方式借出，利率为 9%，则抵押贷款人每月要支付抵押权持有人 8 046.23 美元（包括利息和部分本金）。具体如表9-1 所示。

表9-1 100 万美元贷款（30 年期，利率9%）的分期摊还金额

单位：美元

月/年	支付	利息摊还（9%）	本金摊还	总贷款余额
1/2008	8 046.23	7 500.00	546.23	999 453.77
2/2008	8 046.23	7 495.90	550.32	998 903.45

（续表）

月/年	支付	利息摊还（9%）	本金摊还	总贷款余额
3/2008	8 046. 23	7 491. 78	554. 45	998 349. 00
4/2008	8 046. 23	7 487. 62	558. 61	997 790. 39
5/2008	8 046. 23	7 483. 43	562. 80	997 227. 59
6/2008	8 046. 23	7 479. 21	567. 02	996 660. 57
7/2008	8 046. 23	7 474. 95	571. 27	996 089. 30
8/2008	8 046. 23	7 470. 67	575. 56	995 513. 75
9/2008	8 046. 23	7 466. 35	579. 87	994 933. 87
10/2008	8 046. 23	7 462. 00	584. 22	994 349. 65
11/2008	8 046. 23	7 457. 62	588. 60	993 761. 05
12/2008	8 046. 23	7 453. 21	593. 02	993 168. 03

上表列出了抵押贷款前 12 个月的摊还金额。第一笔支付款中，7 500 美元是利息（1 000 000 ×9% ÷12），546. 23 美元（8 046. 23 – 7 500）是本金摊还，贷款余额就从 1 000 000 美元降为 999 453. 77 美元。年利率为 9%，每个月的利率就是 9% ÷12，也就是 0. 0075。利率费用的计算方法是用抵押贷款余额 ×月利率。那么，第 1 个月的利息支付款就是 7 500 美元（0. 0075 ×1 000 000 美元）。

这样付款是为了在抵押期限（30 年或 360 次付款）结束时把抵押贷款余额降为 0。从表9-1 前12 个月的付款中可以看出，利息部分逐月递减，因此，月付款中有更多部分用于降低贷款余额，换言之，每月支付款的金额相同，但是利息部分递减，而本金偿还部分递增。

3. 提前还款

在上面这个案例中，投资该抵押转递证券会得到转移而来的本金和利息，但是，还要扣除服务机构的服务费用和其他费用，每月支付额不完全相同，因为抵押贷款人也可以选择提前还款。提前还款可以是全额还款，也可以是部分还款。延用上例，若抵押贷款人每个月多还 1 000 美元，则抵押转递证券持有人多获得的部分，实际上属于投资者本金或投资资金的偿还。

基于种种原因，抵押贷款人会在贷款到期日前偿还全部抵押贷款。这些原因包括贷款买房人出售住宅、利率下降时重新申请贷款，或是住宅发生火灾或其他意外事故导致财产遭受损毁，从而将保险理赔金用于偿还抵押贷款。

在抵押权组合中，如果选择提前还贷的抵押贷款人较多，则投资人的现金流以及期满时间会变得不确定。同时，现金流入的时间也难以确定。假设抵押贷款支付额必须每月第一天交齐，若抵押贷款人延迟还款，而且收款处理过程延误，则支付给投资人的时间也会跟着延误。延误时间的长短与抵押转递证券的种类有关。

4. 其他种类的抵押转递证券

传统型抵押贷款收入抵押转递证券是最常见的一种抵押转递证券，除此之外，还有其他种类的抵押转递证券，如可调整利率抵押贷款、累增付款抵押贷款以及只付利息房屋贷款。

（1）可调整利率抵押贷款（Adjustable Rate Mortgages，ARMs）

可调整利率抵押贷款采用浮动利率，根据特定的指数而变动。例如，可调整利率抵押贷款和短期国债利率挂钩，每 6 个月、1 年或任何一段时间内，利率随着国债利率的变化而上下调整，调整时间由贷款人在抵押贷款申请之初选定。

大部分可调整利率抵押贷款制定期间的利率上限在一段时期内只能增减一定的百分点，而且在整段贷款期限内经常设有利率上限，可以自行确立调整范围。

可调整利率抵押贷款的现金流难以预测，也就是说，此种抵押转递证券投资人每月所得金额是变动的。可调整利率抵押贷款也有因提前还款带来的风险。由于一些信誉不好的借贷者向贷款者申请扩大信用额度，该额度超过了其还款能力，使得房屋信贷违约剧增，从而导致了 2007 年美国房贷次级危机以及信用紧缩等问题，可调整利率抵押贷款也因此而诟病，同时将浮动利率调到过高的水平。不过，总体来说，可调整利率抵押贷款还是给购房者提供了一种灵活购房的途径。

（2）累增付款抵押贷款（Graduated Payment Mortgages，GPMs）

累增付款抵押贷款也用于抵押转递证券的抵押贷款组合中。累增付款抵押贷款前几年的月付款额低于以后的付款额，例如前五年的月付款额相比之后的那些年份要低。此种贷款的利率和传统抵押贷款一样是固定的，但前几年的月付款额可能不足以支付每个月的利率，因此必须使用负摊销的办法，把不足的这部分利息加入贷款余额中，这样一来，贷款余额不减反增，月付款额会跟着增加。最终，抵押贷款期限结束时，借款买房者偿还的本金将高于办理抵押贷款之初借的钱 。

（3）只付利息房屋贷款（Interest-only Mortgage）

只付利息房屋贷款在指定的还款期间（5～10年）内，每月只还贷款产生的利息，不包括本金偿还部分。因此，贷款余额在还款期间保持不变。通常情况下，只付利息贷款的利率比可调整利率抵押贷款以及固定利率抵押贷款的利率要高，可调整利率抵押贷款经常含有只付利息贷款的期权，因其与可调整利率相组合，所以其利率低于固定利率抵押贷款。

所有的抵押贷款都有提前还款风险，提前还款影响抵押转递证券投资人的现金收入。然而令人欣慰的是，根据历史记录，当抵押贷款利率降到5%时，仍有许多买房借贷者继续缴纳利率为7%的贷款。

除了提前还款风险，抵押转递证券的估值对投资者也是一大挑战。由于抵押贷款采用的是自我摊销法（在抵押期限内，本金逐月偿还），所以没办法像国债等固定收益一样估值。

5. 抵押转递证券的关注点

抵押转递证券的种类较多，且各具特色，投资人应主要关注以下几点：

（1）安全性；

（2）流动性和市场性；

（3）整体回报率；

（4）预期到期日。

6. 发行机构

绝大部分的抵押转递证券都由三个政府机构发行：政府国民抵押协会（GNMA）、联邦国民抵押协会（FNMA）以及联邦住宅贷款抵押公司（FH-CMC）。20 世纪 80 年代中期之后，由私人机构发行的抵押转递证券的数量开始显著增加。

政府国民抵押协会（GNMA）

政府国民抵押协会（GNMA）也叫做 Ginnie Mae ，是住宅都市发展部（HUD）完全拥有的机构。Ginnie Mae 抵押转递证券的本金和利息能即时支付，并由美国政府的信用完全担保，信用风险为零。这也是其吸引投资人的一个重要条件。

该机构不发行抵押转递证券，而是加以担保。这些债券是由抵押银行和储贷机构发行，它们把抵押贷款合成至少 100 万美元的组合，接着抵押银行向政府国民抵押协会申请担保，如果接受，就会得到一个组合号码，将抵押组合的份额售给银行、退休基金和保险公司等投资人，最低购买额是 25 000 美元。投资这些抵押贷款组合的以机构投资人为主。抵押贷款组合的份额全部售完后，政府国民抵押协会的证券才会在证券市场上交易。

GNMA 只接受退伍军人管理局（VA）、联邦住宅管理局（FHA）的可承保抵押贷款，与不可承保的抵押贷款相比，该证券提前还款的变数较小。

1. 组合种类

Ginnie Mae 抵押贷款组合的种类很多，主要的组合是 GNMA I 和 GNMA II。GNMAI 包括利率固定的 20～30 年期抵押贷款，总面值最低 100 万美元，利率全部相同。GNMA II 组合比 GNMA I 组合大，抵押贷款的利率和到期日有许多种。

此外，还有 15 年期抵押贷款（GNMA midgets）、累增付款抵押贷款

（GNMA GPMs）、可调整利率抵押贷款（GNMA ARMs）、GNMA 行动房屋、GNMA Buydowns 和 GNMA FHA 专案。抵押贷款的种类、到期日、利率和组合规模各异，这使得每一种组合的分析做起来都较为困难。大致来说，组合规模愈大，流动性愈高，提前还款的冲击愈小，抵押贷款期限愈短。

2. 借款平均偿付期限（average life）

借款平均偿付期限是指每一美元本金的加权平均未尝贷款的时间，用以衡量组合中抵押担保证券的投资期限。平均偿付期限取决于提前还款比率。组合中的提前还款比率愈高，平均偿付期限越短，而加权平均偿付期限愈短，GNMA 抵押转递证券价格的波动性愈小。

3. 半生（half life）

半生是指偿还组合中一半本金所需的时间。"平均偿还期"和"半生"是很有用的比较指标，因为投资者是利用这些数字来比较 GNMA 抵押转递证券和其他固定投资的收益的。例如，投资者想比较某种"半生"为 5 年、期限为 12 年的 GNMA 抵押转递证券和中期国债的收益率，就可以拿 5 年期中期国债来比较。

4. GNMA 抵押转递证券的特点

投资 GNMA 抵押转递证券远比其他固定收益投资复杂，因为不只到期日多久不明确，现金流量的金额和时间也不确定。政府国民抵押协会提供了每一种 GNMA 组合的提前偿还历史统计数字，但将来不见得一定如此。因此，估计给付金额数字是不断修改的。

GNMA 抵押转递证券的收益率也很难精确断定。如果投资者不能确定将来的现金流量，就没办法确定精确的收益率数字。不过，有一些方法可以根据不同的提前还款速度（快、普通、慢）估算收益率，例如根据发行公告上收益率的数字，以及提前还款速度估算经验计算得出。提前还款速度最慢者，收益率最高。因此，为保安全，投资者在购买 GNMA 抵押转递证券时，应假设自己所得的收益率最低。

投资者在比较 GNMA 抵押转递证券的估计收益率和其他固定收益证券的收益率时，应谨记以下几点。

* GNMA 抵押转递证券的再投资风险高于其他固定收益证券。和一般债券每半年或一年付息一次不同，抵押转递证券是按月还本付息的，如果市场利率重跌，领回的利息和本金只能以较低的利率再投资。GNMA 抵押转递证券如以报出的收益率再投资，总回报率会比报出的到期收益率要低。
* 由于再投资风险不明，所以无法确定精确的回报率数字。
* 如果每月领到的本金和利息都花掉，而不是拿去再投资，总回报率更低。
* 还本额不应纳入现金流量的收益中，因为该笔金额是退还投资人的原始投资。

GNMA 抵押转递证券对市场利率的变动很敏感，市场利率上涨时，债券价格会下跌。但是，当市场利率下跌时，许多房主会提前偿还抵押贷款，转而以较低的利率办理贷款。GNMA 抵押转递证券的价格会因此受到限制，大致来说，市场利率下跌时，它们的价格涨幅不如一般债券价格的涨幅大，投资人不仅要提早收回本金，还必须在收益率较低的环境中为收回的资金另寻投资出路。

如何购买 GNMA 抵押转递证券

投资人可以通过自营商或经纪商直接向发行机构购买 GNMA 抵押转递证券，最低购买金额是 25 000 美元。投资人也可以买 GNMA 共同基金或单位信托投资，投资额只要 1 000 ~ 2 500 美元（最低投资额由 GNMA 共同基金或单位信托投资规定）。

1. 购买 GNMA 抵押转递证券的注意事项

已发行的 GNMA 抵押转递证券可以在二级市场交易，因为交易量大，所以 GNMA 抵押转递证券的市场性和流动性都很好。投资者在向经纪商或银行购买 GNMA 抵押转递证券时，应注意以下几点。

（1）报纸上或发行公告上报出的价格适用于大买主（机构投资人），对小额投资人报出的价差（买价和卖价之差）较大。

（2）所报收益率是以提前还款的有关假设为依据。如果只报一个收益率，要向经纪商询问不同的提前还款假设以及相对收益率，要使用最保守的收益率，因为太高的收益率到时可能无法实现。

（3）抵押贷款组合所余期限或距到期时间不如加权平均偿付期重要。在二级市场，30 年期的 GNMA 抵押转递证券是假设平均 12 年还清。

（4）价格很重要。GNMA 抵押转递证券以溢价买入的，可能会造成资本损失。因为，当利率下跌时，抵押贷款人可能比估计的时间早偿还组合中的抵押贷款，从而无法回收高于面值的溢价，而且还必须按较低的利率再投资。折价买进的，则有机会获取资本增值，但 GNMA 抵押转递证券的票面收益率低于最新发行 GNMA 抵押转递证券的当期息票率。

2. GNMA 抵押转递证券的优点

（1）经验丰富的投资大户可以利用期货市场为投资组合作风险对冲，以防不利的利率波动。

（2）与其他固定收益投资半年或一年发放一次利息不同，GNMA 按月提供投资人收入。

（3）由于本利支付有美国政府保证，所以没有信用风险。

（4）GNMA 抵押转递证券的市场规模大，市场性高，流动性也高，买价和卖价的价差往往和财政部公债相近（约为 1/8 点），并低于大部分的公司债券。

（5）30 年期 GNMA 抵押转递证券的价格波动性不如 30 年期财政部公债大，因为 GNMA 抵押转递证券的一部分本金是逐月偿还的。

（6）GNMA 抵押转递证券的收益率通常高于国债，但低于公司债券。

3. GNMA 抵押转递证券的缺点

（1）受组合中抵押贷款提前偿还的影响，每月的现金流量很难确定。

（2）由于现金流量不确定，很难决定 GNMA 抵押转递证券的准确收益率。

（3）GNMA 抵押转递证券的再投资风险高于国债和公司债券，特别是在市场利率下跌时。

（4）全部利息在美国联邦、州、地方为应税所得，而财政部公债和若干机构债券免缴州税和地方税。

（5）GNMA 抵押转递证券承受利率风险。GNMA 抵押转递证券的价格和利率呈反向变动。

注意事项

- 为降低提前还款的风险，投资人应避免买进小型抵押贷款组合的 GNMA 抵押转递证券。购买大型抵押贷款组合，可以分散提前还款的风险。鉴于这个理由，小额投资人可以考虑购买 GNMA 共同基金，因为共同基金投资这些债券的规模大，有分散风险之效。小额投资人只投资一种或几种组合，分散风险效果不如共同基金好。

- 投资人购买 GNMA 抵押转递证券，每月取得本金和利息后，不应把所有的钱花掉，而应投资一部分所得，以免投资资金缩水。

- GNMA 抵押转递证券以溢价交易时，票面收益率高于新发行 GNMA 抵押转递证券的当期息票率。溢价买进时，投资人应小心，息票率比当期抵押贷款利率高3%以上的 GNMA 抵押转递证券提前还款的波动性最大。提前还款速度过快，可能会造成资本损失。

联邦住宅贷款抵押公司

联邦住宅贷款抵押公司（FHLMC）也叫做房地美公司（Freddie Mac），是抵押转递证券的第二大发行机构。房地美是一个美国政府担保公司，如今已上市，在纽约证券交易所的股票交易代号是 FRE。

房地美发行的参加凭证在许多方面和 GNMA 抵押转递证券类似，主要的不同点有以下几点。

- 参加凭证组合包含传统的抵押贷款（大部分是 30 年期的独栋住宅贷款），由房地美承销和购买。组合规模通常比 GNMA 抵押转递证券大。
- 房地美保证准时支付利息，以及最后（一年内）还本。身为一个机构，这样的保证比政府给 GNMA 抵押转递证券"完全的信用保证"弱。有些参加凭证只保证准时支付利息。
- 参加凭证的市场性不如 GNMA 抵押转递证券，因为二级市场上交易的参加凭证数量少于 GNMA 抵押转递证券。为了改善参加凭证的市场性，房地美会向持有人直接买回。
- 参加凭证的收益率略高于 GNMA 抵押转递证券，原因在于安全性略有差距，而且市场性略低。但这不表示参加凭证不安全或没有市场性。和 GNMA 抵押转递证券相比，其参加凭证的信用风险略高（但远低于公司债券），而且具有市场性（和流动性），但 GNMA 抵押转递证券在市场的交易量较多，所以参加凭证的市场性或流动性不如 GNMA 抵押转递证券。

除了参加凭证，联邦住宅贷款抵押公司也发行抵押贷款收入抵押转递证券，即保证抵押凭证（guaranteed mortgage certificate，简称 GMC）。GMC 专为机构投资人设计，最低投资额是 100 000 美元（GNMA 和参加凭证只要 25 000 美元），本金和利息每半年偿还一次。房地美保证支付利息和完全还本。

房地美抵押转递证券的一些特征如下：

- 房地美抵押转递证券保证准时支付本金和利息，但比 GNMA 抵押转递证券的保证力弱；
- 房地美抵押转递证券组合的规模通常比 GNMA 组合大；

• 房地美抵押转递证券的市场性不如 GNMA，但收益率通常比 GNMA 高。

当前事件对抵押担保机构发行证券的影响

有些投资者会问：安然（Enron）、世界电信（Worldcorn）以及环球电讯（Global Crossing）等公司的财务丑闻已经传染到政府赞助的公司机构了吗？对于这一问题，联邦房地产企业监管办公室（OFHEO）并不这么认为。根据联邦房地产企业监管办公室（OFHEO）的报道，房地美公司（Freddie Mac）和房利美公司（Fannie Mae）手头有足够的资金来抗击一定的风险。然而，所谓的核心资本却没统计多年的亏损，所以就夸大了它们真实的资金实力。现金流量套期保值，是指对现金流量变动风险进行的套期保值，是房地美公司和房利美公司常用的保值方式。如果现金流量套期保值能规避利率变动的风险，那么其现金收入则不会有波动，这是举足轻重的一步棋。

房地美公司还使用掉期合约策略，该策略可将 4 亿美元的营业收益从 2001 年置换到未来。掉期合约又称"互换合约"，是一种交易双方签订的在未来某一时期相互交换某种资产的合约。更为准确地说，掉期合约是当事人之间签订的，在未来某一期间内相互交换他们认为具有相等经济价值的现金流的合约。例如，房地美公司为收到未来的固定收益，就要立即支付现期的固定收益。由于房地美公司担心新的联邦会计标准以及下跌的市场利率会增加短期投资收益，同时带来未来收益预期下降，所以该公司使用综合的金融策略和财务方案对收益进行调控。

早在 1988 年，房地美公司通过将违约债务移出自己的资产负债表，让其消失在投资者的视野之外。同时，在海外海峡群岛（Channel Islands）构造特殊目的载体（SPE），专门出售高收益债券给机构投资者，然后通过财务报表重编，再将这些债券移回财务报表中。

人们对于这些公司诈骗诡计的关注，对机构债券价格造成了巨大的不利。2003 年 7 月 28 日，流言称欧洲央行卖出房地美公司和房利美公司的所有债券，同时还建议欧洲其他国家级央行也抛售。如果对此流言稍有证实，将会影响整个债券市场，尤其是抵押贷款和房地产相关部分。境外投资者握有大量政府机构债券，一旦他们撤出，房地美公司和房利美公司的贷款成本将大大增加，推动抵押贷款利率的同时导致利润下滑。

房利美公司与房地美公司作为美国政府赞助的企业以及美国房地产市场的核心代表，它们能被允许违反会计程序，违规操控盈利吗？答案当然是否定的，联邦监管部门以及美国国会将介入其中，保证不会在政府机构债券市场中再次出现"安然式丑闻"。

担保抵押债券（CMO）

为了消除提前还款和现金流量的不确定性，担保抵押债券应运而生。

1. 担保抵押债券（CMO）的卖点

抵押担保债券也是抵押转递证券（以下简称 CMO），相比前面介绍的几种抵押转递证券，其对本金利息偿还的可预测性更好。基于抵押贷款的到期日和投资回报，CMO 对资产池的风险和期限进行了更为细致的划分。第一种 CMO 于 1983 年发行。CMO 的卖点是提供投资人稳定的现金收入，而且期限可以预测。CMO 是以抵押贷款组合为依据发行的债务证券（和 GN-MA 一样），抵押贷款人逐月付息还本，将还本额加以切分，依次序支付给组合中不同类别的投资人。

CMO 资产组合分为 3 ～ 17 个时间段，投资人可以购买这些时间段中不同到期日的债券。例如，典型的 CMO 有四个时段，前三个时段（A 类、B 类、C 类）根据载明的息票率支付利息给每一时段的债券持有人；第四个时段（通常叫做 Z 类，如零息债券）利息不发但累计。

CMO 组合收得的现金，先付息给前三类的债券持有人，然后赎回第一时段到期的债券。第一时段的所有债券都赎回后，收得的现金再用以赎回 B 时段中发行期限次短的债券。这个过程持续下去，直到 B 类债券偿清，接着赎回 C 类债券。Z 类债券必须等到其他所有时段的债券都偿清后，后续取得的现金才用以支付应计利息，然后归还本金，赎回 Z 债券。

CMO 中的 Z 类债券远比 A 类、B 类、C 类债券复杂，理由如下：

首先，无法准确预测 Z 类债券的到期时间，而 A 类、B 类、C 类债券的时段有明确的到期日；

其次，Z 类债券是长期债券，相比较短期的证券，其将承受较高的风险。

基于这两点，Z 类债券的价格波动幅度相当大，投资者在购买 CMO 中的 Z 时段债券前，应先了解其涉及的风险。CMO 债券的信用风险取决于对其资产组合进行担保的机构的具体情况，如果是由 GNMA 或 FNMA 担保，其信用风险较小；对于私人发行的 CMO，其信用则较大。

2. CMO 的优点

（1）时段较早的 CMO，能够确定现金流量（逐季或半年）。

（2）时段较早的 CMO，到期日较短，能够预测，因此利率风险较低。

（3）时段较晚的债券，提前还款的风险较低（时段较早的债券偿清后，才能还本）。

（4）CMO 组合的规模远比 GNMA 组合大。

（5）由于有抵押担保，所以 CMO 的信用风险很低或没有风险，有些组合由没有风险的 GNMA、FNMA 或 FHLMC 担保。而一些私人担保的组合，投保组合保险，信用风险较高。

（6）经纪公司销售 CMO，最低投资额只要 10 000 美元。

（7）时段债券的收益率高于 GNMA，但风险也较高。

3. CMO 的缺点

（1）CMO 的流动性比 GNMA、FNMA、房地美抵押转递证券差，市场性也可能不如后三者。

（2）市场利率变动时，Z 时段债券的波动幅度大。

（3）时段较早的 CMO 债券的收益率通常低于 GNMA。

（4）Z时段债券缴税时较为复杂，利息以应计基础征税，但实际上，初期几年投资人并不领取利息，只在Z时段债券还本时才支付。

注意事项

投资CMO之前，投资人应注意：

- 了解每一时段的特性、各时段间的关系以及提前还本的构架；
- 了解由谁保证或承担组合中的抵押贷款；
- 向出售CMO的经纪公司询问，它们是否能够创造该种证券的市场，以免CMO难以卖出。

许多不同种类的CMO推陈出新，投资人在投资之前，应熟悉CMO的各种特色和特征。CMO在一段可以预测的到期日前（尤其是早期的时间段）提供稳定的现金流量，这就消除了传统抵押转递证券的若干问题。

政府机构和抵押转递证券共同基金

政府机构共同基金是对各种政府机构及公司发行的债券的投资组合。如果一种基金要在其头衔上加上"政府机构"的字样，就必须持有65%的政府机构债券，其余35%可以是其他证券，如国债、外国政府债券、公司债券、零息债券以及可转换债券等。

并非所有的政府机构债券都有美国政府的担保，除国债外，其他类型债券都具有不同程度的信用风险。因此，投资者在购买基金之前，要查看该基金持有债券的种类，信用和违约带来的风险大小取决于共同基金的持仓比例。

对于GNMA以及其他转递债券共同基金也是如此，这些基金持有的各类抵押贷款转递债务在信用品质上的差异很大，一家GNMA共同基金中主要的资产是GNMA证券，其余35%可能是风险较大的证券，如CMO、CDO证券以及债券衍生品。

此外，还有ARM共同基金，这类基金购买的抵押贷款证券都是可调整利率证券，尽管许多抵押贷款都有联邦政府机构担保，但由于以上原因，基金的信用风险各异。除了 ARM 证券外，共同基金可能出于更具风险的 CMO、CDO 证券以及债券衍生品。

1. 担保抵押债券（CMO）和担保债务凭证（CDO）的对比

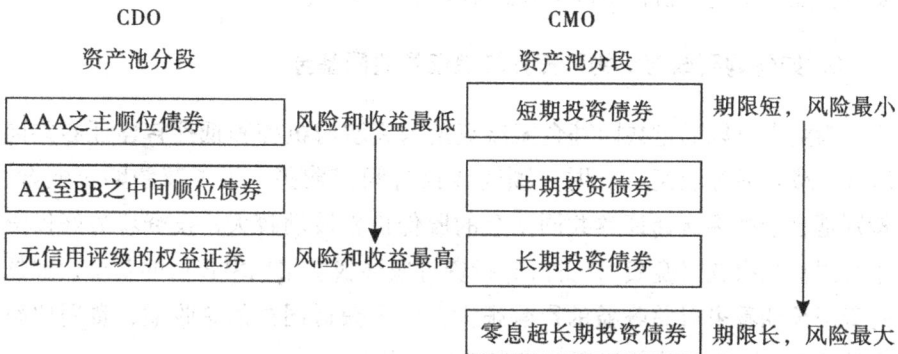

图 9-2　担保抵押债券（CMO）和担保债务凭证（CDO）的对比

2. 政府机构和抵押转递证券共同基金的风险

由于风险大，政府机构债券和抵押转递证券的收益率均高于国债，持有这些债券的基金也是如此，当共同基金增持 CMO、衍生债券、公司债券、零息债券以及信用稍差的机构证券时，面临的信誉和违约风险就随之上升，此外还有其他的风险。

政府机构和抵押转递证券共同基金也面临利率风险，一般来说，市场利率下降，固定收益债券的价格会上升。正如前面所讲，转递债券的价格是有上限的，原因在于许多房主会将现有的高利率抵押贷款转换成新的低利率贷款。因此，转递债券的价格上涨幅度不如其他固定收益债券；反之，当市场利率上升时，房主不会改变现有的抵押贷款安排，这也意味着抵押转递证券的持有者获得的收益少于其他证券，而且抵押贷款集合的期限长，无法迅速收回本金，不能按现行的高利率再投资。总之，在利率迅速变化中，抵押转递证券的业绩不如固定收益债券，那么，抵押转递证券共同基

金在利率迅速变化中也不会有好的表现。理论上，ARM 基金应该能较好地
应对利率的剧烈变化，但历史记录却非如此，原因在于当时 ARM 基金的收
益率低于货币市场共同基金。

转递抵押贷款证券非常复杂，其支付额是无法提前预测的，收益率只
能大致估计，风险分析也很困难。综合这些原因，抵押转递证券共同基金
始终存在因基金股份价格波动导致本金亏损的可能。

3. 如何购买政府机构和抵押转递证券共同基金

投资者可以通过共同基金家族直接购买政府机构和抵押转递证券共同
基金，或是通过经纪人、财务顾问或银行间接购买。为了节约购买佣金，
特别是鉴于抵押转递证券共同基金的股份价格波动较大，投资者最好投资
于共同基金家族（免费）。此外，投资者应寻找费用比率较低的基金，较低
的费用长期看来对总收益的影响很大，为了获得同样的总收益，费用比率
高的基金需要获得比低费用基金高更多的利润。

许多金融杂志和报纸都会公布各类政府机构和抵押转递证券共同基金
的季度、年度和长期业绩。为了缩小寻找合适基金的范围，投资者可以查
阅基金招股说明书，主要查阅内容如下：

- 基金目标，其决定了基金经理购买风险证券的范围；
- 基金持有的证券种类；
- 基金是否收取买卖费用（申请和/或赎回的费用）；
- 基金的费用比率。

基金说明书及申购表可以从基金公司的网站上获取，也可以拨打公司
免费电话索取。

4. 政府机构和抵押转递证券共同基金的优点

（1）尽管政府机构和抵押转递证券共同基金为增加收益持有较高风险
的证券，但对个人直接投资于政府机构和抵押转递证券来说，共同基金为
基金股东提供了多元化的资产组合。共同基金的资产越分散，受信用违约

风险的冲击越小。

（2）个人直接投资抵押转递证券的最低认购额比较高，如 GNMA 和 FNMA 证券的最低认购额是 25 000 美元，而政府机构和抵押转递证券共同基金的最低认购额是 1 000 美元。

（3）当利率在一个狭窄的范围内波动时，政府机构和抵押转递证券共同基金的收益就高于国债共同基金。

5. 政府机构和抵押转递证券共同基金的缺点

（1）市场利率的变化可能导致政府机构和抵押转递证券共同基金的价格产生剧烈变化，如果基金股东此时以低于买入价的价格出售股份，本金就会亏损。

（2）由于抵押转递证券的现金流难以预测且不平均，所以抵押转递证券共同基金的收益率可能不如政府机构、国债和公司债券共同基金的收益率高。

注意事项

并非所有的机构债券都可以免除美国州及地方税，投资基金得到的红利部分是需要纳税的。

政府机构和抵押转递证券 ETFs

直至 2007 年 9 月，共有 17 只政府机构证券 ETFs，所有这些基金都混合持有政府机构和抵押转递证券。例如，2007 年 11 月，巴克莱 ishare 雷曼中期/信用债券基金（代码：GVI）持有政府机构和抵押转递证券达 22%，雷曼持有政府机构/信用债券基金的持有率为 18%。随着时间推移，这些 ETFs 的持有内容会发生变化，如果投资者要寻找主要投资政府机构和抵押转递证券的 ETFs，就需要花时间对其进行对比分析。

一般而言，ETFs 的交易费率低于共同基金，因此，买卖 ETFs 即使花费了不少费用，但相比高交易费率的共同基金来说，还是具有一些优势。投资者可以通过主办单位的网站查询交易费率并进行对比分析。

1. 政府机构和抵押转递证券 ETFs 的风险

投资债券 ETFs 存有本金损失的风险（不得不低于买入价卖出基金份额）。该债券的价格与市场利率变动反相关。利率下降，政府机构和抵押转递证券的久期变短，反之亦然。因此，市场利率下降时，其给投资抵押转递证券的投资者带来的好处没有投资其他债券（国债和公司债券）的多。而事实上，政府机构和抵押转递证券 ETFs 综合投资不同种类的债券（国债、政府机构债券、抵押转递证券还有公司债券），利率变化导致其很难预计基金价格的变化。

GNMA 债券收益一般高于中长期国债，但由于在基金中所占比例低，所以很难预测 ETFs 的业绩表现。

ETFs 的信用和违约风险取决于所持债券的品质。

2. 政府机构和抵押转递证券 ETFs 的优势

（1）交易日可以以实时价格买卖基金份额。

（2）政府机构和抵押转递证券 ETFs 的投资者并不需要投入大量资金。

（3）政府机构和抵押转递证券 ETFs 可以做空。

（4）持有政府机构和抵押转递证券 ETFs，就如同持有多元化的债券投资组合。

（5）持有政府机构和抵押转递证券 ETFs 不需缴纳资本利得税[①]，直至卖出。

3. 政府机构和抵押转递证券 ETFs 的劣势

目前，还没有仅投资持有政府机构和抵押转递证券的 ETFs，其还持有其他债券投资。

_____

① 资本利得税（Capital Gains Tax，简称 CGT），是对资本利得（低买高卖资产所得收益）征税。

政府机构债券、抵押转递证券、政府机构共同基金及
政府机构 ETFs 的比较分析

对于外行的投资者来说，直接投资于政府机构及抵押转递证券是一件很复杂的事情，而政府机构共同基金或政府机构 ETFs 为小投资者参与此类固定收益证券投资提供了便利。政府机构及抵押转递证券共同基金及 ETFs 为投资者提供一揽子服务，如专业化的管理、资产分散、最低投资额小以及投资者可以轻松拥有这些复杂证券等。

如果投资者希望投资于高风险的 CMO，可以选择共同基金，其优点在于资产多元化，有利于降低单一证券违约造成的损失。目前，政府机构债券 ETFs 可选择的种类不多，而共同基金则给投资者提供了更多的选择，投资范围包括 GNMA 和 ARM 证券等。

政府机构共同基金和政府机构 ETFs 显然因年费和其他费用而减少了分红。政府机构 ETFs 与无佣共同基金相比的一大不利之处在于，其每次交易都要收取佣金。但是，政府机构 ETFs 投资者可以在股票市场进行公开透明的交易，而共同基金只以当天的收盘价交易。

对于共同基金来说，始终存在着本金损失的风险，而投资者自己购买单一证券并持有至到期日是不会损失本金的。

直接投资于某一种抵押转递证券和机构证券而不通过共同基金，可以使投资者拥有选择资产组合及风险的自由，也免于支付基金的费用支出。因此，个人直接投资于此类证券的总收益高于购买基金。表 9-2 总结了单一政府机构债券、共同基金及 ETFs 的不同之处，供读者参考。

表9-2　单一政府机构债券、共同基金及 ETFs 的对比

对比项目	单一政府机构债券	共同基金	政府机构 ETFs
买卖的难易程度	难于买卖	基金份额买卖方便，但只以当天的收盘价交易	交易时间内以实时价格交易，比较方便
交易费用	在二级市场上交易已发行的政府机构债券要交佣金，同时缺乏价格透明度	无佣共同基金没有交易费用	每次交易都有手续费，但交易价格很透明
现金收入	产生的现金流对某些机构债券是固定的，但是对转递债券却是浮动的	每个月的现金分红不同	现金收入不固定
管理费用	无	视不同基金而定	视 ETFs 而定
收益	固定收益，无需扣除其他费用	收益不固定，还要扣除其他费用	收益不固定，还要扣除其他费用
税收计划	易于算出收益和风险报酬比	基金分红不固定，所获收入会扰乱纳税计划	相比共同基金，税收计划更有效
投资额度	最小投资额为25 000～50 000美元	不同基金要求认购的最小份额不同	最小投资额为一股
本金安全度	持有至到期日可以收回所有本金	若卖出基金时的价格低于购买价，本金可能受损	变动的基金股份价格可能导致本金的损失

（续表）

对比项目	单一政府机构债券	共同基金	政府机构 ETFs
持有内容	已知	一个季度后才公布基金所持投资内容	已知，但变动频繁
多元化	需大量投资才能建立多元化投资组合	通过少量投资于持有多元化组合的基金即可	通过少量投资于持有多元化组合的基金即可

All About Bonds,
Bond Mutual Funds, and Bond ETFs

第10章

公司债券

公司债券共同基金优于公司债券ETFs，共同基金投资者可以选择将分红及投资收益以新基金股份来支付，没有任何的交易佣金。投资公司债券共同基金和公司债券ETFs时，要选择运营费率最低的基金。ETFs买卖价差最低时说明基金交易活跃。

公司债券的说明

债券发行公司也像政府机构一样，发行债券是其筹集资金的主要手段。它们可以为大型公司（保险公司、养老基金）单独发债，也有面向大众的公司债券。由于债券价格越来越透明，更多投资者绕开公司债券共同基金，直接投资公司债券。但是，被认为安全的公司，如安然和世界通，这些公司大范围公布的破产消息，导致最近几年公司债券的收益反复无常。另外，受公司债券中发展较快的垃圾债券的影响，投资者开始质疑公司债券的安全性。尽管如此，投资者仍在购买公司债券，因为公司债券的收益率比国债、政府机构债券、大额存单和货币市场共同基金要高。作为投资者，应充分了解公司债券的特点和风险，这样才能保证本金安全。

债券是债务的工具，所有债券都有相同的特点。公司债券相当于公司的借款，作为回报，债券发行公司承诺在到期日向投资者偿还债务的面值和利息。在债券的存续期内，利率一般是固定的（可变利率债务除外），而债券的面值通常为 1 000 美元。到期日为偿还债券的日期。例如，利率为 7%、2015 年 7 月 1 日到期的 1 000 美元面值的公司债券，每年支付的利息为 70 美元，直到 2015 年 7 月 1 日，还要向债券持有人偿还债券面值 1 000 美元。

如果债券的期限从发行日至到期日为 20 年，那么，该债券的原始期限就为 20 年。1 年之后，这只债券的当期期限或到期的期限则为 19 年。

公司债券的种类

公司债券有多种分类方式：按债券的地位分类、按有无担保分类、按发行者所属行业分类、按债券的息票结构分类以及按合约嵌入的条款类型分类等，具体如下所述。

1. 按债券的地位分类

公司债券持有者预期可以从公司定期收到利息，到期时收回本金。然而，如果一家公司发行了许多债券都未偿付，定期付息就会变得困难，要按先后次序偿付。高级债券持有人比其他债券持有人有优先申请付息的权利。在债券发行合约中，一般会详细陈述是否有优先偿付权。例如，公司发行的抵押债券有担保资产的，在发行者违约时，投资者有权接管该资产。这说明抵押债券持有者的申请索赔优先于信用债券的投资者。在前者的索赔得到满足后，才轮到对无抵押债券的赔偿，因此，信用债券的安全性较低。这也告诉投资者，在投资信誉一般的公司债券时，要选择高级债券而不是投机无担保的后偿债券。

2. 按发行者所属行业分类

按债券发行者所属行业的不同，公司债券分为以下几类：

（1）公用事业公司债券，包括由电话和电力公司发行的债券，这些债券被视为安全、稳健的投资产品；

（2）运输类债券，由铁路和航空公司发行的债券；

（3）由制造业发行的制造业债券；

（4）由金融公司、保险公司和银行发行的金融类债券。

上述各类债券又可作进一步细分，如：抵押贷款债券、信用债券、可变利率债券、可转换债券和零息债券等，有些债券含有担保，有些债券则没有担保。

3. 按有无担保分类

（1）担保债券

对于担保债券，发行人承诺以某种资产作担保，一旦无力偿还债务时，债权人可以（经司法程序）获得资产。担保债券的一个例子就是抵押贷款债券，公用事业公司经常发行这种债券。投资者如果知晓他们所购买的债券是由发电厂作担保的，一定能毫无顾虑地购买。但是，万一公用事业公司无力偿还债务，投资者会有专业的技能来经营发电厂吗？因此，尽管担保资产增加了债券本金的安全性，投资者还是希望公用事业公司能按时偿还债券本金和利息，不发生违约行为。

运输类公司发行的债券被称为设备信托凭证，多以飞机和铁路车辆等设备作为担保。这些设备的市场性比发电厂要好一些。然而，一旦发行者无力偿还债券，投资者还是会损失部分本金。

（2）无担保债券

无担保债券又称信用债券，是以发行人的信誉（还本付息的能力）作担保的。一些公司发行次级信用债券，一旦丧失偿债能力，则有较高的风险，因为次级信用债券持有人的求偿地位排在最后。破产时，优先求偿顺序就变得很重要，担保债券和高级债券最先得到偿还。为了吸引投资者，风险较高的债券倾向于提供较高的息票率。

总体来说，投资者应当关注发行人的偿债能力（或信誉）而不仅仅是担保产品。一旦破产，抵押的财产可能不具有市场性，而且可能涉及长时间的法律程序，这将耗费投资者大量的时间。

4. 按债券的息票结构分类

大多数债券的息票率都是固定的，但也有浮动息票率债券和零息债券。对于固定息票率债券，债券发行者需定期支付固定利息；而浮动息票率的债券，是挂钩某个具体的利率指数，如伦敦同业拆借利率（LIBER）以及美国基准利率。零息债券以折价出售，不附息票，其于到期日按面值一次性支付本利。

5. 按债券的条款分类

公司债券中最常见的条款是赎回条款，到期日之前发行者有权随时赎回债券。提前偿还条款允许持有者在特定日期将债券以提前决定的价格卖给发行者。债券如果设有偿债基金条款，发行公司要按合约中的固定金额提前偿还债券。可转换债券允许投资者将债券转换成一定数量的普通股。

6. 按债券的形式分类

债券有两种形式：记名债券和记账式债券。

（1）记名债券类似于持股证书。债券登记在其所有者的名下，债券的利息寄给债券所有者。债券卖出时，代理机构将债券登记在新的所有者名下。

（2）记账式债券。债券也可以按记账方式发行。债券持有人可以将收到的带有计算机编号的确认书作为所有权凭证。债券持有人可以指定银行或储贷协会账户，发行人直接将支付的利息存入指定账户。

注意事项

投资者经常会遇到这样的问题：是自己持有债券凭证，还是存放到经纪公司呢？

（1）由经纪公司托管债券凭证的优点

- 如果经纪公司向证券保险保护公司（The SIPC，Securities Insurance Protection Corporation）投保，债券则不会遭受损失。
- 万一债券被赎回，经纪公司有可能得知相关信息，并立即办理赎回事宜。

（2）由经纪公司托管债券凭证的缺点

- 如果投资者决定通过另一个经纪人卖出债券，则需要现在的经纪公司将债券转移到新的经纪公司。出售之日起三天内必须交割债券，否则经纪公司会收取延迟费用。

- 一些经纪公司在汇寄利息方面会拖延时间。例如，经纪公司在月初收到利息，到月底才汇给客户。这样，经纪公司就把客户的钱无偿使用了 30 天。

- 如果债券附有偿债基金条款，并以经纪公司的名义托管，那么经纪公司就可以选择先赎回哪些客户的债券。在债券到期之前，公司运用偿债基金每年赎回一定数量的债券。公司通过邮件和报纸公布来通知债券持有人赎回。这对小额投资者来说尤为重要。对于有偿债基金条款的债券，投资者最好自己持有债券，以便直接赎回。如果债券由经纪公司托管，则要由他们来决定赎回哪些客户的债券。

公司债券的风险

1. 违约风险

公司债券的投资者要比其他债券投资者更关注违约风险，其他债券（如国库券和政府机构债券）的违约风险较低，国库券更被视为无违约风险证券。因此，公司债券要比国库券和政府机构债券的收益率高。无力偿付的风险越大，公司债券发行的息票率就越高。

大多数投资者会依据标准普尔、穆迪和惠誉等评级公司的债券评级来评估某一公司债券的违约风险。然而，这些评级并非绝对可靠，它们会随时发生变化。评级之后，公司的财务状况可能恶化。例如，安然公司债券在被商业评级机构降级为具有投机风险的债券后，没过多久就破产了。

除了商业评级外，投资者还可以通过阅读债券招股说明书或公司财务报表对债券发行机构进行评估，例如该公司有多少负债；一旦公司破产，你的要求赔偿地位如何等。

2. 事件风险

影响已发行债券价格的另一个风险叫做事件风险（Event Risk），是指大公司为并购接管其他公司（也称杠杆收购）而发行大量债券的风险。该风险会引起收购公司现行债券价格的大幅下跌，由于公司债务水平明显提高，所以会导致公司评级的下降。结果，投资者会对这些公司发行的债券避而远之。为了吸引投资者购买新发行的债券，公司债券发行人会引入一些附加条款，这使得收购成本更加昂贵。这些条款被称为"售回毒药"（Poison Put），即一旦公司进行收购或债券评级降级，允许投资者按面值将债券卖回给发行人。它可以保护投资者免受信用下调带来的风险。在购买新发行的公司债券之前，投资者与经纪人要查看该债券是否有"售回毒药"的保护条款。享有提前偿还条款（提前售回）优势的债券，收益率一般较低。

3. 利率风险

除了浮动利率债券外，所有债券还会受到利率风险的影响。花旗集团于20世纪70年代首次发行浮动利率债券。息票率随国库券浮动，这在当时是独一无二的。两年之后，债券持有人可以按面值兑付债券。因此与常规固定收益债券的价格不一样，浮动利率债券的价格不随利率的变化而发生大的波动。前面章节已经指出，债券价格与市场利率呈反向变动。债券的期限越长，价格受到利率影响的波动就越大。

若想减弱利率风险的影响，可参照以下方法。

- 持有不同期限的债券，将其构成投资组合，以中和市场利率变化的影响。例如，投资2年期、5年期、10年期、15年期和20年期不同期限的债券，而不是只投资于20年期的债券。
- 购买不同类型的债券，使债券投资组合多元化。
- 购买高品质债券。
- 缩短债券持有期限。

- 购买可售回的债券，这样当利率上升时，债券持有人可以以面值将债券卖回给发行人。

具备上述特征的债券也有缺点，即息票率比较低、期限较短。理论上的最佳战略是，当市场利率上升时，投资于短期债券；当利率达到最高值时，购买长期债券，以锁定高息票率。有些投资者会问：怎么才能知道市场利率何时会达到最高呢？这确实是一个难以回答的问题。其实，这部分内容的意思是告诉投资者，要努力遵循这一战略，而不是一味地追求锁住市场最高利率。

4. 赎回风险

许多公司债券都具有赎回特征，这就意味着存在赎回风险。赎回条款允许发行人在到期之前兑付债券。当债券被赎回时，利息不再上涨，这迫使债券持有人不得不放弃债券。赎回特征使发行人而不是债券持有人获得收益，因为发行人倾向于在利率走低后赎回债券。例如，公司在利率较高时，发行息票率为11%的债券，随后，在利率降至7%时以较低利率发行新债券，以赎回原有债券，这对发行人来说是有利的。

通常，提前支付对投资者来说是不利的，因为发行人极少在利率上升时偿付债券。这一点对于那些在利率处于高点时购买债券的投资者尤其不利。

投资者应当特别注意债券发行的赎回和偿还条款。赎回条款有三种类型：

（1）不可赎回债券（noncallable bonds），其向投资者提供最大的保障，但也有许多漏洞。不可赎回意味着债券到期之前不能赎回。然而，事情总有例外，如发生火灾或其他不可抗力事件，或者健康运行的公司停止支付债券利息时，若受托人要求赎回，债券就可以提前清偿。如果是终生不可赎回债券（noncallble for life bonds），在交易商的报价单上要标注 NCL。

（2）可自由赎回债券（freely callable bonds），其对投资者不提供任何保护，发行人可以随时赎回债券。

（3）递延性可赎回债券（deferred callable bonds），其向投资者提供某些保护，此类债券在一定时间（如发行 5 年、10 年或是 15 年）后才能赎回。例如，在 2009 年以前不可赎回的债券，在交易商的报价单上会标明 NC09 的字样。

债券的赎回条款会注明债券的赎回价格比面值高多少。这称为赎回溢价（call premium），它通常等于债券的息票率。在购买之前，阅读债券发行的赎回条款很重要。对于新发行的债券，投资者还应向交易商索要最终定稿的招股说明书。招股说明书的初稿往往对赎回细则避而不谈，即便投资者购买了不可赎回或递延性可赎回债券，也要向经纪人索要书面保证，说明其赎回地位（call status）。

除了赎回条款外，债券合约中的再融资（refunding）条款也非常重要，不能再融资的债券也可以赎回和偿还。然而，用于再融资的款项必须是"干净的钱"，其可以来自内部融资，出售股票或资产所得的资金。不能用销售低息债券的收入来偿还不可再融资债券。五月百货公司（May Department Stores）就曾因发行低息债券用以购买 16 亿多美元的高利率债券而遭到起诉。五月百货公司运用的这种运作手法（简称 STAS），就是在高价收购的同时实施现金赎买。

STAS 的运作方式为：拥有未清偿债券的公司向债券持有人宣布，债券持有人可自愿按溢价将债券卖回给公司，并施压于那些不愿意卖出债券的持有人，即债券以后将以较低的价格赎回。换句话说，STAS 的要点在于让持有人以较高的价格卖回债券，如果你不这么做，公司有足够的现金来赎回债券。

可见，赎回条款和再融资条款对于投资者都是很重要的，特别是对那些以溢价或在市场利率处在或接近高点时购买债券的投资者来说尤为重要。

什么是垃圾债券

垃圾债券不是债券的一个特定类别。垃圾债券通常是指高风险、低评级的债券。公司垃圾债券的评级包括标准普尔的 BBB 评级，穆迪投资服务公司的 Baa 评级，以及评级更低的接近违约的债券，甚至有些垃圾债券根本就没有评级。

为了吸引投资者，垃圾债券的息票率比投资级债券要高。垃圾债券具有较高的票面收益率，主要原因在于：

（1）垃圾债券的发行公司可能是年轻成长型公司，它们的资产负债较差，或者正处于财务困境，垃圾债券是它们融资的惟一选择；

（2）许多公司用发行垃圾债券的方式为收购其他公司而融资。

垃圾债券市场从 20 世纪 80 年代开始发展，米切尔·米尔肯（Michael Milken）和德莱塞公司（Drexel Burnham）开创了垃圾债券市场，直接向公众出售垃圾债券。相对于传统的银行借款方式，公司通过建立潜在的投资者网络获得了低成本融资的途径。垃圾债券市场现已成为公司债券市场的一个重要部分。

垃圾债券比更高品质债券的价格波动更大，但从这些年的违约率来看，垃圾债券的违约率也没有明显高于这些债券。经济趋向衰退时，垃圾债券业绩就不好。举个例子，1990 年，债券的价格急剧下跌，垃圾债券的投资者发现其投资无法流动（没有买垃圾债券的人），投资资本受到侵蚀。其后，当债券价格直线下降时，垃圾债券市场又成了诱人的投资目标。到 1992 年，垃圾债券的价格已持续上涨了 18 个月，当时垃圾债券的资金升值力与股票相近。

对于那些在恰当时机买入和卖出垃圾债券的投资者来说，回报率是很高的。风险很大但收益率高，这正是垃圾债券颇具吸引力的地方。但是，由于垃圾债券的价格波动幅度较大，且违约风险较高，所以投资者经常会忽视其吸引力。

不同的研究会得出不同的违约率。一些经纪公司为了兜售垃圾债券，强调这些债券的收益高，而且相对安全。总体来说，在经济增长强劲时，垃圾债券的业绩不错，违约率也比较低。但在经济衰退时，其违约率会上升。垃圾债券的多元化投资有助于降低其违约带来的风险。

不管相信哪一个研究结果，投资者都应该针对所"承诺"的高收益率仔细权衡以下风险。

- 如果利率下降，就存在赎回和再融资风险，即发行人将发行低收益率的垃圾债券，以赎回高收益率的垃圾债券。
- 垃圾债券存在价格急剧下跌的风险，投资者会因此损失部分原始投资资金。
- 在垃圾债券廉价出清时，投资者会面临无买家的风险。

不成熟的投资者不适宜投资垃圾债券，因为这需要投资者分析发行公司的财务报表，以便选择质量较好的高收益债券。如果投资者不惧怕垃圾债券的风险，执意进行此类投资，下面这些建议供投资者参考。

- 只购买公开发行的债券，这样投资者可以通过跟踪媒体的报价来进行买卖。垃圾债券市场信誉较差。由于交易不规范，投资者无法获得准确的价格信息，交易商的标价差别会非常大。例如，一家交易商报出的债券的买卖价格分别是 80 和 90，而另一家交易商的买卖报价则是 85 和 90（Mitchell，1992）。直至 2004 年，交易商对垃圾债券的过度标价问题还是没有得到解决。美国国家证券交易商协会（NASD）对于一些大型经纪公司处以罚款，将买卖价差拉高到 9%～30%。如果个人投资者想迅速买进和卖出，将因此处于不利的地位。
- 尽量使债券组合多元化，以分散投资风险。如果投资者买不起多种公司垃圾债券，可以投资垃圾债券共同基金或 ETFs，以达到分散风险的目的。
- 尽量不买发行规模小（小于 7 500 万美元）的债券，因为这类债券的流动性差。
- 在投资组合中，尽可能降低垃圾债券所占的比例。垃圾债券的投资比例要依据投资者的投资目标、风险承受能力、收入水平、年龄段和其他个人特点而定。

通货膨胀挂钩公司债券

当传统固定利息债券购买力被通货膨胀蚕食，通货膨胀挂钩公司债券每月的利息还是会超出通货膨胀指数（用 CPI 衡量），以此获得特定的收益。对此，大型公司，包括银行和经纪公司都发行了不同期限的通货膨胀挂钩公司债券，一般为 5～12 年期。通货膨胀挂钩公司债券与通货膨胀保值债券的不同之处如下所述。

- 通货膨胀挂钩公司债券每月支付利息，而通货膨胀保值债券是每半年一付。
- 通货膨胀挂钩公司债券利息支付每月与通货膨胀指数挂钩，但通货膨胀保值债券通过到期时本金偿还调整与通货膨胀挂钩，或是在债券售出时支付。
- 通货膨胀挂钩公司债券的利息收入要征收联邦税、州以及地方税。通货膨胀保值债券的利息不征收州和地方税。
- 通货膨胀保值债券投资者要缴纳通货膨胀调整收入部分的税金，即该部分的收入所得要到期货售出时才支付给投资者，而通货膨胀挂钩公司债券投资者每年收到一次通货膨胀调整收入，并按收入所得征税。
- 为了弥补投资者额外承担的信用违约风险，通货膨胀挂钩公司债券的收益率一般比通货膨胀保值债券高。
- 通货膨胀挂钩公司债券和通货膨胀保值债券都有二级交易市场可以交易，但通货膨胀挂钩公司债券的买卖价差相对较大。

通货膨胀挂钩公司债券的每月利息支付数额随着每月通货膨胀率的增加而增加，为投资者提供了抗通货膨胀的保护。但是，通货膨胀率下降，通货膨胀挂钩公司债券每月的支付也会随之下调，根据 12 个月的 CPI 来决定。同公司债券一样，通货膨胀挂钩公司债券也面临市场利率风险和信用风险，因而在购买之前，投资者要认真核查发行商的信用品质。

如何买卖公司债券

公司债券的买卖与普通股票买卖相同，可以通过经纪公司用现金购买或以保证金购买。用保证金购买债券，意味着投资者可以从经纪公司借钱。借款的金额依据美联储制定的保证金要求而定，即投资者提交一定比例的现金，其余部分可以借款。例如，2008 年 6 月的保证金额度为借款金额的 50%。

债券的收益率不足以支付借款的利息成本时，借钱买债券就会出现问题。若投资效益好，投资者用较少的资金就可获得可观的收益。

购买新发行的债券，投资者不必负担手续费，而是由发行公司来支付。在投资新债券之前，投资者要仔细阅读发行公司的招股说明书，对总体风险进行评估。

投资者可以根据发行公司的资产负债表来判断发行公司的负债情况和优先债券的数量。一旦发行公司破产，优先债券的数量越多，普通债券投资者的求偿等级就越低。

投资者可以根据发行公司的损益表对发行公司的收入水平能否支付债券余额的利息做出判断。如果发行公司销售业绩下降，投资者需要在公司收入不足以清偿债务之前就掌握其偿付利息的能力。

如果发行公司以出售资产来融通资金，其负债的比率会很高。针对这种债券，投资者应提高警惕。如果投资者想购买新发行的低品质公司债券，对发行公司财务报表的分析就特别重要。投资者可以在互联网政府网站上获得挂牌公司的财务报表。

已发行的公司债券在柜台市场进行交易，也有一些公司债券在纽约证券交易所（NYSE）挂牌上市。在交易所，债券与普通股票在不同的场所进行交易。2007 年 4 月，NYSE 用新的在线系统更换了旧的债券自动系统，基于其电子股票交易市场来交易公司债券。使用新交易系统的目的就是要增加价格透明度，提高交易量。个人投资者可以通过 NYSE 网站来获取债券价格及交易具体细节。

　　购买上市债券的有利之处在于，其价格会刊载在每日的报纸上，使投资者有机会检查实际交易情况。在柜台交易的债券没有挂牌，各交易商之间的债券报价差异也很大。低品质、交易不活跃的债券尤其如此，买价和卖价之间的价差非常大。事实上，垃圾债券市场需要为活跃的垃圾债券设计报价系统，对这些不规范的交易加强管理。这个系统须得到证券交易委员会的批准才能运行。在此之前，由于存在违规交易活动，小额投资者会继续处于不利的地位。所以，当购买非挂牌债券时，投资者应多分析，寻找最佳的报价。

　　对于感兴趣的债券，投资者最好同时询问买价和卖价，因为价差的大小会传达出许多债券信息。

- 买卖价差比较大（4%或以上），说明债券的流动性差（不能很快再卖出），交易不活跃。另外，还可能有其他坏消息，如会降低评级等。
- 与此相反，较小的价差说明交易活跃，再卖出债券几乎没有风险。
- 如果投资者买卖债券数量太少（低于10），交易手续费会很高。

　　对于已发行的债券，投资之前看不到招股说明书，投资者应该从经纪商那里咨询发行公司的最新消息，或通过该公司网站研究其财务报表。

　　在买进债券时，投资者支付的买价可能要高于卖出报价，高出部分为债券的应计利息。债券按日计息，但发行公司每年只支付一次或两次利息。如果在两次付息日之间购买债券，买方就欠卖方持有债券数天的应计利息，债券的购买价格就要加上应计利息部分。在债券买卖成交后，经纪公司会寄出确认书，并附上应计利息的说明。以下为应计利息的计算示例：

　　例如，10月1日投资者购买了息票率为6%、半年付息、付息日分别是6月1日和12月1日、期限为四年的债券，投资者就欠卖方四个月的利息，因为12月1日投资者将获取六个月的利息（而投资者仅持有债券两个月）。如果半年息为30美元，那么应计利息就为20美元（4/6 ×30美元），另外还要加在债券价格上。所以，10月1日债券卖出价为870.73美元，即包括

了应计利息 20 美元在内。若将债券价格包含应计利息称为"脏价",则减去
应计利息就是"干净价"。

已经违约或不再支付利息的债券称为净价交易。这些债券的交易不包
括应计利息。在报纸金融版的债券报价栏上,债券后标有 F 字样的表示其
是采用净价交易的债券。

持有人可以在债券到期或赎回之前在二级市场上卖出债券。对于挂牌
债券,投资者可以从报纸上得到有关价格信息。但报纸上只有债券的一种
价格,而债券价格包括买价和卖价。如果投资者不能区分这两种价格,不
妨记住以较高的价格(卖价)买入,以较低的价格(买价)卖出,而二者
之间的价差就是交易商和经纪人从中赚取的利润。

个人投资者在线债券交易进展缓慢,仍没有取得像股票在线交易那样
的成功。原因如下:

(1)债券交易者通过买卖债券获得价差收益,如果价差变小,收益也
就下降,这也阻碍了债券定价透明化的进程,造成了债券市场定价尚处于
支离破碎的状态;

(2)数量远远超过股票的债券交易大多是通过柜台进行的,这意味着
还有很多债券品种不为个人投资者所知;

(3)除非给经纪公司打电话,否则投资者无法知道这些债券的价格;

(4)在线交易并不能保证投资者以最优价格成交。

债券电子交易在未来会大受欢迎,但即使通过电子交易,投资者也要
注意寻求以最低成本完成交易。

正如前面所讲,债券可以在到期日之前偿还。许多公司债券的合约中
都有偿债基金条款,这有助于偿还已发行债券。债券基金使发行公司可以
以定期支付方式在到期之前偿还部分债券,而不必等到到期时一次性偿还
全部债券。

设有偿债基金条款的债券,公司可随机挑选要偿还的债券品种,然后
赎回债券。一旦债券被赎回,就不再赚取利息。对此,除非投资者是影响
经纪公司的大额投资人,知道发行公司会先行偿付其他投资者的债券,否

则，投资者不会将自己的债券交由经纪公司托管。还有一种偿债基金，即发行公司将偿付款交给受托人去投资，偿债款连同投资增值收益一并用于到期日偿还债券。

发行公司也可以在债券市场以回购方式回收债券，这种情况多发生在债券折价交易时。卖出债券的投资者可能并不知道正是发债公司买回了他们的债券。

如果发行公司决定回购债券，可以向债券持有人宣布公司的意图，并提出回购债券的价格。这种情况下，如果债券持有人不想卖，发行公司也不能强求他们卖出债券。

公司债券的优缺点及注意事项

1. 公司债券的优点

（1）公司债券比其他类型债券（国债和机构债券）的票面收益率要高。当然，根据公司债券的品质不同，收益率也有所差别。一般来说，高品质公司债券的息票率高于国债利率 1% ~ 1.5%。垃圾债券息票的利差就更大了。

（2）投资公司债券能获得比其他固定收益率债券更高的收益。通过购买低品质债券，能增加投资者的当前收益率，但要面对不断增加的本金和利息违约风险。

（3）高品质公司债券的收入和本金是相对安全的。

（4）当市场利率下降时，投资者能从购买债券中获得资本收益（债券价格和利率呈反向变动）。但是，在市场利率上升时，卖出债券会导致资本损失。对那些愿意铤而走险的投资者来说，担心违约的敏感神经会驱使所有垃圾债券价格下降，这正是其获取高资本收益和高回报率的时机。

（5）通货膨胀挂钩公司债券可以保护投资免受不断上涨的通货膨胀率对购买力的侵蚀。

2. 公司债券的缺点

（1）公司债券的价格与通货膨胀和利率呈反向关系。这对所有固定收益证券产生了影响，也是所有债券投资的不利因素。

（2）公司债券利息收入要缴纳美国联邦、州和地方税，而国债和某些机构债券的利息收入则免交州和地方税。

（3）公司债券的信用风险和事件风险大于国债和政府机构债券。国债的机构债券根本不存在事件风险。公司债券的品质越低，信用风险就越大。

（4）投资者在出售公司债券时，因下列原因会面临难流动风险：

★ 发行人的评级下降，或者发行人财务状况不佳，特别是在垃圾债券市场上，当市场骚动驱使价格急剧下跌时，债券难以卖出；

★ 投资者仅卖出少量的债券；

★ 市场利率上升，现存债券的价格受此影响而进一步下降；

★ 当买卖价差扩大时，买入和卖出债券都会变得比较困难；

★ 有赎回条款的公司债券，在投资者最不希望偿还本金时，可能被强制赎回（因为市场利率已经下跌）；

★ 公司债券的买卖价差比国债和政府机构债券要大；

★ 未挂牌垃圾债券的买卖价差可能会相当大；

★ 在重大消息宣布之前，垃圾债券市场操作不规范和价格的剧烈波动表明有人已提前获知消息，这些人会大搞内部交易。

3. 注意事项

购买公司债券之前，投资者要注意以下事项。

（1）发行债券的信用评价。

（2）债券求偿的优先地位。

（3）赎回和再融资条款。不要购买息票率高于市场利率，即较高溢价发行的债券，以避免本金损失（它们会以较低的溢价赎回）。也就是说，要注意溢价是否超过赎回价格。

（4）是否有偿债基金条款。

（5）针对事件风险，是否有"售回毒药"保护条款。

（6）债券的发行规模是否很小，低于 7 500 万美元。不要购买发行规模太小的债券。

（7）债券是挂牌交易，还是柜台交易。

（8）债券期限越长，风险越大。有时发行公司会发行 50 年和 100 年期限的债券。在这么长的时间里，很多事情都会发生，从而影响公司的偿债能力。迪斯尼公司发行了期限为 100 年的债券，到期可能是投资者下一代的子女、孙子辈或重孙子辈的事儿了。对于这么长的时间跨度来说，股票会是一种更好的投资方式。

（9）为规避风险，投资者应当购买高品质的公司债券。

（10）公司债券投资需要大量的资金投入，以便实现多元化的投资组合，降低违约风险。

（11）投资者不应将大部分的资金投资于垃圾债券。

（12）一定要把公司债券的票面收益率与同期国债和政府机构债券的收益率进行比较，看二者之间的利差能否补偿公司债券的额外风险。

（13）对于不能容忍高风险的投资者来说，要远离垃圾债券，因为它会让投资者难以入睡。想规避风险的投资者应当选择高品质的公司债券。

准公司债券优先股证券

准公司债券优先股证券是一种混合证券，同时兼有债券和优先股的特点。每个发起人或投资银行都引用这些证券的首字母缩略词，如 MIPS、TO-PrS、QUIDS 和 QUIPS 等。

这些混合证券具有以下共同特点。

- 面值为 25 美元，而传统债券的面值是 1 000 美元。
- 在股票交易所挂牌，而不是在债券交易所或柜台市场交易。
- 定期支付利息。

- 大多数都有到期日。也有一些债券类似于股票，是没有期限的。
- 许多债券都有赎回条款。
- 如果发行商遇到财政危机，可以不经持有者回复就递延利息支付。
- 如果发行公司破产，先支付公司债券，再支付准公司债券优先股证券。

这些证券通常比常规债券易于购买，因为它们在股票交易所挂牌，价格公开，面值较低，不需要太多资金。此类证券的举例如表 10-1 所示。

表 10-1　准公司债券优先股证券示例

公司名称	代码	分红	收盘价	到期收益率	净变动
J. C. 彭尼公司	KTP	1.91	25.58	7.5%	1018
J. C. 彭尼公司	PFH	1.91	25.26	7.6%	0.06

第一个挂牌的此类证券是 J. C. 彭尼公司支持的信托证券（JC Penney'S Corporate-Backed Trust Securities，简称 Corts），息票率为 7.625%，2097 年 4 月 1 日到期，该证券 2006 年 7 月的收盘价是 25.58 美元，稍微高出面值。此证券有赎回条款，如果每股以 25.58 美元买入，并持有至 2097 年，到期收益率为 7.5%。

J. C. 彭尼公司资产抵押公司证券（JC Penney'S Corporate asset-Backed corporate Securities，简称 Cabco）的息票率也为 7.625%，交易编码为 PFH，每股分红 1.91 美元，该证券 2006 年 7 月的收盘价是 25.26 美元。21 世纪初，J. C. 彭尼公司的财务状况不如 2007 年，Cabco 被列为垃圾债券。

注意事项

- 不要对具有赎回条款的证券支付溢价。如果债券赎回，投资者将有所损失。
- 这些公司在财务困难时会延期支付投资者的利息（红利）。
- 当公司资本负债表杠杆率过高时，会发行此类证券来融通资金。因此，投资者应选择信用评级较高的证券。

公司债券共同基金

如果不想直接投资于公司债券，投资者可以通过公司债券共同基金间接投资此类债券。共同基金是把投资者的钱集合在一起，投资于不同的公司债券，投资者会按投资额获得一定比例的基金份额。

1. 如何选择公司债券共同基金

共同基金是根据投资者的目标选择公司债券的种类。

- **品质：** 基金的信用品质越高，风险和收益率越低；基金的信用品质越低，风险和潜在的回报率越高。
- **期限：** 指共同基金所持有公司债券的平均期限，通常分为短期、中期和长期。期限越长，风险越大，潜在的回报率越高。

表 10-2 列出了按以上标准来划分的债券基金的类型。

表 10-2 公司债券共同基金的类型

期限	短期	高品质短期基金	中间品质短期基金	低品质短期基金
	中期	高品质中期基金	中间品质中期基金	低品质中期基金
	长期	高品质长期基金	中间品质长期基金	低品质长期基金

不是每个基金家族都会提供全部九类公司债券基金，但这是一个很好

的筹划工具，有助于投资者确定要投资的公司债券基金或基金的类型。高品质债券的违约风险低，低品质债券和垃圾债券的违约风险高。

短期债券基金所持有债券的平均期限是 1~3 年，中期债券基金所持有债券的平均期限是 7~10 年，长期债券基金所持有债券的平均期限是 15~25 年。

投资者的风险承受能力越低，投资类别越应趋于表 10-2 的左侧，该表的上、中、下代表基金的期限——短期、中期和长期，投资者可以根据投资期限来选择。如果投资者的投资期限较长，则应选择中间和底端（中期基金和长期基金）的基金，当然，它们对市场利率的变化也最敏感。

这个表可以帮助投资者确定最符合其投资期限和风险承受度的公司债券共同基金或其他基金。如果投资者不能确定哪种类型的基金适合自己，那么不建议投资者投资九种不同的公司债券基金。投资行为不能过度，投资者不要把所有的鸡蛋都放在一个篮子里，应选择多元化的债券投资组合。

2. 公司债券共同基金有什么风险

公司债券基金除了具有共同基金的风险外，还会面临许多与公司债券类似的风险，因为公司债券是基金的潜在资产。

公司债券的违约风险比其他类型债券大得多。但对于公司债券共同基金来说，因个别公司债券违约带来的损失风险较低。由于每只债券仅占债券基金总值的一小部分，所以债券共同基金的分散化投资削弱了意外违约造成损失的影响。

债券共同基金也会发生本金损失风险。与货币市场共同基金资产净值（基金份额价格）保持不变有所不同，债券共同基金的份额价格是变动的。由于利率、信用品质和距到期日时间长短的变化，基金所持有的债券的价值每天都在变化，若债券共同基金份额的卖出价格跌破购买价格，投资者就会遭受本金损失。

由于基金中债券的构成不同，所以利率风险对债券基金份额价格有不同的影响。例如，两只不同的长期债券基金，同样面对市场利率上升的局面时，基金价格会有不同的反应。如果一只债券共同基金的平均期限为 15 年，另一只为 25 年，当市场利率上升时，后者的价格的下降幅度会比较大。同样，债券的品质也会影响基金价格的波动性。如果基金中低品质债券（垃圾债券或低于投资级别的债券）占有很大比例，其波动性要比由较高品质债券构成的基金大得多。因此，投资者在投资之前，要认真阅读共同基金募集说明书。共同基金募集说明书中注明的基金目标决定了基金经理人选择的投资范围。例如，如果共同基金的目标是将 65% 的基金投资于投资级公司债券，则投资者需要查一查其余 35% 的投资产品的信用品质。如果基金经理人将 35% 的基金投资于高收益、低品质的债券，就可以提高基金的总体收益率。

3. 如何购买公司债券共同基金

投资者可以通过共同基金家族直接购买公司债券共同基金，或是通过经纪人、金融咨询机构和银行来间接购买。直接购买和间接购买的主要区别在于后者要支付费用或佣金。当投资者通过经纪人或金融咨询机构间接购买债券，投资者要为他们的投资建议支付佣金。这些收费基金经纪机构必须要努力地工作，使所收费用物有所值，其最终结果要相当于所有资金都用来投资不收费基金。

投资者为什么要购买这些收费基金呢？首要原因在于，许多投资者对自己选择基金感到没有把握，而通过经纪人购买，可以让投资者放轻松，经纪人会为投资者选择合适的共同基金。

当将美林（Merrill Lynch）和史密斯·巴尼（Smith Barney）等经纪公司提供的基金与先锋基金家族（the Vanguard Funds）提供的基金进行比较时，主要的区别就是成本。经纪公司的共同基金要收取费用，并且运营成本比不收费的先驱基金要高得多，先驱基金的运营成本在共同基金中是最低的。支付这些运营成本的不是别人，正是投资者。

第二个原因是，许多经纪人宣称，收费基金的业绩好于不收费基金。这个说法对于债券共同基金来说有点夸张。收费公司债券基金的业绩扣除收费后很难赶上不收费基金，更不用说超过了。债券与股票不同，对于股票来说，选股的技巧是一大问题。如果投资级债券的回报率是6%，基金经理提高该类债券基金回报率的惟一方法就是投资于高风险、低品质的债券。正如前面所讲，为了获得高收益率购买公司债券基金，一旦利率上升，就会导致更大的资本损失。

不收费的公司债券共同基金可以向基金家族直接购买。金融类杂志、报纸以及基金家族的网站上载有不同债券基金的季度业绩。通过对基金的长期表现进行分析，投资者可以缩小未来基金的选择范围。投资者也可以拨打这些基金的免费电话，索要基金章程，或是在基金家族网站上下载招股说明书。总之，在投资前，投资者应仔细阅读基金的投资目标、费用比率、投资持有的债券品质以及总收益。

当投资者决定投资于某一债券共同基金时，需要通过邮寄申请表或通过互联网办理。

另外，投资者也需要判断基金是否有后端费用，就是当卖出基金份额时从销售收入中扣除的费用。许多公司宣称购买基金无开端费用，但却可能存在后端费用。投资者可以在基金章程中寻找有关费用条款。通常，不收费的基金会收取后端费用，它与开端费用一样都是隐含的。如果基金含有后端费用，投资者可选择投资另一家基金。

通过研究，投资者可以选择投资于自己中意的公司债券共同基金，这样可以提高投资的总体回报率。

4. 公司债券共同基金的优点

（1）公司债券共同基金使小额投资者有机会拥有多元化的公司债券投资组合。通过公司债券共同基金，投资者可以小额地投资，拥有极佳的跨行业公司债券组合的一个份额。相比之下，如果投资者购买单一的公司债券，一个多元化的投资组合至少要10万美元的投资金。

（2）公司债券共同基金具有专业化管理的优势，特别适合那些没有时间对债券进行研究和评估的投资者。

（3）共同基金提供了多种不同特色的公司债券基金，投资者可以根据自己的时间期限和风险承受程度选择合适的公司债券基金。

（4）公司债券共同基金份额比个别证券易于卖出。

（5）公司债券共同基金的收益率比其他类型债券基金要高。特别是高收益率的垃圾债券基金，如果在利率下降时买入，投资者会有机会获得比低收益率的基金更高的资本收益。

（6）当市场利率小幅上扬时，高收益率公司债券共同基金的价格降幅小于低收益率公司债券基金。然而，高收益率基金违约的风险也比较大，这使得垃圾债券基金的价格跌幅大于质量较好的基金。

5. 公司债券共同基金的缺点

（1）对于公司债券共同基金来说，当基金份额的卖出价低于买入价时，会带来资本损失的风险，特别是在一个较长的时间跨度内。这是因为，公司债券共同基金没有期限。当基金持有某个债券到期时，就会用新的债券来代替它。

（2）公司债券共同基金支付的红利在各级政府都要纳税，而市政债券和国债共同基金会获得一些免税待遇。

注意事项

- 收费债券基金的业绩一般不会超过不收费的债券基金。为了提高长期投资的总回报率，投资者应坚持购买不收费的公司债券基金。
- 在通货膨胀和利率上升时，公司债券共同基金的价格会下降，这会导致基金持有人遭受资本损失。在这种经济环境下，高收益率的公司垃圾债券基金并不能使基金持有人免受价格下滑的影响，因为基金中的低质量债券的无力偿还风险会不断上升。
- 投资者应从由多个不同基金成员组成的共同基金家族中选择公司债券基金，以便从一种基金投资转换为另一种基金投资。

公司债券 ETFs

巴克莱（ishare）公司以及先锋集团为投资者提供了可投资的公司债券
ETFs。2007 年 4 月，巴克莱公司发行了一种高收益（垃圾债券）ETFs，先
锋集团也扩大了原有的投资内容。不同赞助商提供的 ETFs 存在本质性的区
别。先锋集团 ETFs 跟踪债券指数，它们发行的基金一般包含更多的债券，
对债券指数跟踪得更紧。巴克莱公司基金包含的是具有代表性的债券，只
是债券指数的一小部分。因此，巴克莱公司发行的 ETFs（如 AGG 债券
ETFs 投资 140 只债券）相比先锋集团的 Total Bond Fund（超过 2 500 只债
券）要小。第二点不同在于，不同集团的 ETFs 收取的费用也不同。以 2007
年 12 月为例，先锋集团债券 ETFs 的费用率低于巴克莱债券 ETFs（先锋集
团 BND 为 11 个基点，而巴克莱 AGG 基金为 20 个基点）。低利率环境下，
高收费基金收益很难超过低费用基金的投资收益。

巴克莱公司高收益（垃圾债券）ETFs 的交易编码是 HYG，它是一种更
为灵活的投资方式，投资者可以以相对较少的金额投资多元化的垃圾债券
投资组合。垃圾债券的违约率低（根据 2007 年 12 月的数据，违约率为
1% ~1.8%），而违约率是造成国债收益和垃圾债收益价差变化的主要原因
之一。2007 年 12 月，它们之间的价差很低（2.9%，即 290 个基点），一般
是 3% ~10%，平均下来大概为 4.7%。

垃圾债券的收益很不稳定，这样的投资带来的可能是两位数的收益，
但也可能是两位数的损失。

1. 公司债券 ETFs 的风险

公司债券 ETFs 会受到利率和通货膨胀率变化的影响。公司债券的息票
收益高于国债和机构债券，如果市场利率下降，公司债券比其他低利率债
券可以得到更多升值。然而，市场利率上升，可能会导致较弱的发行商面
临违约，其发行的债券会大幅度下跌。从历史上看，国债收益和垃圾债券
收益之间的高价差，意味着公司债券发行商有更高的信用违约风险。ETFs

的信用和违约风险决定其投资内容，ETFs 持有债券的品质和到期时间同时对 ETFs 每股的价格变动产生影响。持有高品质债券的 ETFs 价格波动，相对持有低品质债券的 ETFs 波动要小。同样，持有 ETFs 债券的平均期限越长，价格波动越大。

2. 公司债券 ETFs 的优点

（1）只要在交易时间，都可以以实时价格买卖公司债券 ETFs。

（2）投资公司债券 ETFs 相当于投资者投资了公司债券组合，而且避免了公司债券交易价格不透明的缺陷。

（3）投资者不需要用大量的资金来投资公司债券 ETFs 就可以拥有多元化的债券组合。

（4）投资者可以做空公司债券 ETFs。

（5）有些公司债券 ETFs 的费用率低于一些共同基金。

（6）公司债券 ETFs 投资只在卖出时才依法缴纳资本利得税。

3. 公司债券 ETFs 的缺点

每次交易都有手续费，使得投资收益减少。

公司债券、公司债券共同基金以及公司债券 ETFs 的比较分析

受公司债券市场交易价格不透明等因素的影响，投资者很难知道其买卖的价格是否合理。而公司债券共同基金和公司债券 ETFs 却规避了此种不利因素，同时还为投资者提供了小额的多元化公司债券投资组合。公司债券共同基金有专业的经济管理方案，而一些公司债券 ETFs 是用来追逐指数的。

公司债券共同基金和公司债券 ETFs 让投资者易于参与投资垃圾债券。直接投资垃圾债券比投资垃圾债券基金风险更高，因为共同基金投资多元化可减弱意外违约风险的影响。

公司债券共同基金和公司债券 ETFs 因年费和其他费用而减少了分红，

除此之外，ETFs 每次交易都要收取佣金。与无佣共同基金相比，这是一大不利因素。但是，ETFs 投资者可以在交易日内以实时价格交易，而共同基金只以当天的收盘价交易。直接投资于某一种公司债券而不是通过共同基金或 ETFs 进行投资，投资者可免于支付基金费用。如果选择投资公司债券共同基金和公司债券 ETFs，那么要选择运营费率低的基金。个人直接投资于单一公司债券的总收益也可能高于购买基金。投资者自己购买单一证券，并持有至到期日，不会发生本金的损失，但前提是确定该公司债券不会违约。而对于 ETFs 和共同基金来说，始终存在损失本金的风险，因为共同基金会在债券到期时用新的债券替代它。

表 10-3 总结了单一公司债券、公司债券共同基金以及公司债券 ETFs 的不同之处，以便于读者比较分析。

表 10-3　单一公司债券，公司债券共同基金及公司债券 ETFs 的比较

比较项目	单一公司债券	公司债券共同基金	公司债券 ETFs
买卖难易程度	难于买卖	基金份额买卖方便，但只能以当天的收盘价交易	交易时间内以实时价格交易，比较方便
交易费用	在二级市场上交易已发行的公司债券要收取佣金，同时缺乏价格透明度	无佣共同基金没有交易费用	每次交易都有手续费，但交易价格很透明
现金收入	产生的现金流是固定的	每个月的现金分红不同	现金收入不固定
管理费用	无	视不同基金而定	依据 ETFs 而定
收益	固定收益无需扣除其他费用	收益不固定还要扣除其他费用	收益不固定还要扣除其他费用
税收计划	易于算出收益和风险报酬比	基金分红不固定，所获收入会扰乱纳税计划	相比共同基金，税收计划更有效

（续表）

比较项目	单一公司债券	公司债券共同基金	公司债券 ETFs
投资额度	最小投资额为25 000~50 000美元	不同基金要求认购的最小份额不同	最小投资额是一股
本金安全度	持有至到期日可以收回所有本金	卖出基金时的价格低于购买价，本金可能受损	变动的基金股份价格可能导致本金遭受损失
持有内容	已知	一个季度后才公布基金所持投资内容	已知，但是会不时地变动
多元化	需大量投资才能建立多元化的投资组合	通过少量投资于持有多元化组合的基金即可	通过少量投资于持有多元化组合的基金即可

公司债券共同基金优于公司债券 ETFs，共同基金投资者可以选择将分红及投资收益以新基金股份来支付，没有任何的交易佣金。投资公司债券共同基金和公司债券 ETFs 时，要选择运营费率最低的基金。ETFs 买卖价差最低时说明基金交易活跃。

第11章

市政债券

　　市政债券（municipal bonds）是美国各州和地方政府、市政当局及其他行政单位发行的债务性证券。持有市政债券的投资者多元化，居民家庭可以直接购买，或是通过共同基金、单位信托或ETFs间接持有。

市政债券有何不同

市政债券（municipal bonds）是美国各州和地方政府、市政当局及其他行政单位发行的债务性证券。持有市政债券的投资者多元化，居民家庭可以直接购买，或是通过共同基金、单位信托或 ETFs 间接持有。

对投资人来说，市政债券最重要的特色是利息所得免征美国联邦所得税。如果投资人住在发行市政债券的美国州郡，利息所得也免征州税和地方税。在这种情况下，市政债券等于三重免税。例如，投资者住在税率很高的州，买进州政府或地方政府发行的公债可以提高收益率 1% 左右。减免联邦税不仅能令投资者个人受益，市政债券发行机构也受益匪浅，因为市政债券支付的息票率低于一般的普通应纳税债券。

大部分市政债券免征联邦所得税，但也有一些市政债券不能免征联邦所得税。美国国会 1986 年通过的税制改革法规定，非必要目的发行的市政债券不能免征联邦所得税，但可免征州税和地方税。非必要目的发行的市政债券包括发行用以筹措资金来兴建运动场、停车场、会议场所、工业园区以及污染防治设施的债券。

1986 年的税制改革法主要针对 1986 年以后发行的工业开发债券。工业开发债券是指发售债券所得的 10% 或以上的资金为私人企业所用。例如，某州发行工业开发债券用于兴建大楼，并将其租给一家民营公司使用。

工业开发债券所得的利息收入视为优惠项目，只缴纳另类最低所得税（AMT）。个人所得税等级高但扣除额也高时，必须再缴纳另类最低所得税。

另类最低所得税是指，在确保不必缴纳正常联邦所得税（扣除额高），但属于最高所得税等级的个人，必须缴纳联邦所得税。

不必缴纳联邦所得税的工业开发债券利息，纳税人必须缴纳其他种类最低所得税。不适用其他种类最低所得税的投资人一般不关心这一点。事实上，工业开发债券对投资人具有吸引力，因为它们的收益率往往略高于不必纳入其他最低所得税计算的免税债券。

适用高税率等级的投资人，在二级市场买进 1986 年 8 月 7 日以前发行的免税债券，可以规避其他最低所得税。这是个好消息。而坏消息是，这些债券的供应量有限，机构投资人（如共同基金）已经买了很多这类债券，因此对于必须缴纳其他种类最低所得税的投资者来说，工业开发债券对他们的吸引力不强。

凡事总有例外，那就是不必纳入其他最低所得税计算的 501（c）债券。这些债券由非营利私人医院和大学所发行。

私人活动债券不能免除联邦所得税，而且 1986 年 8 月 7 日以后发行的工业开发债券可能触发其他类最低所得税（ATM），各州和地方政府以及所属机构发行的绝大部分市政债券免缴联邦所得税。由于不必缴纳联邦所得税，也可能不必缴纳州税和地方税，所以市政债券很吸引较高税率等级的投资人。

市政债券的投资对象

每个人都希望降低税负，但市政债券并不适合每一位投资者。为了降低税收而买进免税债券，有些投资人在若干情况下的利润有可能不如买进应税债券的税后利润多。这一点对于低税率等级的投资人来说是正确的，因为他们买进的应税债券在扣除税收后，其所得还是比较多的。

为比较市政债券和应税债券，投资者必须把市政债券的免税收益率转换成相当于应税债券的收益率。那么，应税债券的收益率应为多少才能等于市政债券的收益率呢？如表 11-1 所示。

表11-1 不同税率等级的市政债券和应税债券收益率的对比

市政公债的收益率为:				
	4%	4.5%	5%	6%
等于应税债券收益率:				
联邦所得税率等级				
15%	4.71%	5.29%	5.88%	7.05%
28%	5.55%	6.25%	6.94%	8.33%
33%	5.99%	6.72%	7.46%	8.96%
35%	6.15%	6.92%	7.69%	9.23%

如上表所示，适用15%税率等级的投资人，购买收益率5.29%的应税债券所得的利润和购买收益率4.5%的免税市政债券一样。以投资人税率等级计算的应税债券当量收益率，是指投资人投资应税债券必须赚取多少收益才能等于市政债券的收益。例如，适用税率等级15%的投资人，购买收益率7.05%的应税债券，所得的利润和购买收益率6%的免税市政债券的利润一样。换一种方式来说，适用税率等级15%的投资人，只会在类似到期日的应税债券收益率低于7.05%时才会购买收益率6%的市政债券。如果该投资人投资应税债券可获得7.05%以上的收益率，就不会考虑购买市政债券。但是，对于较高税率等级的投资人来说，应税债券的当量收益率高出很多时，所得利润才会和投资市政债券相当。以35%税率等级来说，收益率6%的市政债券相当于应税债券9.23%的收益率。因此，随着税率等级（税率）的提高，应税债券的当量收益率增加，市政债券变得更有吸引力。

将市政债券收益率换算成应税债券当量收益率较为简单，计算公式如下：

$$\text{应税债券的等价收益率} = \frac{\text{免税收益率}}{1-\text{税率}} \times 100\%$$

对较高税率等级的投资者来说，相比十年期国债（最近收益率低于5%），市政债券提供了更好的赚钱机会。买进免税市政债券之前，投资者应先确定自己的税率等级是否高到值得投资市政债券。

边际税率级别为28%的投资者，买进息票率6%的市政债券，税前报酬率是8.33%。计算如下：

$$应税债券的等价收益率 = \frac{6\%}{(1-0.28)} \times 100\% = 8.33\%$$

在美国，有些州的税率较高，那么投资者应该购买本州的债券还是购买其他州的债券呢？

大部分州都给本州市政债券优惠税收待遇，免缴州所得税。如果市政债券由地方政府发行，地方税也可免。由于州税和地方税可免，比较州市政债券和应税债券时，后者的当量收益率会升高。

在对比本州市政债券和外州债券的优劣时，可作简单计算。例如，后者的收益率是6.5%，前者的收益率是5.75%，而州税和地方税合计是6%，则计算如下：

$$外州债券税后收益率 = （1-税率）\times 外州债券收益率$$
$$= （1-0.06）\times 0.065 \times 100\%$$
$$= 6.11\%$$

在这个案例中，外州债券的税后收益率是6.11%，高于本州债券收益率，因此外州债券较具吸引力。纽约和加州等税率高的州，本州债券的需求十分殷切，收益率常低于外州市政债券。投资者在作此类比较时应注意，财政部公债和若干政府机构债券也免缴州税和地方税，但不能免缴联邦税。

适用其他类最低所得税的投资人，应向税务顾问或会计师请教，确定自己的当量收益率。税法总是在不断调整修改，投资者应了解最新的投资动向。市政债券可能是税法中仅存的优良避税工具，但是并非所有的投资人都身受其益。大体来说，适用较高税率等级的投资人投资市政债券的获利最多，而适用较低税率等级的投资人在持有市政债券时，不能享受特别的优惠。

市政债券的种类

美国州政府和地方政府（及其机构）发行各式各样的债务工具，具体如下所述。

1. 一般债务债券

一般债务债券（general obligation bonds）由美国州、郡、市、镇、学校和特区发行，通常以发行单位的税收能力担保，换句话说，支付给债券持有人的利息来自税收以及发行单位的征税能力。理论上，发行单位有无限的征税能力，但实际上，发挥"无限"的征税力量没那么简单。例如，1975 年纽约市发行的一般债务债券违约，以及 1994 年加利福尼亚州橙县宣布破产，这两件破产事情就是证明。显然，并非所有的一般债务债券都是相同的，每个一般债务债券的安全性（信用风险和违约风险）取决于其发行者的经济情况和金融实力。仅凭发行者征收税收的能力对该债券有无担保这一点，并不能说明一般债务债券没有信用风险。

一般债务债券没有发行机构无限的征税能力担保。这些发行机构的税收来源有限制，称作税收有限一般债务债券（limited-tax general obligation bonds）。也有一些债务债券除了本身的特性还兼有岁入债券的若干特色。

2. 岁入债券

岁入债券（revenue bonds）由美国医院、大学、机场、收费公路、公用事业等机构发行，这些事业单位用它们推动的特定项目创造的营业收入偿还债息。

举例来说，机场岁入债券创造的收入来自出入境旅客和飞机的流量，或者机场设施的使用，如出租航站大厦等。若收入来自前者，债券持有人应确定出入境旅客和飞机的机场使用需求是否在不断增加；若收入来自后者，则应确定出租设施的收入是否足够偿债。

发售公路收益率债券所得资金可能用于兴建收费公路或桥梁，或者改善公路基础设施。债券持有人对公路或桥梁收取的费用有求偿权，但公路改善无法创造收入。没有自偿性质的岁入债券会提高一些收入，以担保债务，这些收入包括汽油税、牌照费、汽车登记费等。

岁入债券的安全性取决于事业单位提供的服务、收入流量、其他人的求偿权是否优先于岁入债券持有人、岁入债券发行机构创造收入的相对能力、发行机构能否支付利息以及岁入债券的评级等。

3. 提前再融资债券

为避免风险，提高投资的安全性，并享有若干税收优惠，投资者可以购买提前再融资债券（prefunded municipal bonds）。提前再融资债券不由发行人担保，而受国债担保。提前再融资债券是在利率较高时发行，之后地方政府再发行息票率较低的新债券，所得资金用于购买美国财政部发行的零息国债。国债作为第一次发行债券（预偿债券）的担保，到期日为第一次发行债券的第一次赎回日期。图 11-1 说明了提前再融资债券是如何产生的。

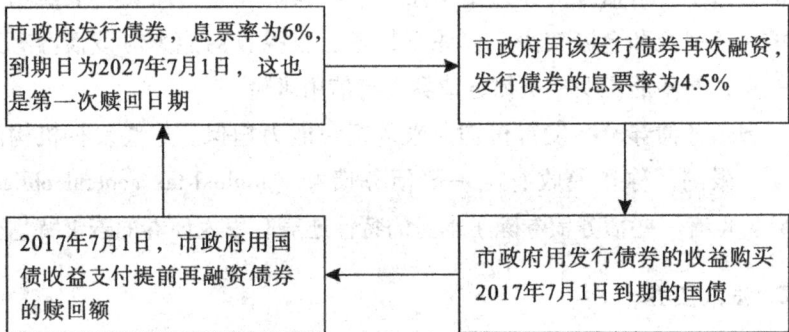

图 11-1　提前再融资债券的产生过程

提前再融资债券的评级为 AAA 级，通常要支付略高的息票率。缺点是，它们通常以溢价出售，而且到期日相当短，几年内就被赎回。

4. 预期债券

除了一般债务债券、岁入债券以及提前再融资债券，美国州政府和地方政府也发行三年期以下的短期市政债券，如预期债券（anticipation notes）。预期债券的发行目的是为了平滑地方政府债券不规则的现金流量。预期债券中，有税收预期债券（tax anticipation notes, TANs），为预期将有税收而发行；债券收入预期债券（bond anticipation notes, BANs），为预期发售长期债券将有收入而发行；收益预期债券（revenue anticipation notes, RANs），为预期将有收益进来而发行；税收暨收益预期债券（tax and revenue anticipation notes,

TRANs），为同时预期将有税收和收益而发行。

5. 提前赎回债券

有一些市政债券具有特殊的特色。大多数免税债券发行时都带有赎回条款，市场利率下降期间，市政债券发行者就倾向于提前赎回债券，这就造成市政债券的价格不如国债和公司债券有优势，同时也对市政债券共同基金的业绩有直接的影响。

6. 零息市政债券

零息市政债券（zero coupon municipal bonds）和一般零息债券一样，出售时的折价远低于面额，到期时依面额还本，差额为支付投资人的利息。与一般零息债券不同，零息市政债券享有税收优惠，且应计未发的利息免缴联邦所得税。一般零息债券每年都有应计利息，虽然出售前或到期前尚未领得，却须征缴联邦所得税。

7. 卖回或选择性退还市政债券

卖回或选择性退还市政债券（put or option tender municipal bonds）指债券持有人有权在到期日前依面值将债券退还给债券受托人。大致来说，这种债券由发行机构的收入或银行信用证作担保。卖回的特色与债券发行契约条款中的赎回特色恰好相反。

市政债券的风险

尽管市政债券的违约事例非常少，但是一些众所周知的违约实例使投资者意识到违约风险的存在及影响。

在投资市政债券时，遵循以下原则可以降低违约风险。

1. 债券评级

投资者应该考虑发行债券的等级，穆迪和标准普尔公司会根据大量的财务信息对发行的债券进行评级。由于市政债券不需要在证监会注册，所以投资者很难获得债券发行者的财务信息，而美国州政府和市政机关又不会公布其年度财务报表。为降低违约风险，投资者应仅购买等级为 AAA 及 AA 的债券。这里要注意一点，债券等级并非固定不变，它们会随时间发生变化，因此不要单凭债券等级作出投资决定，而要多方面分析。

2. 保险

投资者要检查债券是否购买了保险。债券保险能够提升债券的等级，如果债券投保了，即使在投保前债券等级较低，投保后的债券也可能被评为 AAA 级。因此，等级为 AAA 或 AA 的未保险债券要优于同样等级的投保债券。保险公司，如 MBIA 或 FGIC 等都出售保险，通过其保险对利息的支付和本金的偿还提供保障。另外，保险公司的服务质量也会影响债券的等级。

3. 信用等级

有些债券发行者具有银行或保险公司开具的信用证，而不是购买保险。这些信用证虽然不能保证银行或保险公司在必要时支付利息，但能给发行者提供一定的信贷额度。如果发行者无足够的资金进行利息支付，银行或保险公司会贷给发行者一定的资金。这种方式比保险公司提供的保护程度要低，投资者应该核查提供信贷额度的银行或保险公司的等级。

4. 官方声明

获得公司的官方声明或发行说明书副本（类似于公司债券的招股说明书），检查内容如下。

- 法律意见书。如果存在关于免税等方面的疑问，则不要购买此债券。
- 债券的偿付方式。这一点必须写得十分清楚。
- 限制条款，如"无法提供任何保证"等。如果出现类似让投资者感到紧张的条款，则不要购买此债券。

5. 多元化

投资者应购买不同发行机构的债券，以便分散风险。

作为高质量的免税债券，市政债券的利率风险要高于违约风险。这一点适用于所有固定收益证券。距到期日的时间越长，因市场利率变动引起的债券价格波动幅度就越大。尽管投资者投资长期市政债券（30 年期）所获得的收益要高于短期债券，但并不稳定。另外，对于市政债券来说，不同期限的市政债券之间的收益率差异要比应纳税债券的更大。

市政债券被提前赎回的风险很常见，大多数市政债券都有赎回或再融资条款，发行者在市场利率下降到一定程度时可提前赎回债券。在购买前，投资者应该仔细阅读赎回条款，查看是否有不妥之处。例如，住房岁入债券可能没有规定赎回日期，这意味着债券发行人可以在债券发行后的任意时间赎回债券。投资者在溢价购买债券时要注意，如果债券被提前赎回，投资者可能会损失部分溢价（不能收回全部溢价）。

市政债券的交易没有国债活跃，这也意味着市政债券买卖差价相对较大，甚至对于交易最活跃的市政债券也是如此。这也使国债和机构债券的流动性比市政债券更强。

大额发行的普通公债以及知名权威单位发行的债券的流动性较强，而小额发行、交易不活跃的债券的流动性较差，一些小额发行的债券只在发行当地流通。

在单一市政债券的定价上，投资者还面临支付过高费用的风险。在现行的定价惯例中，投资者在购买单一市政债券时可能不知道其经纪公司收取了过多的费用，因为这些债券的交易都是在价格未公开的场外市场进行的，投资者要亲自或是打电话给其经纪人报出价格。由于债券价格不像股票价格一样公布在报纸上，所以经纪人会任意报价。除非投资者在各个经纪公司都有账户，否则难以将报价进行一一比较。

例如，一家经纪公司以 90 美元的价格购买了一种债券，并以 99 美元的价格卖给投资者，即产生了 9 美元的费用。这也是佣金的一种替代形式，因为经纪公司也面临着债券价格下降的风险。而另一家经纪公司可能以 89 美元的价格买入同样的债券，并且以 93 美元的价格卖给了投资者。由此可见，缺少价格方面的信息对投资者来说是很不利的，因为投资者不知道自己是否为买卖的单一市政债券支付了过多的费用。对此，投资者应该购买债券并持有至到期日，而不是将债券当作获取资本利得的交易工具。同时，缺乏定价方面信息也会影响债券的销售。

买卖市政债券的要点

投资者可以在债券发行时或者到二级市场购买市政债券。财经媒体，如《巴伦周刊》（*Barron's*）、《华尔街日报》（*the Wall Street Journal*）、《纽约时报》（*the New York Times*）等会公布当周即将出售的新市政债券的信息。其中一本商业杂志——《债券购买者》（*The Bond Buyer*），不仅会提供上一周市政债券的销售情况，还会给出即将发行债券的销售信息。

1. 交易方式

有时候，美国州政府和地方政府不公开发行债券，而是私下直接将债券售给机构投资者。大多数情况下都是卖给投资银行，再由投资银行将债券出售给公众。投资银行形成一个由众多经纪公司组成的联合组织，共同承销和分配新发行的债券。投资者通过其经纪公司购买新债券以获得利息，如果投资者所在的经纪公司是银团的一部分，则购买债券就不需要支付佣金。在债券发行时购买市政债券的另一个优点在于，市政债券有统一的定价（即银团报价），直到所有向银团购买债券的订单需求都得到满足后，债券才开始以市场价格进行交易。

在二级市场上购买市政债券相对复杂一些，因为财经报纸仅公布一小部分知名岁入债券的价格。普通公债的报价不会公布在报纸上。为获取二级市场上所投资债券的信息，投资者可以索要一份标准普尔公司每天都会公布的"蓝色名单"（Blue List），该名单会列出如下信息：

- 每次发行可供出售的债券的数量；
- 交易者投资组合中包含了欲出售的债券；
- 债券发行者的名称；
- 债券票面利率及到期日；

- 债券价格（不包括买卖差价）；
- 出售债券的交易者名称。

"蓝色名单"是债券信息的最好来源，但订阅费用较昂贵，投资者可以向经纪人索要副本。在看到"蓝色名单"的时候，其中部分债券可能已经售出，这时投资者无需惊讶，造成这种情况的原因在于，因为不公布买卖差价，所以实际交易价格可能会与"蓝色名单"上的报价有出入。另外，投资者也可以在网上获取市政债券的每日信息。

各地许多市政债券的交易者都支持二级市场交易，由经纪人充当交易商和机构及个人投资者之间的中介人。许多经纪公司只在当地发行债券。

根据交易商的不同，市政债券定价的差异较大，所以在买卖债券时，投资者应获得不同经纪公司的报价信息。比较各经纪公司的报价是参与市政债券投资最起码的要求，因为支付高额佣金以及买卖差价过大都会降低债券的整体收益。

市政债券在二级市场上可以折价交易或者溢价交易，这取决于一系列因素，如债券质量、票面利率、发行者、距到期日的时间等。在折价或溢价购买市政债券时，投资者要注意债券在卖出或赎回时可能产生的资本收益。例如，投资者于 2007 年以折扣价 45 000 美元购买了总面值为 50 000 美元的市政债券，共计 50 张；在 2007 年又以溢价 55 000 美元购买了总面值为 50 000 美元的另外 50 张市政债券，两种债券都是 2007 年到期。那么到2007 年，这两种债券都要承担 5 000 美元的资本利得。

2. 税收政策

根据美国的国内收入税法典（第 171 条），对于免税债券溢价的分期摊销是不允许递减所得税的。也就是说，由于损失是尚未明确的（也就意味着不能抵扣），5 000 美元的盈利所得不能与 5 000 美元的损失相互抵消。债券的溢价在到期日或赎回日之前分期摊销，因此，市政债券持有者可能受到"双重税惩罚"，他们以溢价购买的票面利率较高的债券，可能以低于其购买价的价格被提前赎回。

- 债券可能比预期更早被赎回，溢价购买高票面利率债券的投资者会遭受损失。
- 资本损失和其他资本盈利所得不能相互抵扣。

这种分期摊销的不可抵扣性质只针对免税债券，投资者应该注意，由于折价购买或者溢价摊销过程产生的资本收益要交税。例如，投资者以溢价 1 200 美元购买了一张免税债券，五年后以 1 200 美元卖出该债券。由于这五年内溢价必须进行摊销，免税债券的调整基数可能小于 1 200 美元，所以在调整基数和卖价之间就存在需要纳税的收入部分。

市政当局常常发行系列债券（Serial Bonds），即同时发行具有不同期限的多种债券。对于系列债券，其在市场上初始销售时，投资者可以选择理想的债券期限。

美国前总统布什 2003 年 5 月 28 日签订了 2003 年就业和经济增长税收减免调节法案（The Bush Jobs and Growth Tax Relief Reconciliation Act of 2003），该法案大大减少了投资者的红利税。根据投资者收入的税率等级，投资者只需缴纳 5% 或 15% 的投资红利税。减少红利税对债券市场具有显著影响，特别是市政债券。

市政债券的利息免征联邦所得税，这一优势因为红利税的削减而直接受到影响。投资者投资市政债券一般是受免税以及到期收回本金这一优势的吸引，换言之，投资者在寻求投资现金收入及资金的保障。股票投资虽然也有诱人的分红收益以及资金的升值，但同时也会有资金受损的可能。

市政债券的交易手续费高于普通股，债券投资者更愿意持有至到期，而不像股票交易赚取低廉的交易价差。另外，债券的买卖价差相当大，例如 2003 年 1 月和 2 月两只债券的交易价差报价。

- Calvert County Pollution Control（息票率 5.55%，2014 年到期）买入价 60 美元；卖出价 100 美元。
- Boston Water&Sewer（息票率 10.875%，2009 年到期）买入价 100 美元；卖出价 129 美元。

　　除了交易费用高，市政债券的流动性和市场性都不如股票。大多数的市政债券都有赎回条款，发行者可以提前以平价赎回债券。特别是以溢价购买的有赎回条款的债券，投资者须加倍小心。如果债券的赎回价格低于购买价格，投资者将损失部分投资收益。

3. 市政债券投资收益和普通股投资收益的比较

　　鉴于市政债券市场的这些潜在风险，税收减免调节法案使得分红股票对投资者想获得更高投资收益有着更大的吸引力。另外，在投资市政债券之前，投资者还应考虑其与国债价格的关系。

　　股票（普通股和优先股）的合格分红比一般收入的税率稍低。根据投资者收入的税率等级，投资者要缴纳5%或最高15%的投资红利税，如下面等式所列：

$$税后分红收益率 = \frac{分红}{购买股票的价格} \times （1 - 投资者的红利税） \times 100\%$$

　　例如，19美元购买的股票每年分红1.08美元，投资者的联邦所得税税率的等级是35%，则税后分红收益率为4.83%。计算如下：

$$税后分红收益率 = \frac{1.08}{19} \times （1 - 0.15） \times 100\% = 4.83\%$$

　　追求投资现金流收益，投资者可将股票的税后分红收益率和市政债券收益率进行比较。若该股票发行公司以及市政债券发行机构的信誉风险相当，则该市政债券的到期收益率（4.5%）就不如上例中股票的收益率吸引人了。

4. 市政债券的优点

　　（1）市政债券的利息可以免交联邦所得税，如果是美国本州或本地发行的债券，还可以免除州和地方税收。这一点对于高税档的高收入者较为有利。

　　（2）对于青睐利息收入的投资者，市政债券提供定期的利息支付。

5. 市政债券的缺点

　　（1）与联邦政府债券相比，市政债券的流动性和市场交易能力较差。投资者要想在二级市场上卖出规模小、交易不太活跃的债券会比较困难。

（2）大多数高息票的市政债券都有赎回条款。特别是以溢价购买免税债券时，投资者须加倍小心。如果债券的赎回价格低于购买价格，投资者将损失部分资金。

（3）当债券被赎回时，投资者将面临再投资风险，即将收回的资金投向低收益证券的风险。

（4）由于过去违约事件屡有发生，以及财务困难的城市数量不断增加，市政债券的违约风险越来越大。

（5）市政债券的价格随利率变化而波动。期限越长，价格的波动率就越大。

（6）交易商报出的买卖价差可能非常大，而且不同交易商的报价也有所不同，这会使投资者支付过高的附加价格。

注意事项

在投资之前，边际税率低的投资者须将应纳税债券的收益率与市政债券的收益率进行比较。

（1）市政债券不是无风险的。投资者应购买信用等级高，而避开那些发行量小、信用等级差的债券以及投机性的岁入债券。

（2）在购买新发行的债券时，投资者应留意发行通告中的相关法律意见及债券评级。

（3）留意税收方面的细微差别，特别是折价或溢价购买的债券赎回时的资本利得税。

（4）1986年8月7日以后发行的产业发展债券（IDBs）的所得利息收入被视为一种优惠，高收入投资者要缴纳选择性最低税。

（5）以非必需目的的私人经营活动为基础发行的债券，不能免除联邦所得税。

（6）投资者无需为美国国内税收账户（IRAs）、基欧计划或延迟纳税的养老金账户去购买市政债券，这些账户本身就是推迟缴纳税收的。

（7）作为市政债券替代品，对于高税档的高收入者，要想得到高投资的现金收益，就应该将蓝筹股投资收益和税后市政债券的投资收益进行比较。

市政债券共同基金

除了直接投资市政债券外，投资者也可以选择市政债券共同基金。市政债券共同基金一般分为两大类型：一般免税基金和单一州免税基金。此外，也可按照距到期日的时间长短、高收益率以及高信用等级等对市政债券共同基金进行划分。

一般市政债券基金投资于美国所有的州和地方当局发行的固定收益债券。单一州市政债券基金主要投资于某个州或该州地方当局发行的债券，例如，宾夕法尼亚免税共同基金、纽约免税共同基金等。单一州市政债券共同基金的主要优点在于，对于本州的居民来说，基金产生的利息收入不仅可以免除联邦税，还可免缴州或地方税。如果投资者居住在高税收的州，如纽约、马萨诸塞或加利福尼亚，这一点尤为重要。如果投资于一般市政债券共同基金，投资者就须为基金持有的外州债券所得利息缴纳本州或本地税收。需要记住的是，基金产生的资本收益需缴纳联邦税和州税。至于该投资一般免税共同基金还是单一州免税共同基金，这取决于投资者税后的收益。如果投资者居住在税收少的州，那么就不必选择单一州市政债券基金。

与资产集中的基金相比，资产分散基金承担的违约和信用风险较低。虽然历史上州和市政当局的违约事件并不多，但谁也不敢保证不会再出现一个桔县事件。1995年，桔县政府宣告破产，部分短期应纳税和免税债务发生了违约。在这一事件中，共同基金家族挽救了许多受到影响的基金，从而使基金股东免受损失。

投资者须关注免税共同基金的评级，这可以揭示出基金的信用风险。标准普尔评级公司提供市政债券共同基金的评级。

导致各市政债券基金产生差异的另一个因素是保险。有些基金通过向保险公司支付保险费而获得了保险。在这些基金的资产组合中，至少有65%的本金和利息由保险公司担保。对于增加高风险、高收益债券在投资组

203

合中所占的比重，保险可以赋予基金经理更大的回旋余地。鉴于保险费会导致基金股东收益下降，投资者要在高保费和高风险债券的高收益之间作出权衡。

共同基金持仓的品质也是一个需要注意的问题。拥有投资级资产的市政共同基金会比资产等级低的基金收益要少。不过，当市场利率发生变化时，低品质基金的股份价格会比高品质基金的价格波动更为剧烈。一般来说，基金的信用品质越好，其风险和收益率就越低。反之，信用评级越低，则风险越大，潜在的收益就越高。

市政债券基金持有债券的平均到期时间各不相同。据此，可以将它们分为短期、中期和长期债券。期限越长的基金，其潜在收益越大，风险越高。当然，按照这种方法划分的基金并不具备完全相等的期限。

市政债券共同基金的风险

除了一般共同基金所面临的风险以外，市政债券共同基金还面临许多与其基础性资产市政债券同样的风险。

实施水平税率或简化税收体系会令市政债券基金受到影响，因为这样的税收体系将消除现行的许多税收抵免，包括市政债券利息在内的很多收入将成为应纳税收入。最高税率被调低后，市政债券对高税档纳税人的吸引力会下降，所造成的结果是市政债券被廉价售出，而市政债券共同基金的价格也将下跌。

利率风险对不同基金股份价格的影响各不相同，这取决于基金中债券的构成及其期限。当市场利率发生变化时，平均期限长的基金股份价格将比平均期限短的波动大。此外，组合中以低品质债券为主的基金份额价格也比以高品质债券为主的基金份额的价格波动大。如果基金持有大量的低品质债券，那么提供保险并不能使基金份额价格免于波动。

信用风险和违约风险始终伴随着市政债券。共同基金持有的市政债券信用等级下降，将导致基金股份价格下跌。即使是有保险的共同基金也不能避免信用风险。市政债券发行人的信用等级下降，将影响被保险基金的股份价格。资产分散消除了单一证券的信用风险和违约风险，在这方面，一般基金优于单一州基金。例如，加利福尼亚市政债券基金持有的桔县证券远远多于一般共同基金，因此桔县违约事件对前者的影响显然较大。

共同基金股东还始终面临着本金损失的风险，因为共同基金没有偿还本金的到期日。为了降低本金损失风险，投资者需要挑选期限同其投资时间相匹配的基金。

市政债券共同基金的投资要点

投资者可以直接通过共同基金家族购买市政债券共同基金，也可以通过经纪人、财务顾问和银行去间接购买。间接购买须支付销售佣金。通过选择共同基金家族以及特定的市政债券基金，投资者可以节省佣金，但须查明基金是否有申购和赎回费用。其次，投资者应选择费率低的基金，这将提高总体的投资收益。先锋基金家族提供了各种品质和期限的一般及单一州市政债券基金，所有这些基金的费率都很低。

1. 信息索取

为了对不同市政债券共同基金的总体受益进行比较，投资者需要关注季度、年度以及长期的业绩，这些都可以从金融报纸上获得，有些商业杂志也按季度公布基金业绩。另外，投资者可以通过拨打免费电话索取或从基金家族的网站上下载每只基金的募集说明书。金融报纸和杂志会按季度公布这些电话号码。

投资者在查阅募集说明书时，须检查如下事项：

- 基金的目标，这决定了基金经理购买风险证券的范围；
- 基金持有债券的类型；
- 基金索取的费用；
- 基金是否收取申购和赎回费用；
- 基金的总收益。

了解基金的目标和持仓情况是非常重要的，这决定了基金的风险。如果基金经理投资信用等级低于投资级别的债券，那么，投资者就不用奇怪为什么利率和信用等级变化对这些基金股份价格产生的影响要大于高品质债券了。

2. 申请流程

投资者在对基金进行投资之前，须填写一份申请表，并随之附上初始投资资金的支票。如果需要增加投资，可以另行开出支票，连同账户号码和已投资金额的存根一并交给基金公司；如果需要提款，投资者可以从申请表中选择提款方式。他们可以用书面形式或电话通知基金公司需要提取的金额，这笔资金一般通过邮汇或电汇方式进入指定账户或基金家族中的其他基金账户。

3. 市政债券共同基金的优点

（1）市政债券共同基金为小投资者提供了获得市政债券组合的机会。通过向基金投入规定的最低金额，投资者可以通过基金拥有跨部门市政债券。相比之下，个人若直接投资市政债券，则需要 10 万美元的资金才能获得一个分散的资产组合。

（2）由于利息收入可以免除联邦税，市政债券基金为高税档的投资者提供了高于其他债券的税后收益。

（3）为减少税收支出，投资者可以购买单一州市政债券共同基金（投资者居住的州），这样可以免缴联邦税、州税或地方税。

（4）买卖市政债券共同基金的份额比较容易。

4. 市政债券共同基金的缺点

（1）投资于市政债券共同基金存在资本损失的风险。因为，共同基金是不会到期的，投资者可能会被迫以低于买入价的价格卖出基金份额。

（2）有些市政债券共同基金持有一定比例的其他债券，这些债券不能免除联邦税，从而意味着投资者将要为他们的利息收入纳税。

注意事项

* 对于高收入的纳税人，由于某些市政债券共同基金持有 1986 年 8 月 7
  日以后的产业发展债券，这可能会引发选择性最低税（AMT）。在投资
  之前，投资者须查明共同基金是否会引起 AMT。
* 基金投资的资本盈利须缴纳联邦以及州和市的地方税。
* 不要为延迟纳税账户购买市政债券基金，因为这些账户本身可以延期
  纳税。
* 风险厌恶型投资者应该选择持有高品质债券的共同基金。

市政债券 ETFs

直至 2008 年 1 月 1 日，全美至少有九只追踪市政债券指数的 ETFs 可供
投资者选择。其中就有美国道富银行（State Street Corporation）、景顺公司旗
下 ETFs 业务子公司——PowerShares 资本管理公司以及凡艾克投资管理公司
（Van Eck Global Group）发行的单一州（加利福尼亚州和纽约）、减免替代
最低税额（AMT）以及普通全国性市政债券 ETFs。凡艾克投资管理公司发
行 ETFs 名为 Market Vectors Lehman Brothers，17 年期的长期免税型市政债券
ETFs（交易编码为 MLN），中期免税型市政债券 ETFs（交易编码为 ITM）。
PowerShares 资本管理公司发行了一份投保的长期市政债券 ETFs。

市政债券 ETFs 对大多数人而言是一个相对较新的概念，交易所市政债
券 ETFs 的交易并不活跃，因此买卖价差一般较高。市政债券 ETFs 的交易
费率比一般的市政债券共同基金要低。

1. 市政债券 ETFs 的风险

市政债券 ETFs 会因利率和通货膨胀率的变化而受影响。市政债券的价格
与利率变化反相关：市场利率上升，则市政债券价格下跌；市场利率下降，
则市政债券价格上涨。那么，ETFs 持有的债券期限越长，则价格波动越大。

ETFs 的信用和违约风险决定于其投资内容，ETFs 持有债券的品质和到期时间同时对 ETFs 每股的价格变动产生影响。持有高品质债券的 ETFs 价格波动相比持有低品质债券的 ETFs 的价格波动要小。同样，ETFs 持有的债券平均期限越长，则价格波动越大。

2. 市政债券 ETFs 的优点

（1）只要在交易时间，都可以以实时价格买卖市政债券 ETFs。

（2）投资公司债券 ETFs 相当于投资了市政债券组合，而且绕开了市政债券交易价格不透明的缺陷。

（3）投资者不需要用大量的资金投资市政债券 ETFs 就能拥有多元化的债券组合。

（4）投资者可以做空市政债券 ETFs。

（5）一些市政债券 ETFs 的费用率低于某些共同基金。

（6）市政债券 ETFs 投资只在卖出时才依法缴纳资本利得税。

（7）投资者通过把基金股份卖给其他投资者来赎回自己的基金股份，市政债券 ETFs 基金经理也不需要卖出手中所持的债券来兑现。

3. 市政债券 ETFs 的缺点

（1）每次交易都有手续费，这些费用会使投资收益减少。

（2）将市政债券 ETFs 的利息收入用于再次投资购买该基金股份时，也要缴纳手续费。

市政债券、市政债券共同基金以及市政债券 ETFs 的比较分析

缺乏公开透明的定价信息，个人直接购买市政债券很难搞清楚买卖的价格是否合理。而投资于市政债券共同基金或市政债券 ETFs 会削减此种不利。买卖共同基金要比买卖单只市政债券容易得多，特别是在缺乏公开的定价信息时。

市政债券共同基金和市政债券 ETFs 的投资组合多元化，投资额少。同

时，共同基金有专业的投资管理方式，市政债券 ETFs 追踪某些指数。

市政债券共同基金和市政债券 ETFs 给投资者提供了便捷的投资方式，投资者可以投资低品质但高收益的债券品种。市政债券共同基金和市政债券 ETFs 的多元化可以将违约风险和信用等级下降所产生的冲击降到最低。单一州市政债券共同基金和 ETFs 为居住于该州的投资者提供免税基金。

市政债券共同基金和市政债券 ETFs 会因年费和其他费用减少分红，除此之外，ETFs 每次交易都要收取佣金。与无佣共同基金相比，这是一大不利之处。但是，ETFs 投资者可以在交易日内以实时价格交易，而共同基金只能以当天的收盘价交易。直接投资于某一种市政债券而不是通过共同基金或 ETFs 进行交易，可以使投资者免付基金费用支出。投资者若选择投资市政债券共同基金和市政债券 ETFs，则要寻找运营费率低的基金。2008 年 1 月的数据显示，市政债券 ETFs 的费用率平均高于市政债券共同基金。个人直接投资于单一公司债券的总收益也可能高于购买基金。

投资者自己购买单一证券并持有至到期日，不会发生本金损失，但前提要确定该公司债券不会违约。而对于 ETFs 和共同基金来说，始终存在着本金损失的风险，因为基金会在债券到期时用新的债券替代它。

表 11-2 总结了单一市政债券、市政债券共同基金和市政债券 ETFs 的不同之处，供读者比较分析。

表 11-2　单一市政债券、市政债券共同基金及市政债券 ETFs 的对比

对比项目	单一市政债券	市政债券共同基金	市政债券 ETFs
买卖难易程度	由于定价含糊，所以买卖单一市政债券较为困难	基金份额买卖方便，但只以当天的收盘价交易	交易时间内以实时价格交易，买卖方便
交易费用	在二级市场上交易已发行的市政债券需交佣金，同时缺乏价格透明度	无佣共同基金没有交易费用	每次交易都有手续费，但交易价格很透明

（续表）

对比项目	单一市政债券	市政债券共同基金	市政债券 ETFs
现金收入	产生的现金流是固定的	每个月的现金分红不同	现金收入不固定
管理费用	无	视不同基金而定	视 ETFs 而定
收益	固定收益，无需扣除其他费用	收益不固定，还要扣除其他费用	收益不固定还要扣除其他费用
税收计划	易于算出收益和风险报酬比	基金分红不固定，所获收入会扰乱纳税计划	相比共同基金，其具有更有效的税收计划
投资额	投资额为 25 000 ~ 50 000美元	不同基金要求认购的最小份额不同	最小投资为一股
本金安全度	持有至到期日可以收回所有本金	卖出基金时的价格低于购买价，本金可能受损	变动的基金股份价格可能导致本金损失
持有内容	已知	一个季度后才公布基金所持投资内容	已知，但是会不时发生变动
多元化	需大量投资才能建立多元化投资组合	通过少量投资于持有多元化组合的基金即可	通过少量投资于持有多元化组合的基金即可

　　市政债券共同基金优于市政债券 ETFs 的一点在于，共同基金投资者可以选择将分红及投资收益以新基金股份来支付，没有任何的交易佣金。而市政债券 ETFs 优于市政债券共同基金的一点在于，投资者可以通过把 ETFs 基金股份卖给其他投资者来赎回自己的基金股份，市政债券 ETFs 基金经理不需要卖出手中的所持债券来兑现，从而影响了该基金的投资收益。选择市政债券共同基金和市政债券 ETFs 时，要寻找运营费率最低的基金。ETFs 买卖价差最低时意味着基金交易很活跃。

梯形化战略是帮助投资者投资单一市政债券时，应对市场利率变动的一种方法。投资者购买一段期限内的短期、中期和长期债券，当短期债券到期收回本金时，就以当前的市场利率再次投资。这时，若利率上涨，则再投资的收益会增长，反之亦然。总之，这种方法可以降低市场利率波动对总投资的影响，而不是单纯地追求最高到期收益率。

第12章

可转换债券

　　可转换债券同时具有普通债券和股票的许多特征。人们投资债券主要是为了得到固定的收益及到期本金偿还，而投资股市则主要为了资本金升值和收入的增加（如果遇到投资的股票分红），可转换债券发行公司的股价上涨，可转换债券也可以带来资本金升值和收入的增加。

何谓可转换债券

　　过去某些年份里，可转换债券作为一种混合式投资证券，其涨幅高于其他所有的投资，包括股票。例如，1992 年，以美邦公司（Smith Barney）的可转换债券指数衡量，可转换债券上涨了 25%，是道琼斯平均工业指数和标准普尔 500 指数涨幅的六倍以上。可转换债券为其发行公司提供了很好的机会，20 世纪 90 年代发行可转换债券几乎等同免费用，因为发行的可转换债券被转换成了公司的股票，也就是说，发行公司避免了从最初的债券购买者手中花钱再赎回债券。然而，一旦公司股票市价总低于其债券的可转换价，那么在债券到期时，发行公司就不得不用现金赎回债券。

　　可转换债券是一种混合债券，主要形式有两种：债券和优先股。这些可转换债券（可转换债券和优先股）可依持有人的选择交换发行公司一定数量的普通股。以往案例显示，可转换债券可换成优先股或其他债券。另外，也有其他很少见的混合可转换债券，包括实物支付债券（PIK）、混合式可转换债券、里昂证券（LYONs）、商品担保债券和股价指数连动债券。这些债券都有各自可转换选择权或与其他证券、资产有关系体现，例如，PIK 付给持有人的债券和他们持有的债券大致相同。

1. 可转换债券的特征

　　可转换债券同时具有普通债券和股票的许多特征。人们投资债券主要是为了得到固定的收益及到期本金偿还，而投资股市则主要为了资本金升

值和收入的增加（如果遇到投资的股票分红），可转换债券发行公司的股价
上涨，可转换债券也可以带来资本金升值和收入的增加。

可转换债券不利之处在于，一旦债券市场和股票市场都下降，可转换
债券的价格会受到双重冲击，会比单一股票或一般债券受到更大的打击。21
世纪初期，由于债券市场低迷，加上资金公司糟糕的信贷质量，美国航空
公司的母公司 AMR 集团不得不从市场中撤出其 2.5 亿美元 20 年期的可转换
债券融资。

企业界发行债券或股票可以筹措资金。发行可转换债券，企业比较容
易进入信用市场。由于可转换债券具有可转换的特色，所以企业能以低于
一般债券的息票率发行。这些债券的求偿地位通常次于发行公司流通在外
的其他债券。

为什么投资人愿意投资评级较差、收益率较低的债券呢？投资人是被
它们的可转换特色所吸引。投资人愿意以较低的息票率和较差的评级来交
换发行公司股价可能上扬带来的增值机会。换句话说，投资人愿意牺牲当
期的收入来换取将来可能的资本利得。可转换债券在获得固定利息回报的
同时，对期待公司股票价格涨过可转换债券的转换价格的投资者颇具吸引
力。总之，在价格下行的市场，可转换债券价格的下跌程度低于股票，而
在价格上行时，其价格上涨程度也低于股票。

虽然可转换债券是次位债券，但不表示只有财务状况较差的公司才发
行可转换债券。很多财务状况优良的公司也发行可转换债券，借以降低发
行一般债券的利息成本，例如美国阿纳达科石油公司（Anadarko Petrole-
um）、康卡斯特（Comcast）、美国泰科（Tyco）和福特汽车公司都发行可转
换债券。

2. 可转换债券如何运作

可转换债券是一种无担保的公司债券，其可以根据持有人的意愿转换
成该发行公司的股票。可转换债券这种无担保债券具有可转换的特征，依
据持有人意愿可以交换成发行公司具体数量的股票。在少数情况下，可转
换债券也可以转换成优先股或其他债券。

假如某家公司筹措资金时，因为股票市价低迷不打算发行更多普通股，为筹措足够的现金，其必须发行很多普通股，而这会稀释旧股东的盈余。发行一般债券也很昂贵，因为息票率必须和风险、到期日之类的已发行公司债券相当。对此，该公司决定发行可转换债券；由于具有可转换的特色，投资人愿意接受较低的息票率。公司需要考虑当时普通股的市价，用以决定每一位债券持有人可以转换股票的数量。如果股票目前的市价是每股 18 美元，公司决定的可转换价格就为 25 美元，所以可转换债券更能吸引投资人。这时的转换比率为 40（1 000/25），即每张债券可以转换的普通股股数。计算方法是拿债券的面额除以转换价格。可转换债券转换价值则是要转换的股票的市价乘以转换比率（25×40＝1 000 美元）。下面用公式来解释这几个概念之间的关系。

转换比率＝每张债券可转换的股票数量

转换比率＝债券的面值÷转换价格

转换价格＝债券的面值÷转换比率

转换债券的价值＝普通股票市价×转换比率

可转换债券的价值，可以依股票的转换价值计算，也可以纯粹当作债券计算。事实上，在可转换债券的计价上，要同时考虑这两项因素。

3. 作为股票的可转换债券的价值

作为股票的可转换债券的价值取决于普通股的市价。计算方法是用债券可以转换的股数乘以股票的市价。以上面的例子来说，可转换债券能转换成 40 股，乘以股票目前市价每股 18 美元，得出价值为 720 美元。

作为股票的可转换债券的价值和普通股价格之间的关系如表 12-1 所示。

表 12-1　可转换债券的价值和普通股价格之间的关系

转换率	股票市价（美元）	转换为股票的价值（美元）
40	10	400
40	18	720
40	25	1 000
40	30	1 200
40	35	1 400
40	40	1 600

　　从表 12-1 中，我们可以看到股票市价（第二行）上涨，可转换债券的
价值也提高了。可转换债券的价值是拿转换比率乘以股票市价。普通股的
价格低于转换价格 25 美元时，可转换债券的价值便低于债券的面值（1 000
美元）。

● 股价高于转换价格 25 美元时，可转换债券的价值高于面额。因此，
　 可转换的特色使得可转换债券能因股票价格上扬而获得资本收益。
● 此外，可转换债券价格不会跌破某个底价，这个底价便是债券本身
　 的价格。

　　上表中，普通股价格跌到每股 10 美元，则转换价值为 400 美元。但是，
债券的市价不会跌到低于转换价值，因为债券的息票利息有其价值。同样，
可转换债券的市价不会低于它的转换价值，其中部分原因是套利者会在两
个不同的市场买卖同样的债券，从价格差距中牟利。图 12-1 给出了决定可
转换债券定价的因素。

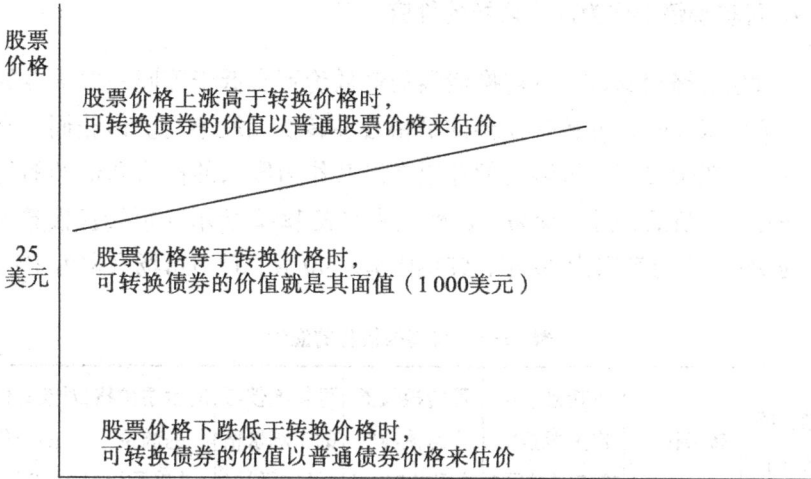

图 12-1 决定可转换债券定价的因素

图中文字：

股票
价格

股票价格上涨高于转换价格时，
可转换债券的价值以普通股票价格来估价

25
美元

股票价格等于转换价格时，
可转换债券的价值就是其面值（1 000美元）

股票价格下跌低于转换价格时，
可转换债券的价值以普通债券价格来估价

可转换债券的价值取决于息票率、违约不支付利息的风险、到期日、赎回条款以及市场利率。大多数的可转换债券都有赎回条款。确定债券的投资价值，就是把每期支付的利息以及到期时的还本金额（假设没有转换成股票）依其他类似债券支付的利率折现。换句话说，可转换债券的价值是付息还本金额以某种利率折现后的现值，这个利率考虑了转换为债券的风险。

和普通债券一样，可转换债券等同于债券的价值，随着市场利率而波动。利率上升时，可转换债券的价格下跌；相反，利率下跌时，可转换债券的价格上涨。原因在于，可转换债券的息票率是固定的。

可转换债券等同债券的价值很重要，因为它设定了一个底价。股票交易价格低于转换价格时，债券本身的价值能提供一个底价，可转换债券的价格不会跌破这个底价，因为当股价跌得较低时可转换权就没有意义了。股价上涨到转换价格以上时，可转换债券的最低价格等同于股票的转换价值。这时可转换债券等同于股票。

4. 可转换债券作为混合证券的价值

在股票价格较低时，可转换债券的最低价不会低于等同一般债券的价值，但股价很高时，可转换债券的价格会和转换成股票的价值相同。介于这两种极端股价之间，可转换债券通常以其作为股票的价值和债券的价值加上一定的溢价后再进行交易。这种关系如表 12-2 所示（可转换债券的息票率为 6%，发行期限为 20 年，转换比率是 40 股，此时市场利率为 8%）。

表 12-2　可转换债券的溢价

股票价格 （美元）	转换比率	可转换债券 作为股票的 价值（美元）	可转换债券 作为债券的 价值（美元）	可转换债券 的市场价格 （美元）	对股票价格 的溢价 （美元）	对债券价格 的溢价 （美元）
5	40	200	803. 63	803. 59	603. 59	0
10	10	400	803. 63	803. 59	403. 59	0
18	40	720	803. 63	820. 00	100. 00	16. 41
25	40	1 000	803. 63	1 020. 00	20. 00	216. 41
35	40	1 400	803. 63	1 410. 00	10. 00	606. 41
40	40	1 600	803. 63	1 600. 00	0	796. 41

注：事实上，介于可转换债券的混合型特征以及多种影响其市场价格的因素，其真正价格是很难估算的，因此在本案例中，股票价格的最大值是假设的，也是波动的。

可转换债券的价格可以通过以下公式计算：

$$\text{可转换债券的价格} = \sum_{t=1}^{20} \frac{60}{(1+0.08)^{20}} + \frac{1\,000}{(1+0.08)^{20}}$$

$$= 803.63 \text{（美元）}$$

可转换债券的价格也可以通过 Excel 软件计算。在 Excel 表头上找到"公式"，点击进入后，选择"财务"，点击 FV 就可以通过该函数计算出债券的现值，然后再按照表 12-3 中给出的数据填好即可。

表 12-3　用 Excel 软件计算可转换债券的价格

Rate 0.08	Rate：各期利率
Nper 20	Nper：总投资期，债券付款期的总数
Pmt 60	Pmt：各期应支付的金额
Fv 1 000	Fv：未来值
Type 0	Type：数字 0 或省略表示各期支付款在期末；数字 1 表示各期支付款在期初
函数计算出来的结果 = 803.63	函数计算出来的结果 = 债券的现值

可转换债券等同股票的价值的计算公式如下：

可转换债券等同股票的价值 = 普通股每股价格 × 转换率

当股票价格低于转换价时（如 5 美元和 10 美元），可转换债券市场价格是其直接作为债券的价值，比股票价格有较大幅度的提升。当每股价格为 25 美元时，可转换债券的市场价格是 1 100 美元，高于债务的价值 296.36 美元，比股票价格提升 100 美元。若该公司股票价格高到 40 美元/股时，可转换债券的市场价格与股票价格相当，相对于作为债务的可转换债券价值的溢价非常高（796.41 美元）。

此例说明，股票价格上涨时，可转换债券价格较其作为债务的价值有较大幅度的提升。这是可转换债券最主要的特征，当股票价格上涨时，可转换债券作为债券的特征就具有优势。

也存在这样一种可能：在股票价格超过可转换价时赎回可转换债券。例如，以 1 420 美元购买可转换债券，当股票价格为 35 美元时赎回债券，可转换债券持有者不会以 1 000 美元回收债券，而会将债券转换为股票。每单位可转换债券可获得 1 400 美元（40 股 × 35 美元/股），而持有者将会因此损失 20 美元/可转换债券。因此，当股票价格上涨并有向下回调的压力时，可转换债券的市场价格会向可转换债券的股票价格接近。

许多可转换债券会以其股票价格或债券价值的溢价作为交易价格。

5. 可转换债券的风险

对于任何债务性债券，投资者关心的是违约风险。可转换债券是作为发行人的其他债务债券而辅助发行的，其支付风险尤为重要。可转换债券不像公司其他债务那样安全，如果公司破产，可转换债券持有人的偿付顺序在其他债券持有人之后，其最多能收回部分投资资金。

除了违约支付的风险外，可转换债券还存在利率风险。由于固定收益债券的利率通常比普通债务的利率低，所以当市场利率上升时，将会导致可转换债券的价格大幅下跌，低于不可转换债券的价格。一般而言，利率高常常会压低债券的市价，如果发行公司的股价也下降，可转换债券将受到双重打击。当股价和股市前景不明朗而且价格波动较大时，会对可转换债券的价格更加不利。若股票价格从未涨过债券转换价值，可转换债券就不会转换，债券持有者的收益将低于普通债券投资回报率，这种情况都是由可转换债券的收益率较低所致。

许多可转换债券都具有可赎回条款，因此存在赎回风险。当利率下调，债券发行人以更低的利率发行债券时，已发行的债券就会被公司赎回。

6. 如何买卖可转换债券

可转换债券可以像公司债券一样被买卖。如果通过承销商或银团的经纪人来购买新发行的债券，投资人则不必支付交易费和注册费。

可转换债券可以通过经纪公司、折扣经纪人、提供经纪服务的银行、在线经纪人在二级市场进行买卖。大部分可转换债券是在场外市场进行交易的，而大型知名公司的可转换债券在纽约债券交易所上市交易。

购买可转换债券的经纪费用与购买普通债券所支付的费用类似。投资者购买债券支付的佣金根据债券品种有所不同，这主要取决于几个因素，如购买债券的数量、可转换债券的价值、经纪类型（全额服务费还是折扣经纪服务费）等。在购买前，投资者应该比较不同的经纪商，寻找佣金和买卖价差最低的债券。同投资其他债券（如公司债券、机构债券、市政债券）一样，投资者在获取可转换债券价格信息方面会遇到一些困难。

可转换优先股的购买费用与购买普通股的费用类似。

7. 可转换债券的优势

（1）发行公司的股价上升且高于转换价格时，可转换债券的资本收益呈正向化增长；当普通股下跌到低于转换价格时，由于可转换债券的价值不会低于其直接作为债券的价值，所以会获得价值保护，从而锁定了损失。

（2）一般情况下，市场利率下降，可转换债券的价格会上升，同时还伴随股票上涨的动力。2003 年和 2004 年的情况就是如此，其业绩超过了股票指数。对于个人投资者而言，收益取决于发行公司的基本财政状况及该可转换债券的具体特点。然而，如果发行公司的股票一直上涨，投资者一般会直接购买股票而非可转换债券。

（3）一些发行可转换债券的公司对普通股股东不分配红利，可转换债券在转换之前，可得到固定的利息收入。

（4）可转换债券对于通货膨胀提供一定的防护手段，因为无论普通股还是可转换债券的市场价格，都会在通货膨胀时上涨。然而，如果不转换，即普通股的市场价格并没有高于可转换价格，投资者就不会得到防备通货膨胀的好处，因为可转换证券的利息和红利是固定的。

（5）经验丰富的投资者可以用可转换债券对冲市场价格波动的风险。其中主要方式是套利，即在买进一种证券的同时卖出另一种相关的证券。例如购买可转换债券的同时卖出与其相关的股票，这可以使投资者在股票价格波动时获得最大收益，并将损失最小化。

套利就是通过对相近的债券在两个市场中的一买一卖来赚取中间的价格差。

例如，如果债券的市场价值是 900 美元，当股票市价为 24 美元时，转换价值是 960 美元（40 股×24 美元），套利者将利用这一价差通过卖空股票获取利润。卖空是指先从经纪人手中借入股票，然后再在市场上抛出。卖空者在以 900 美元买入可转换债券的同时，将价值 960 美元的 40 股普通股卖空。可转换债券的转换期权得到行使，借来的股票也得以中标。在不考虑买卖债券的佣金时，每张债券的利润为 60 美元，直到价差消失套利者才会停止这一行为。

事实上，可转换债券的价格很少等于其作为股票的价值，大多数情况下，由于同时具有作为债券的价值，可转换债券的价格会超过这一转换价值。除了具有比转换价值更大的升值空间外，可转换债券代表的普通债券的价值确定了最低期限。

可转换债券套利案例

可转换债券价格：1 000 美元。

转换价格：35 美元。

转换比率：28.57 股。

股票价格：37 美元。

为从中获利，投资者应该如何做呢？

答案：

1. 以面值 1 000 美元购买债券。

2. 将债券转换为普通股，价值为 1 057.09 美元（28.57×37 美元 = 1 057.09 美元）。

3. 售出股票，每张债券获利 57.09 美元。

4. 购买的债券越多，总利润越大。或者，投资者还可以卖空股票，购进可转换债券。

该案例不考虑交易手续费。

---

8. 可转换债券的劣势

（1）万一发行公司破产或清算，可转换债券在发行人以资产偿付债务时，其清偿顺序位于其他债务之后。

（2）可转换债券像所有固定收益债券一样，对利率波动非常敏感。可转换债券的价格随着利率的波动而波动。可转换债券一般都定有赎回条款，当市场利率下降时，可转换债券将面临被发行人赎回的风险，发行人之后将廉价发行其他债券。

（3）可转换债券的收益通常低于普通债券的收益。可转换债券融资成本低，这对某些寻找低价融资的公司有利。如果投资者从未将债券转换，那么相对投资其他普通债券，其收益较低。

（4）万一发行公司被买断，那么可转换债券持有人手中的债券不能被转换，而且息票率低于其他债券。

购买可转换债券的要点

可转换债券具有增值潜力，可以带来持续稳定的收益，但它并不是获得增值和稳定收益的最佳选择。可转换债券确实可以让许多投资者在债券和股票市场之间进行对冲，但在某些情况下，它们不是最好的投资方式，投资者直接拥有股票和债券可能会更好。

1. 何时购买

通常，可转换债券会在利率下降或股票市场价格上涨时表现良好。在美国，这种情况出现在 1992 年、1999 年、2003 年以及 2004—2006 年，当时可转换债券的表现强于股票市场指数。就单一债券而言，其利弊更多地基于发行可转换债券公司的基本情况。如果投资者对某公司的普通股感兴趣，但不知道股票市场价格是否会下跌，那么他们可以购买可转换债券，原因在于可转换债券不会像普通股的价格那样下跌。即使股票价格真的下跌，他们也可以获得固定收益。然而，若公司股票价格上涨，则投资者不会再持有可转换债券，他们会购买普通股而不是可转换债券。

可转换债券的不足之处在于其结构复杂，如果投资者以溢价购买，赎回条款会使投资者受到一定的损失。同样，可转换债券如果没有转换为股票，则投资者购买普通债券会更好，因为其利息会高于可转换债券的利息。

可转换债券适合具有熟练操作债券能力，并能够在股票和债券市场上运用对冲方式投资的投资者。

2. 可转换债券的可转换溢价或折价

可转换债券的可转换溢价指的是高于其转换价值的那部分售价。一般情况下，可转换债券转换为股票都高于其净债券值以及转换价值，最终以溢价成交。商用卡车及发动机制造商 NAV2002 年 12 月以非公开发行交易的方式发行了高级可转换债券，可转换溢价率达 30%。收盘时，NAV 当时的股价为 26.70 美元。一般情况下，可转换债券的价格高于转换价值的那部分占转换价值的比例，就是可转换溢价率。例如，净债券值为 798 美元、售价为 1000 美元的可转换债券，转换价值为 852 美元，那么，该债券的可转换溢价率就为 17.4%。计算公式如下：

$$可转换溢价率 = \frac{可转换债券的价格 - 转换价值}{转换价值} \times 100\%$$

$$= \frac{1\,000 - 852}{852} \times 100\%$$

$$= 17.4\%$$

1999 年，亚马逊公司以 27% 的可转换溢价率售出 12.5 亿美元的可转换债券。几年前，Battle Mountain 黄金矿公司 6% 的可转换债券以 141% 的可转换溢价率售出，而另一家名为 Couer d'Alene Mines 的银矿公司 7% 的可转换债券以 31% 的可转换溢价率售出。那么，可转换溢价率意味着什么呢？总体而言，可转换溢价率越高，可转换债券的价值将以普通债券价格来估价；可转换溢价率越低，可转换债券的价值就以普通股票的价格来估价，收益率越高，投资者支付的溢价会越高。

影响可转换溢价率的因素有好几种。股票波动大的公司其可转换溢价率较高，发行后的可转换债券的可转换溢价率随着股票价格的增加而降低。如上面所说，Couer d'Alene Mines 公司的可转换债券的升值潜力显然高过 Battle Mountain 黄金矿公司。到期时间也会影响可转换溢价率，到期日越长可转换溢价率越高，反之亦然。

注意事项

★ 除非想购买发行公司的股票，否则投资者不要购买可转换债券。原因在于，如果投资者从未将债券转换成普通股，那么相对投资其他普通债券，其收益较低。

★ 在购买溢价发行的债券（债券价格高于其可转换成普通股票的市价或是高于其赎回价格）时，投资者要提高警惕。

★ 购买可转换债券前，投资者要认真检查可转换债券的附加条款，例如是否存在发行公司每年赎回指定数量的债券等条款。

可转换债券的危害

股市上涨，可转换债券为投资者提供了潜在的资本升值机会，当普通股下跌到低于转换价格时，由于可转换债券的价值不会低于其直接作为证券的价值而获得价值保护，从而锁定了损失。但是，可转换债券的投资还是风险重重。

1999 年股市最高点时，许多科技和网络公司通过发行可转换债券来融资。那一年发行可转换债券的纪录是 144 次，期中有 25 次的发行数额都超过 5 亿美元。亚马逊公司的可转换债券虽然得到 CCC + 的评级，但也售出 12.5 亿美元。更令人觉得不可思议的是，该债券的息票率仅为 4.75%，而且可转换溢价率为 27%。当时，亚马逊公司的股价为每股 61 美元，可转换价格为 78 美元。接踵而至的 2000 年熊市，亚马逊及其他网络科技股开始暴跌，当亚马逊的股价跌至 16 美元，其可转换债券净债券值为 530 美元时，投资者别无选择，只能等到 2009 年债券到期时取回投资本金。之后没多久，亚马逊的股价再次下滑至一位数值，许多投资者一度担心债券会发生违约。如果公司破产，可转换债券持有人的偿付顺序在其他债券持有人之后，可转换债券投资者将因此得不到任何赔偿。

亚马逊可转换债券持有者此时要么选择接受巨亏而卖出债券（可转换

债券低于净债券值交易还是有人愿意买），要么一直持有并希望亚马逊不会
违约。当然，人们总是期待股票上涨超过转换价格，从而可以使资金升值。
亚马逊案例中，股价上涨超过 78 美元/股，需要极速上涨。但是 2007 年，
亚马逊的股价涨至 101 美元/股，大大超过了可转换价格，这使持有该债券
的投资者收获了相当大的投资回报。

如果亚马逊公司的股票一直低于转换价格，投资者从未将债券转换，
那么相对于投资其他普通债券，其收益很低。万一发行公司破产或被清算，
可转换债券在发行人以资产偿付债务时，其清偿顺序位于其他债务之后。

可转换债券的不同种类

可转换优先股是一种类似可转换债券的证券。可转换优先股持有人可
以将可转换优先股转换成上市公司的普通股股票。一般情况下，可转换优
先股的转换率比较低，例如一份优先股可以转换成一份普通股。

可转换优先股与可转换债券有许多相似的特征。然而，可转换优先股
须在董事会宣布同意后才能支付红利。可转换债券持有人可在公司不支付
利息时提出申诉。尽管过去几年可转换优先股发行不断增加，但仍然不像
可转换债券那么流行。

为了筹集资金，小公司通常会发行具有一定风险的浮动转化率可转换
优先证券，也称为“死亡陷阱”或“有毒可转换债券”。许多公司在发行此
类债券后，由于权益摊薄和短期卖空的增加而造成股票价格下跌。当优先
股股东将所持有的债券转换成普通股时，流通股数量会增加，普通股的每
股盈利会下降，从而使普通股面临下跌的风险。短期卖方的抛售也加剧了
这种趋势。短期债券持有人在发行债券时也会跳水，因为他们认为这种融
资方式是公司的最后选择，股价会下跌，他们会先卖空股票，稍后在股票
价格下跌时再买进，从而导致股票价格面临更大的下调压力。

另外，还有很多的零息可转换债券，这是一种流动收益选择权票据。
零息可转换债券以低于票面值较大的折扣率出售，无需每年支付现金利息。
应付利息将在债券到期日按面值赎回时获得，也可以提前赎回零息可转换

债券，这种债券的定价更为复杂。

零息可转换债券多由需要现金的公司发行。例如，迪斯尼公司发行的零息债券，其所获得的资金用于开发巴黎的迪斯尼乐园。这些债券可以转换成迪斯尼的股票，并在巴黎交易所交易，不幸的是，该股票的价值呈下跌状态，这也是零息可转换债券的不足之处。当股票价格持续低迷时，持有人要提前赎回，零息可转换债券将以赎回价进行交易，该价格可能会低于投资者买入债券的价格。

另一种类似的组合式债券是实物支付债券，或称为 PIK。在某些情况下，PIK 类似于零息债券：它在初期不需用现金支付利息（或优先股的分红），取而代之的是以增加证券的方式来支付利息。对债券来说，利息将以更多的债券支付；对优先股来说，便意味着以更多的优先股支付红利。

PIK 通常用高利息来吸引投资者。然而，投资者需要细心地分析发行人的财务状况，看其在未来几年是否有足够的现金支付现金股息和红利。此外，必须注意，华尔街没有免费的午餐，高风险与高收益是共存的。

收入升级可赎回权益凭证（SIRENs）是有两种票息的可转换债券。第一种票息低于市场利率。几年后，直至到期日，票息将会提高，所获利息会高于市场利率。这些具有可转换条款的债券使投资者可以按发行人确定的价格（转换价格）将所持债券转换成普通的股票。至于其他的可转换债券，如果普通股票的价格上涨，持有人将盈利；如果普通股票价格下跌，SIRENs 持有人按权益凭证保有底价，但其盈利将低于类似的传统债券。

这些带有赎回条款的债券，允许发行人在支付略高于面值的债息时赎回发行的债券。这样一来，如果股票价格上涨仍低于转换价格，投资者就不会选择转换，因为转换会使他们牺牲 SIRENs 低于市场利率水平那几年的收益。

注意事项

　　可转换债券兼具增值潜力和收入稳定的优点，虽然它们能让投资人在证券市场和股票市场避险运作，但将两者分开而言以及在若干情况下，可转换债券并不是最好的投资产品。

　　大体来说，在利率下跌、股市上扬时，可转换债券会有不错的表现。2005—2009 年就出现了这样的情形，可转换债券的表现优于各种股价指数的涨幅。

　　可转换债券的缺点在于赎回条款使其结构复杂，投资人如以溢价买进，会遭受损失。同样的，如果可转换债券没有转换，其收益率通常不如投资息票率较高的一般债券。

　　投资者若想投资这种特殊债券，就要了解可转换债券是如何运作的以及其中错综复杂的关系，以在债券市场和股票市场避险运作。

可转换债券共同基金

　　与公司债券共同基金不同，可转换债券共同基金的选择面没有那么广泛，其中许多共同基金仅倾向于提供一种可转换债券基金。对此，投资者需要寻找并比较不同的共同基金公司所提供的可转换债券共同基金的情况。

　　由于很多公司发行的可转换债券安全性差，是一种辅助性债券，所以投资这种债券时，要特别关注其信用质量和违约风险。同时，可转换债券共同基金的多元化投资会减轻因投资于少数可转换债券而带来的信用等级低和不能兑付的影响。

　　可转换债券共同基金的风险取决于所投资的债券组合、平均到期期限、市场利率、股票和债券市场情况。介于可转换债券的复杂性以及诸多因素的相关性，投资者最好选择投资共同基金，因为职业经理人可以很好地处理这些复杂的问题。

1. 可转换债券共同基金的风险

　　由于可转换债券信用程度较低，所以投资可转换债券共同基金通常需要较长的投资期，一般至少五年。可转换债券共同基金的价格波动会高于普通债券。当市场利率较低或股票市场处于牛市时，可转换债券共同基金的表现会强于许多其他的债券基金。然而，当股票市场在熊市中或市场利率上涨时，可转换债券共同基金的表现会比其他保守型投资组合差。基金的投资者会因为基础债券的波动及其他因素对价格的不利影响而面临损失本金的风险。

可转换债券共同基金还存在利率风险。通常，市场利率提高不仅会使固定收益债券面临价格下调的压力，还会影响与其相关的股票价格，这正是可转换债券所具有的双重性。因为债券的票息收入低于可转换债券，基金持有人如果投资于固定收益共同基金，可能会接受低于普通债券的回报率。为提高总收益率，基金经理不得不从事高风险债券，这也提高了基金的总体风险水平。

2. 如何买卖可转换债券共同基金

投资者可以通过共同基金家族直接购买可转换债券共同基金，或通过经纪人、融资策划人和银行间接购买。为了节约卖出手续费，投资者最好直接从基金公司购买可转换债券共同基金，尤其是对于有增值潜力股票的可转换债券共同基金。同时比较几只可转换债券基金时，费用率越低的价格也相对低一些。如果基金每年收益率为5%，收费率为1%，则意味着持有人要将其盈利的20%用于支付管理费（1%÷5%）。

选择可转换债券基金时，最好先对财经类报纸和杂志中有关共同基金的统计数据进行分析，从基金总回报率历史数据和管理费率的列表中选择符合投资者标准的共同基金，并索取招股说明书。招股说明书的内容包括以下几点。

（1）共同基金的目标。投资者可以根据基金经理对品质欠佳的债券的态度来判断基金的风险程度。

（2）共同基金中债券的种类。

（3）是否支付基金费用（申购费还是卖出费）。

（4）基金的管理费率。

（5）基金的总回报率。

以下给出了美国基金业巨头 Fedelity 和 Vanguard 可转换债券共同基金的

对比数据，如表 12-4 所示。

表 12-4　Fedelity 和 Vanguard 可转换债券共同基金的对比数据

对比项目	Fedelity 可转换债券 共同基金	Vanguard 可转换债券 共同基金
管理费率	0.83%	0.77%
赎回费用	无	持有时间低于 1 年 需收取卖出基金的 1%
总年度利润表（2007 年 12 月 31 日）		
1 年期	16.24%	10.61%
3 年期	12.34%	10.2%
5 年期	14.93%	13.44%
贝塔系数	0.88	1.01
投资组合的组成（2007 年 12 月 31 日）		
可转换债券	81.2%	81.15%
股票	15.1%	12.28%
现金及其他	3.5%	6.57%

　　Vanguard 可转换债券共同基金投资组合的贝塔系数为 1.01，表明该基金的波动幅度与市场波动幅度正相关。通常情况下，市场波动幅度系数为 1。这意味着若市场下跌 50%，该投资组合也下降 50%；若市场上涨 50%，可转换债券基金也上涨 50%。如果贝塔系数大于 1，表明基金的波动幅度较市场的平均波动幅度大；反之，如果贝塔系数小于 1，表明基金的波动幅度较市场的平均波动幅度小。将 Fedelity 和 Vanguard 可转换债券共同基金的管理费率相对比，显然 0.83% 略高于 0.77%。但是，投资 Vanguard 可转换债券共同基金，如果持有时间低于 1 年则要交纳卖出基金 1% 的赎回费用（每投资的 1 000 美元要收取 10 美元的费用）。在这种情况下，Fedelity 可转换债券共同基金更有优势，而且从年度利润表数据上看，其胜于 Vanguard 可转换债券共同基金。为确定某基金是否符合个人的信用风险的承受水平，

投资者可以通过审查基金的信用质量明细来确定。

利率风险可以通过到期日的期限来衡量，期限越长，利率风险也就越高；期限越短，利率风险则越低。

收益率表明该基金投资组合的总净资产收益率为多少。由于管理费率已从基金的回报（利息收入以及股票分红）中扣除，所有管理费率越高，基金的回报率越低。

投资者决定购买基金时，要在开户前先填写一张申请表，并填好地址。每只基金提供几种账户服务，投资者可在账户申请表选择栏中画"√"选择，包括红利及资本利得的支付方式（每月支付给投资者还是再投资于此基金）、赎回方式（电话、邮件）和购买方式等。

3. 可转换债券共同基金的优势

（1）由于具有较大的增值潜力以及能够在转换时获取稳定的收益，所以可转换债券共同基金为持有人提供了高于普通债券的投资回报率。

（2）可转换债券共同基金为投资者提供了拥有复杂债券组合的便利。

（3）可转换债券共同基金具有多元化特色，可以帮助投资者规避违约风险和信用等级下降的风险。

（4）投资可转换债券共同基金而不是某一只可转换债券，可以使投资者节省询价时间，并获得最好的价格。

4. 可转换债券共同基金的劣势

（1）可转换债券共同基金的不足之处在于：当利率上升、股市下调时，共同基金的回报率会低于普通债券基金。

（2）可转换债券共同基金的价格会因利率变化和股市状况而发生波动，投资者需长期磨练才能适应价格的波动。

注意事项

投资可转换债券共同基金时，最好选择管理费率较低的基金。

由于股票价格存在潜在的波动性和风险性，所以建议投资者只用一部分资金投资可转换债券共同基金。

单一可转换债券与可转换债券共同基金的对比分析

投资于单一可转换债券，投资者能较好地对其进行控制，准确地了解何时能获得多少利息。在股票价格上涨超过转换价格时，投资者可以按自己的意愿转换所持有的债券，而共同基金则不具备这些特点，共同基金每月的红利也是变化的。

除非不兑付，可转换债券收益可能会高于共同基金，因为共同基金还需支付一定比例的管理费。

与投资可转换债券共同基金相比，投资于可转换债券的另一个优势在于，投资者可以更好地把握资本利得税收的安排。共同基金在卖出价格高于买入价格时不需纳税，因为税赋已转嫁给了基金投资者。投资者会有意识地去购买当年已获得丰厚收益的可转换债券共同基金，但需注意，投资者必须对这些收益纳税，即便这些收益发生在投资者成为基金持有人之前。另外一个税收问题也会影响对可转换债券基金的投资。在过去三年的牛市中，可转换债券共同基金经理以高于现价购买可转换优先股。当股票价格下跌，低于基金的净值时，将会对股票持有人形成未实现的本金损失。同时，基金经理会将部分可转换债券转换为普通股，普通股就产生了资本收益。在税收年度末期，基金投资者需支付股票的资本利得税，同时，还要面对由于购买基金的价格高于当时基金的价格所导致的未实现的损失。

确定投资基金后，投资者还需考虑另外一个问题，共同基金拥有多元化可转换债券的投资组合，可以缓解因不能兑付或信用等级下降给投资者带来的不利影响。而对于单一可转换债券的投资者，则需要投入大量的资金购买可转换债券才有可能实现共同基金具有的投资多元化的特点。因此，单一可转换债券投资的风险损失可能高于债券投资基金。

可转换债券投资基金仅需投资者投入较少的资金，而对于可转换债券投资来说，要想达到同样的投资效果则需投入大量的资金。

可转换债券的结构非常复杂，这需要投资者在投资前花费一些时间，并认真研究有关限制性条款。而可转换债券共同基金则将这些交给拥有充足时间、具有专业知识并富有投资决策经验的专业基金经理来完成。

单一可转换债券和可转换债券共同基金的对比如表 12-5 所示。

表 12-5　单一可转换债券和可转换债券共同基金的对比

对比项目	单一可转换债券	可转换债券共同基金
买卖难易程度	买卖单一可转换债券较为困难，但可转换优先股的买卖较为容易	基金份额买卖方便，但只能以当天的收盘价交易
交易费用	在二级市场上交易已发行的市政债券要收佣金，同时缺乏价格透明度	无佣共同基金没有交易费用
现金收入	对于可转换债券，其产生的现金流是固定的，直到转换成股票	每个月的现金分红不同
管理费用	无	视不同基金而定
收益	取决于手头持有的投资组合项目，无需扣除其他费用	收益不固定，需扣除其他费用
税收计划	易于算出收益和风险报酬比	基金分红不固定，所获收入会扰乱纳税计划
投资额度	需要大笔投资额才能建立多元化投资组合	不同基金要求认购的最小份额不同，相对而言都不多
本金安全度	若可转换债券没有转换，持有至到期日可以收回所有本金	卖出基金时的价格低于购买价，本金可能受损
持有内容	已知	一个季度后才公布基金所持投资内容
多元化	需大量资金才能建立多元化投资组合	通过少量投资于持有多元化组合的基金即可

第13章

零息债券与零息债券共同基金

在所有的债券品种中，零息债券最不稳定，其价格就像过山车一样随着利率波动而暴涨暴跌。因此，投资者在投资之前，必须要熟悉零息债券的特点。

何谓零息债券

在所有的债券品种中，零息债券最不稳定，其价格就像过山车一样随着利率波动而暴涨暴跌。因此，投资者在投资之前，必须要熟悉零息债券的特点。

零息债券是一种债务凭证，以低于面值很高的折价发行，没有定期给付利息，但到期时按面值（1 000 美元）赎回。例如，10 年期零息债券（面额 1 000 美元），收益率为 8%，则发行价格约 463 美元。换句话说，投资人能以 463 美元买到这种零息债券，10 年之内，没有利息收入，第 10 年结束时依面值领回 1 000 美元。零息债券不支付利息，不像一般债券那样有当期收益。

零息债券的价格，是到期日的债券面值以某一回报率折算回来的现值。以另一种方式来说，就是 10 年内投资人的资金从 463 美元增加为 1 000 美元。原始的价格以某一利率复利计算，10 年恰好等于 1 000 美元。零息债券的回报率或收益率可以利用数学公式、复利表或理财电子计算器来计算，也可以运用 Excel 财务软件来计算。表 13-1 就是运用 Excel 财务软件来计算零息债券的收益率，供读者参考。

表 13-1　运用 Excel 财务软件来计算零息债券的收益率

RATE	Nper：总投资期，债券付款期的总数
Nper 10	Pmt：各期应付的金额（利息）
Pmt 0	Pv：债券的现值，即从该项投资开始计算时已经入账的款项（在数额前加上负号）
Pv −463	
Fv 1 000	Fv：未来值（债券面值）
Type 1	Type：数字 0 或省略表示各期支付款在期末，数字 1 表示各期支付款在期初
函数计算出来的结果 =0.08 第一步：点击公式栏里的插入函数 第二部：选择 RATE（返回年金的各期利率） 第三部：填入相关数据（见图 13-1）	函数计算出来的结果 =各期利率

　　知晓债券的收益率，不仅在申报联邦所得税时有帮助，也有助于计算债券的价格。虽然债券持有人领不到利息，但必须就应计利息部分缴纳联邦所得税。以上例来说，第一年的应计利息是 37.04 美元，计算如下：

$$利息 =463 \times 0.08 =37.04（美元）$$

　　虽然 37.04 美元还没领到，但零息债券持有人必须就这一部分缴税，投资人的现金流量是负值。换句话说，债券持有人必须在没领到 37.04 美元的情况下先拿自己的钱去缴税。此外，第一年结束时，这部分的利息还须加入零息债券的本金价格内，债券的价格增加为 500.04（463 +37.04）美元。

　　第二年的应计利息是 40.00 美元，计算如下：

$$利息 =500.04 \times 0.08 =40（美元）$$

　　第二年结束时，债券调整后的价格是 540.04（500.04 +40.00）美元。理论上，价格会随着应计利息而增加，直到期满时达到 1 000 美元，如图 13-1所示。另外，还有其他因素也会影响零息债券的价格。

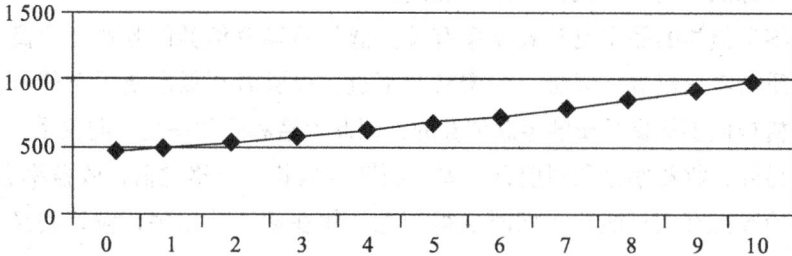

图 13-1 从发行至到期日零息债券的价格变化

由于应计利息必须缴税的关系，债券发行期间内的现金流量为负值，所以零息债券比较适合不必缴税的投资账户，如退休基金、个人退休账户（IRAs）、401（k）计划和雇员退休金简易账户（SEP）。这些账户中，应计利息只在提领资金时才征税，零息地方公债可以减轻零息债券的税收问题。

千万不要被零息债券兜售商们聪明的广告词所愚弄，所谓的只要少量投资持有至到期就能有丰厚回报，是用复利计算的方式得出的。另外，这些广告里不会提及因税收而产生的不利。

影响零息债券价格的因素

债券的品质、到期时间、赎回条款以及收益率都会影响零息债券的价格。零息债券的品质很重要，回报高低有赖于以下两点：

- 发行机构到期时赎回债券的能力；
- 投资人有无能力在期满前以高于原始买价的价格卖出。

万一发行机构违约，零息债券持有人的损失会高于传统债券，因为传统债券的持有人已领到若干利息，而且可能再投资。

零息债券的品质反映了发行机构到期时偿还债券持有人的能力。品质优良的零息债券，违约风险低于投机性、低品质的零息债券。有些投资者乐于支付较高的价格购买高品质债券。

穆迪投资服务公司和标准普尔公司等评级机构所给的评级是信用品质

的参考标准，这些评级随时都可能发生变化。

零息债券的品质也和收益率有关。低品质零息债券的收益率会高于优良品质的零息债券，以吸引投资者。不过，投资者买低品质零息债券付出的价格是低于优良品质的零息债券的，因此价格和收益率呈反向关系。

另外，收益率也和到期日有关。到期日愈长，价格愈低，收益率愈高。零息债券持有人只能在到期时取得利息，如在期满前出售，应计利息应纳入售价范围内。

除了到期日和品质，零息债券的价格也对利率的波动很敏感。零息债券的买进价格决定了债券发行期间内的收益率，因为利息只在到期日支付，而且利息依固定收益率累计。如果市场利率上升到高于零息债券的固定收益率，投资者会想出售零息债券，然后再投资到利率较高的投资产品中。零息债券价格承受的下跌压力高于每年或每半年付息一次的传统债券。零息债券的存续期间长于到期日和收益率类似的传统债券，零息债券持有人在到期前不会领到任何利息。同样的，利率下跌时，零息债券的价格涨幅高于已发行的传统债券，因为零息债券的收益率是固定的。

市场因素也对价格有所影响。交易热烈的零息债券的价格和到期日、收益率相同，但交易冷清的零息债券不同。

各种零息债券

除了企业和政府机构发行的传统零息债券外，还有很多其他的零息债券。20世纪80年代初，几家经纪公司推出了衍生零息债券，主要是供退休账户使用。这些零息债券称作衍生证券，它们是从其他标的证券中衍生出来的。

1. 本息分离政府证券

1982年，所罗门兄弟公司（Salomon Brothers）和美林公司（Merrill Lynch）都推出零息财政部公债。这两家经纪公司买进长期美国财政部公债，委托第三方保管，然后出售零息债券，代表拥有标的财政部公债的利息，并支付利息。这些证券是把财政部公债的息票分离出来而创造的。本息分离零息证券的特点是没有美国财政部信用担保的。虽然财政部公债受美国政府信用担保，但零息证券只是经纪商的产品。

所罗门的产品是以财政部公债应计利息凭证（CATS）的名称出售，美林公司的本息分离零息证券名为财政部收益成长凭单（TIGRs）。随后，其他经纪公司也陆续跟进，推出自己的本息分离零息证券，缩写名称五花八门。

经纪公司的本息分离零息证券的主要缺点是缺乏流动性。一家经纪公司的证券，与之竞争的自营商不会交易，因此为改善本息分离零息债券的流动性，一些财政部公债的初级自营商决定发行一般性的证券，即"财政部公债凭单"。

1985 年，美国财政部宣布推出自己的公债，记名本息分割交易（STRIP）计划。指定的财政部公债可以加以分割，创造出零息财政部公债。财政部的 STRIP 证券是零息债券形成的基础。

由于是美国政府的直接债务，所以本息分离政府证券的收益率略低于经纪公司的本息分离零息证券。此外，财政部的 STRIP 证券的市场性优于经纪公司销售的一般性本息分离零息证券。

所罗门兄弟公司 80 年代推出本息分离零息债券，其买了 7 亿 5 千万美元由美国国会创设的 FICO，目的是筹措资金，然后提供给财务困难的联邦储蓄贷款保险公司（FSLIC）使用。

虽然评级公司没有给 FICO 零息债券信用评级，但其受国会承诺支持，所以相当安全。这也是 FICO 零息证券的收益率略高于零息财政部公债的主要原因。FICO 凭证可以通过经纪商购买，并在二级市场进行柜台交易。

2. 抵押担保零息债券

抵押担保零息债券由政府国民抵押协会（Ginnie Mae）、联邦国民抵押协会（Fannie Mae）、联邦住宅贷款抵押公司（Freddie Mac）证券以及不动产抵押权设定质押担保。由于抵押担保零息债券有提前还本的风险，所以这些零息债券可能未到期便已偿清。

3. 零息地方公债

零息地方公债由州和地方政府发行，好处是应计利息免缴联邦所得税，而且，购买本州发行的零息地方公债通常免缴州税。

零息地方公债有两种：州政府发行的一般债务零息债券以及计划性零息债券，由公路管理单位为公路建设计划，公共电力单位为下水道系统以及其他地方建设计划而发行。一般债务债券由州政府的税收能力担保，计划性证券则有计划产生的收入担保，因此计划性零息债券的保障较低。

购买之前，投资者应了解零息地方公债的品质。可供选择的优良品质零息地方公债很多，投资者不必购买品质较差的债券。对长期债券（发行期限 15 年以上）来说，这一点格外重要，因为在那么长的时间内，任何事物都可能发生变化，从而影响发行机构偿还债券的能力。对此，建议投资人只买评级 AA 或以上的债券。购买品质较好的零息债券，投资者可以略微牺牲收益率。

许多零息地方公债可以强制赎回，投资者买进之前应了解有无这个条款。如果有可赎回和不可赎回的债券能够选择，而且品质和到期日类似，则要避开可赎回债券。

债券发行契约中列明的赎回价格和日期很重要。例如，赎回价格可能高于面值、等于面值、低于面值，或者赎回价格低于到期收益率。

赎回条款有时候对投资很不利，因此投资者在购买零息地方公债之前要务必了解这一点。有些债券采取分批赎回法，也就是在同一批次发行的债券中，若干债券比其他债券先行赎回。

虽然零息地方公债免征联邦所得税，但投资者还是想知道州政府对应计利息是如何征税的。有些州对应计利息征税，有些则在到期时或出售时对利息征税。投资者可以向各州政府的税收单位查询有关信息。出售零息债券前，投资者应请教税务顾问或会计师，了解收益和损失对税收的影响。

4. 零息可转换债券

这些债券折价很高，订有转换条款。它们的收益率通常低于传统债券，每年不支付利息。持有人必须就应计利息部分缴纳联邦所得税，而且和一般零息债券一样，零息可转换债券适合可以延缓缴税的账户，如 IRAs、401（k）计划和退休基金。

零息可转换债券和可转换债券一样，可以转换成发行公司一定的普通股股数。欧洲最大半导体元件厂商意法半导体公司（ST Microelectronics NV），在 2003 年 7 月发行 12 亿美元零息可转换债券，到期时间为 2010 年。

有些零息可转换债券给予持有人选择权，能在约定的日期（通常是 5 年或 10 年）之后，依原始发行价格加上应计利息将债券卖回发行公司，但是利率下跌加上许多零息可转换债券订有赎回条款让投资人深受其害。沃尔特迪斯尼公司的零息可转换债券预定 2005 年到期，当时却提前赎回，而且赎回价格低于很多投资人在二级市场买进的价格。转换这一特色对迪斯尼零息可转换债券的持有者没有帮助，因为这种债券转换成欧洲迪斯尼公司的股票后，其在巴黎证券交易所的交易价格一直很低迷，不如转换价格。

零息可转换债券的优点在于，普通股如上涨到转换价格以上，零息可转换债券有增值潜力。

为免应计利息缴纳联邦所得税，以致现金流量成为负值，许多地方政府都发行零息可转换公债，如未来收益暨成长证券（FIGS）、债券收益暨成长证券（BIGS）、本金增值转换证券（PACS）及免税折价暨收益证券（TE-DIS）。

上述这些证券应计利息免征联邦所得税，但可能需缴纳州税，其品质和地方政府的财务状况有关。遗憾的是，这些证券也可能订有赎回条款，同时价格随着市场利率和其他因素而变动。

零息债券有什么风险

违约风险取决于发行机构的财务状况，这对零息债券持有者很重要。零息债券付息还本于到期日一次偿付，如果发行机构到期无法支付，持有者将一无所获。一般债券的持有者已取得若干利息，因此零息债券的品质反映了发行机构到期时偿还债券持有者的能力。选择高品质的零息债券或本息分离的政府债券，可以降低违约风险。

零息债券也承受利率风险。市场利率上涨（或下跌）时，零息债券和一般债券一样，价格会下跌（或上涨）。但是，零息债券的价格波动幅度通常高于一般债券。这又和投资人到期时一次领取全部金额有关，利息固定的一般债券的价格等于各期利息和到期本金等现金流量的折现金额。一般而言，利息固定的债券，息票率愈低，价格随市场利率波动的幅度愈大。由于交易活跃程度、品质上的差异、赎回特征以及到期日不同，有些零息债券的价格波动幅度比收益率类似的零息债券要大。

市场利率下跌，一些流通在外的债券会被赎回，零息债券也不例外，因为它们也订有赎回条款。这使许多零息债券持有人尝到苦头，受到教训。利率下跌时，收益率较高的零息债券显著上涨，这些债券锁住了高于市场利率的收益率。但是，发行机构通常不愿意支付高于市场的利率，如果债券订有赎回条款，便会被赎回。

零息债券没有再投资风险，收益率由购买价格决定后便会锁住至期满。至于一般息票债券，持有人领得的利息能按多高的市场利率再投资，情况不明。此外，利率上升时，零息债券持有人锁住的收益率与之相比可能偏低。

若在到期日前零息债券被卖出，由于零息债券价格的极端不稳定性，投资者将面临本金遭受部分损失的风险。零息债券是所有债券中最不稳定的，并且交易佣金很高，因交易者不同各异。相对于购买并持有至到期日来说，在到期日前买卖债券的代价很高。

买卖零息债券的要点

零息债券发行时（对市场而言属于新债券），可以在初级市场购买。投资人如向承销新债券的经纪公司购买零息债券，可以避免支付手续费或其他费用。

1. 如何购买

已发行的零息债券在二级市场交易，可以通过债券经纪公司、自营商和银行购买。经纪商收取的零息债券购买费用或手续费会相当高，因为他们认为投资者的投资金额少于购买同样数量的一般债券（有很高的折价）。手续费额度因经纪公司不同会有很大的出入。经纪公司如宣称不收费用或手续费，应存疑，投资者要认真核实。经纪公司收取的加码价格（包括零息债券的手续费）往往很高，同样的零息债券，不同的经纪公司报价出入很大。

有些经纪公司可能会在某些零息债券发行的市场上成为做市商。这些债券的买卖价格由经纪公司和市场状况决定，因此投资人或许不需要支付佣金，但佣金的大小将决定投资人能否获利。

买卖零息债券时，投资人应到不同的经纪公司询价，找到最合适的价格。许多经纪公司有不同零息债券的库存，价格可能比较有竞争力。比较相似债券的到期收益率以及评级，从中可以发现某些债券高费用的原因（这些费用会削减债券的收益）。零息债券价格缺乏透明性，因而投资者很难对有着相同评级和到期日债券的到期收益率进行比较。

从担保经纪人事务所购买新发行的零息债券时，要留意经纪公司是否必须或有义务维持那些债券市场的稳定性。

零息债券的交易成本高，流动性不如其他固定收益债券，因此比较适合采取买入后持有的投资策略。持有零息债券到期满，收益率有望提高。

与其购买单一零息债券，投资者不如购买专门从事零息债券投资的共同基金。像其他的共同基金一样，购买单一零息债券的费用是可以从共同基金的盈利（或净资产）中扣除的。2008 年 2 月还没有纯粹的零息债券 ETFs，只有全债券 ETFs（Total Bond Exchange Traded Bonds）持有部分零息债券。

2. 零息债券的优势

（1）在利率下调时，零息债券的升值幅度会高于普通固定收益债券。当然，在利率上涨时，情况则相反，零息债券的价格跌幅会大于普通固定收益债券。

（2）由于零息债券在销售时折扣率较高，所以购买零息债券的资本付出比投资于其他固定收益债券要少。例如购买 10 张面值普通债券，需要支付

10 000 美元，而 10 张以 180 美元/张卖出的零息债券仅需支付 1 800 美元。

（3）投资者无需考虑再投资风险。在市场利率无法预测的情况下，零息债券没有利息收入用于再投资，所以不存在再投资风险。

（4）零息债券持有至到期也是有固定收益的，并且可以提前预测总收益。每份零息债券的到期价值为 1 000 美元。

（5）市场上可供选择的零息债券种类非常多，投资者较容易控制它们的期限，使之为自己提供稳定的现金流。

（6）零息债券各具特点，能够吸引投资者并可满足其特定需求。

（7）由于零息债券具有延迟税收及到期收益可预测等特点，所以成为 IRAs、401（k）计划和养老基金很好的投资对象。

3. 零息债券的劣势

（1）每年要为到期时才可获取的应付利息纳税，导致出现负现金流。

（2）零息债券价格的波动幅度特别大。当市场利率上涨时，零息债券的价格通常会出现跳水，投资者不得不卖出，结果遭受大量资本损失。

（3）当利率上涨时，由于锁定的低利率及没有利息收入可用于再投资，所以投资者不能从中获得收益。

（4）由于许多零息债券都有赎回条款，所以存在提前赎回风险。

（5）普通债券在持有期内可以获得利息收入并进行再投资，零息债券却没有，如果零息债券不能兑付，投资者蒙受的损失会比普通债券投资者的损失大。

（6）零息债券的交易费用通常较高，其流动性比其他固定收益债券的流动性差。

（7）零息债券的市场化程度不如其他常规固定收益债券。

注意事项

当投资者递延税款账户（如 IRAs 、401（k）计划和养老金账户）之外的资金投资于零息债券时，应当考虑税收问题。这种情况非常复杂，需要聘请会计师或专业税务人员为投资者计算应付税款。美国国内收入署（the Internal Revenue Service，简称 IRS）提供的两大免税指南，对确定零息债券的纳税额很有帮助。这两大指南是 IRSS550 号出版物《投资收入和支出》和 IRS1212 号出版物《首次发行折扣义务清单》。

对于需要税收递延的账户而言，零息债券是很好的投资工具。除此之外，由于利息只在到期日支付，所以应计利息缴纳的税收会产生负的现金流。对于某些投资者而言，这并不是缺陷，他们认为零息债券其他特征更为重要。由于零息债券在市场利率变化时价格会产生巨幅波动，所以在市场利率下跌时，其可以带来丰厚的利润增长。

购买高品质不同期限的零息债券是个不错的策略，能够使利息率变化得以均衡，而且投资者可以持有债券至到期日。

零息债券共同基金

并不是所有的共同基金都会提供零息债券共同基金。零息债券共同基金与其他债券基金的不同之处在于：它们购买的债券的到期日是相同的。在债券到期日，债券价格达到其面值，基金将收益分配给股东。不同的零息债券有不同的期限，包括短期、中期和长期等。

1. 零息债券共同基金的风险

零息债券共同基金最大的风险是利率风险。当利率发生变化时，此类债券的波动幅度大于其他债券。也就是说，当利率上下波动时，无论投资者买的是短期债券基金还是中期债券基金，其共同基金的价格波动幅度都会非常大。

对于零息债券价格的巨幅波动，在债券到期前或是在股票价格低于买价时，投资者需要对零息债券共同基金股份的价格损失风险进行清算。如果投资者拟持有至到期日，其价格损失的风险会最小。

信用风险是影响共同基金股份价格的因素之一。共同基金组合中的零息债券的信用等级下调，会对共同基金的股价产生负面影响。然而，由于共同基金有多元化的投资组合，部分债券信用等级下降不会对由众多零息债券组合成的共同基金的股价产生太大影响。

2. 如何买卖零息债券共同基金

零息债券共同基金也称目标基金，投资者既可以通过共同基金家族直接购买，也可以通过经纪商、财务计划者和银行间接购买。为节省交易费用，投资者可以寻找不收费的债券基金，也可以直接从基金公司购买。美国世纪共同基金家族（American Century mutual fund family）发行了五只零息债券共同基金，到期日是从 2010 年—2030 年，每五年到期一只。在此提到该基金家族，并不是单纯地推荐，而是提示投资者可以从财经报纸的共同基金栏目中找到这些基金家族推出的共同基金产品。考虑到零息债券基金价格波动的可能性，投资者可以投资不收费的基金，以提高投资的潜在收益。同样，投资者也可以在比较不同基金的收费率后，选择费率低的基金。美国世纪共同基金家族发行的零息债券共同基金就是无佣金基金，而且费用率较低（大概为 59 个基点）。

投资者应对目标基金的招股说明书、基金的风险程度、基金所持有零息债券的种类、基金的回报率和费用率等进行考察后，再决定购买何种基金。

3. 零息债券共同基金的优势

（1）如果投资者将零息债券共同基金持有至到期日，就不必担心利率风险、信用风险和再投资风险。

（2）将零息债券共同基金持有至到期日，基金持有人可以了解未来的收益（到期平均收益＝基金所持有债券的平均收益－费用）。

（3）当利率下调时，零息债券共同基金的升值幅度高于普通债券共同基金。而当利率上调时，零息债券共同基金的跌幅会高于普通债券共同基金。

（4）由于到期收益的确定性和具有延迟纳税的好处，零息债券共同基金适合 IRAs 、Keogh 和养老金计划等投资。

（5）相对于单一的零息债券，投资于零息债券共同基金的交易费用比较低。相对于单个投资，零息债券共同基金的交易费用比较低。

4. 零息债券共同基金的劣势

（1）投资人需对应计利息支付税款，从而产生负现金流。

（2）当市场利率上调时，零息债券共同基金的价格波动幅度较大。

（3）如果打算在到期前出售股票，投资者可能会因共同基金价格的巨幅波动而蒙受损失。

注意事项

对于可以递延税款的养老金和退休金账户而言，零息债券共同基金是一种非常理想的投资工具，可以使投资者避免应计利息纳税而产生的负现金流。

由于零息债券共同基金的价格波动剧烈，所以投资者应将其持有至到期日。

单一的零息债券与零息债券共同基金的对比分析

共同基金拥有零息债券多元化的投资组合，可以减少违约或信用等级下降带来的负面影响。而投资单一零息债券，则需投资不同债券才能实现投资的多元化。因此，单一零息债券投资亏损的风险会高于共同基金投资。

零息债券是一种复杂的债券，对个人投资者来说，没有时间或经验来判断其特点，因此通过专业化经营的共同基金进行投资会比较容易。

零息债券共同基金在年末会提供有关税收信息，而零息债券的投资者需自己计算应计利息的税额。

相对个人投资来说，共同基金购买大量债券只需支付少量的费用，虽然共同基金需支付一定比例的年度管理费，但与收益相比，比例很低。

零息债券投资者不仅可以控制其所选择的债券，还可以控制其资本收益和损失。个人投资者可以在想卖时卖出债券，以便根据个人纳税计划控制资本损益。个人投资者还可以自行决定每年的应计利息金额，而共同基金则不行。相关比较如表 13-2 所示。

表 13-2　单一零息债券和零息债券共同基金的比较

比较项目	单一零息债券	零息债券共同基金
买卖难易程度	买卖单一零息债券较为困难	基金份额买卖方便，但只以当天的收盘价交易
交易费用	在二级市场上交易已发行的零息债券要交纳佣金，同时缺乏价格透明度	无佣共同基金没有交易费用
现金收入	可以决定应计利息的具体数量，可用以税收计划	无法决定应计利息的具体数量，所获收入会扰乱纳税计划
管理费用	无	视不同基金而定
收益	取决于手头持有的投资组合内容，无需扣除其他费用	收益不固定，还要扣除其他费用
税收计划	易于算出收益和风险报酬比	基金分红不固定，所获收入会扰乱纳税计划
投资额度	需要大笔投资额才能建立多元化投资组合	不同基金要求认购的最小份额不同，相对而言都不多
本金安全度	如果零息债券没有转换，持有至到期日可以收回所有本金	卖出基金时的价格低于购买价，本金可能受损
持有内容	已知	一个季度后才公布基金所持投资内容
多元化	需大量投资才能建立多元化投资组合	通过少量投资于持有多元化组合的基金即可

All About Bonds,
Bond Mutual Funds, and Bond ETFs

第14章

国际市场及新兴市场债券

债券投资者从其他国家债券投资上追求高于美国债券的投资回报。根据2008年2月的数据，30年期的美国国债收益率还不到5%，而其他国家债券的高收益显然对追寻固定收益的投资者很有诱惑力。

国际市场债券的种类

全球的债券市场既包括德国、英国、日本及意大利这些发达国家成熟的债券市场，也包括如巴西、阿根廷、土耳其、俄国和南非这些发展中国家新兴的债券市场。而美国的债券市场约占世界债券市场一半的份额。

债券投资者从其他国家债券投资上追求高于美国债券的投资回报。根据 2008 年 2 月的数据，30 年期的美国国债收益率还不到 5%，而其他国家债券的高收益显然对追寻固定收益的投资者很有诱惑力。

基于债券的货币面值，可以将国际市场的债券分为两类：美元面值债券和非美元面值债券。

1. 美元面值债券

美元面值债券是指债券交易的价格以及还本付息都是以美元为计值货币，这类债券对美国投资者而言无汇率风险。

"扬基债券"是在美国债券市场上发行的美国面值债券，即美国以外的政府、金融机构、工商企业在美国国内市场发行的出售给美国投资者的一种债券。扬基债券的发行地虽然在纽约证券交易所，但实际发行区域遍及美国各地，能够吸引美国各地的资金。总体来说，扬基债券是高品质的债券，收益也具有竞争力。扬基债券利息一般半年一付。当美国市场利率下跌导致美元坚挺，外国的政府及企业就会被吸引，它们会通过在美国债券市场发行扬基债券来融资。这时候扬基债券的发行很有优势，它不仅是一种较低廉的融资方式，随着美元的升值，债券价值也会上涨。

其他国家也有像美国扬基债券一样的外国债券，是一些外国政府和企业允许在该国以该国货币为面值发行的债券。例如，其他国家政府和企业允许在某一国家发行以该国货币为面值的债券，其中有"猛犬债券（Bull-dogs）"，指非英国借款人在英国债券市场上发行的英镑面值债券；"斗牛士债券（Matadors）"，指在西班牙债券市场上发行的欧元面值债券；"武士债券（Samurais）"，指在日本债券市场上发行的日元面值债券。

欧洲美元债券（Eurodollar Bonds）是指在美国境外发行的以美元为面额的债券，可以在全球交易。这种欧洲债券以其交易面值来作为命名方式，例如，以日元计价的欧洲债券（Euroyen Bonds），是在日本境外发行的。总之，欧洲债券是无记名债券（Bearer Bonds），利息以年付方式支付给债券持有者，也没有预提税①，大多数欧洲债券都是电子化交易。

欧州债券种类繁多，有固定利率债券（固定赎回金）、浮动利率债券、次级债券、资产抵押债券以及可转换债券。欧州债券市场的一大交易中心是伦敦，虽然欧州债券在全世界范围内发行和销售，但销售对象主要还是机构投资者，而非个人投资者。

布雷迪债券（Brady Bonds）也是以美元为面额的一种债券，大多数该类债券是由新兴发展中国家发行并由美国国债作为抵押。布雷迪债券是以美国财政部部长尼古拉斯·布雷迪（Nicholas Brady）的名字命名的，1989年由美国政府发行，是一项供发展中国家使用的债务工具。由于有美国国债作为抵押，所以万一债务国政府违约，投资者可以取得赔偿，本金是有保障的。一般零息债券就很难保证了。也就是说，即使利息得不到支付，持有该债券至到期日也能收回投资本金，持有一些布雷迪债券是能够保证还本付息的。

投资者可以根据以下两个布雷迪债券的例子来衡量其风险与收益之间的关系：

---

① 预提税是预提所得税的简称，是指源泉扣缴的所得税。预提税不是一个税种，而是全球对这种源泉扣缴所得税的习惯叫法。

- 阿根廷共和国债券, 10.25% 的息票率, 2030 年 7 月 21 日到期;
- 巴西联邦共和国债券, 10.125% 的息票率, 2027 年 5 月 15 日到期。

2008 年 2 月, 在低利率的环境下, 美国国债收益率不到 5%, 上例中高达 10% 的年息票率可以一直持续到 2027 年的布雷迪债券投资, 看起来更像是股票投资。一些布雷迪债券投资看似能带来巨额的回报, 但也不可忽略其背后的风险, 例如巴西这个国家, 其发行的海外债券都构成了该国 GDP 的一部分。除此之外, 这些债券会因为经济和政治的变化而产生剧烈波动。

把发展中国家现有的债务转为新的债务时, 所产生的债券与原来的债券相比, 前者面值较小、名义利率较低, 但通过对其本金和（或）部分利息提供抵押担保等, 可以有所提高。通常的做法是: 由债务国政府发行美元债券, 然后将其与国际商业银行持有的美元贷款交换, 国际商业银行将换回的美元债券在市场上出售, 帮投资者收回贷款。

2. 非美元面值的债券

非美元面值的债券是指以美元之外的货币计价发行和交易的债券。非美元面值的债券有很多种, 例如, 以欧元计价的法国政府债券、以日元发行和交易的日本公司债券、以英镑交易的英国公司债券等。

受外汇变动的影响, 非美元计价债券的收益率变动显著。例如, 以平价购入息票率为 6% 的英国公司债券。如果美元兑英镑的汇率在购买日至到期日期间保持一致, 则到期时债券的内部收益率为 6%。但是, 购买债券之后, 若英镑相对美元贬值, 则该债券的总收益一定会低于 6%; 当然, 若英镑相对美元贬值, 则该债券的总收益一定会高于 6%。

如何买卖国际债券

投资国际债券, 投资者有三种选择: 单一国际债券、国际债券共同基金以及国际债券 ETFs。对美国投资者而言, 单一国际债券的买卖最为困难, 只能从拥有国际债券头寸的大型经纪公司购买。虽然这些经纪公司的确拥有国际债券的头寸，但存货数量也很有限，投资者要被迫支付高额手续费。美国大多数在线经纪公司都没有外国债券的存货。

由于各国的市场利率各不相同，导致各国债券的特征也各有不同。投资者在投资某一个国家的债券之前，应该对该国利率走向、货币的强弱、该国债券息票率和其他国家债券息票率的关系以及各债券的品质（信用和违约风险）进行详细的了解。

例如，与新兴发展中国家巴西或南非高到 13% 收益率的债券相比，德国政府债券 4% 的息票率算是比较低了。但是，如果巴西和南非货币相对美元贬值，而欧元相对美元持续升值，那么德国政府债券对美国投资者而言就更具吸引力。同样，如果欧盟的市场利率下调，而巴西和南非的市场利率因为通货膨胀和其他经济因素上涨，那么德国债券会升值，而这两个新兴国家的债券会贬值。外国公司债券一般比外国政府债券息票率更高，但信用违约风险也相对较高。

投资国际债券的风险与优劣分析

1. 投资风险

外国债券的风险高于国内债券。外国政府债券也不可能像美国国债那样完全没有风险，一些新兴国家的政府债券也有过违约的情况，所以在投资之前，投资者要了解这些债券的评级情况。新兴国家的政府和公司债券的确存在违约情况，例如，某些国家政治不稳定，导致执政政府被推翻，那么已发行的该国债券就会违约。外国债券的信用违约风险相对于国内债券更难以预测。

浮动的汇率对外国债券价格和收益的影响巨大。债券在发行、购买、获得利息收入以及卖出或到期收回本金时，都会因为汇率变化导致收益变化。例如，2005—2007 年，投资德国债券的收益就高于其内部收益率，原因在于欧元相对于美元是升值的。与此同时，投资南非债券的收益却因为南非兰特相对于美元贬值而低于其内部收益。

换个角度再次审视，非美元面值债券以当地的货币进行交易需支付利息。投资这类债券，投资者需要在到期还本付息时将收入兑换成美元。如果该外国货币相对美元走弱，投资者购买一美元就要花更多的外国货币，那么投资者换到的美元就少了。反之，若外国货币相对美元升值了，同样的外币就可以兑换更多的美元。因此，如果外币的货币价值波幅很大，外国债券的投资收益在兑换成美元时也会有很大的波动。

同国内债券一样，市场利率风险也会影响国际债券。市场利率上涨（或下跌）时，已发行债券的价格会下跌（或上涨）。所以，投资者应尽量避免投资市场利率预计将要上升国家的债券。

通货膨胀或购买力风险也会侵蚀债券的投资收益。虽然伴随上涨的通货膨胀率，债券的息票率也会上调，但对于已经持有债券的投资者而言，其收益是固定的。一个国家高通货膨胀率对投资者来说是一把双刃剑，通货膨胀率也是一国中央银行将要采取提高市场利率措施的先行指标。因此，外国投资者的投资收益不仅会因通货膨胀率而受到侵蚀，同时还有货币的贬值以及市场利率过高导致持有债券的价格下跌等风险。

外国公司债券不如国内公司债券那样交易活跃，持有外国公司债券会面临流动性和市场性风险。对此，交易清淡的公司债券很难找到买家。

另外，投资者必须确定外国债券是否订有赎回条款，如果有，则要考虑债券所面临的赎回风险。相比没有赎回条款的债券，订有赎回条款债券的息票率更高一些，这也是为了弥补投资者所面临的风险。投资者要留意赎回条款的具体细节，特别是赎回日期和赎回价格。

总之，在投资国际债券之前，投资者应该清楚该投资可能面临的各种风险。

2. 投资外国债券的优势

（1）国际债券投资让投资者有了获取更高固定投资收益的机会。

（2）国际债券投资有利于投资者建立多元化的投资组合，特别从历史经验来看，外国债券的投资收益与美国债券相比较低。

（3）美元相对投资的外币贬值时，投资者从该外国债券上获得的收益更高。

3. 投资外国债券的劣势

（1）投资者不要为了潜在的额外收益而盲目投资外国债券。

（2）难以获得单个的外国债券投资信息。

（3）很难在买卖国际债券时以较高的价格成交。

（4）国际债券的市场流动性不如美国债券市场。

投资国际债券共同基金

目前，国际债券共同基金已成为许多投资者追捧的投资品。到 2007 年，投资国际债券共同基金已倍增至 190 亿美元。投资者喜欢拥有国际债券共同基金的原因是：

- 美国利率处于历史性的低位，促使投资者向国外寻求更高的息票收益；
- 持续贬值的美元使得外国债券兑换成美元会有更高的收益；
- 随着全球经济增长速度放缓，国外政府预期将下调本国利率。

共同基金的优势在于，投资者能以较小的投资拥有多元化的投资组合。

可供选择的国际债券共同基金种类很多，投资者在购买之前要仔细阅读招股说明书，从招股说明书中了解基金收取的费用率、是否有认购费用和赎回费用、基金是否可以对冲汇率风险、主要投资美元面值债券还是非美元面值债券以及基金的投资风险偏好等。

在国际债券共同基金产品中，美国投资银行奥本海默（Oppenheimer）国际债券基金收取 4.75% 的首次认购费[②]，美国普信集团（T. Rowe Price）国际债券基金却不收取首次认购费。美国投资银行奥本海默国际债券基金的年收益为 17.6%，而美国普信集团国际债券基金的年收益仅为 10.05%。前者减掉认购费，这两只基金的收益率才更有可比性。太平洋投资管理公

[②] 首次认购费是指投资者在基金发行募集期内首次购买基金单位时所缴纳的手续费。

司发展中市场基金（简称 PLMAX）的费用率为 1.25%，并且收取 3.75% 的认购费，与美国普信集团新兴市场国际债券基金 0.98% 的费用率相比，认购费的支出较高。

国际债券共同基金所持内容决定了基金的收益，这不仅取决于所持债券的息票收益和品质，还与所持债券是美元面值还是非美元面值相关。直至 2008 年 6 月，美元持续贬值导致主要投资美元面值债券的基金表现不如主要投资非美元面值债券的基金。主要投资于新兴市场债券及高风险公司债券的基金投资收益高达两位数，大约为 10%；而相对保守的基金持有较高品质的债券收益率（约为 6.5%），其中大多数的收益来自汇率兑换。有些基金为了控制汇率变动带来的风险，会使用外汇期货来对冲风险。

投资国际债券共同基金的风险

除了上述风险，国际债券共同基金还面临其他风险，如汇率、全球政治及经济变化等。

国际债券共同基金持有人经常因基金价格下跌而遭受损失。事实上，国际债券共同基金的价格波动高于国内共同基金时，也会带来较大的损失。若该基金所持债券的品质较低，债券发行国家的利率一旦发生变化，导致基金价格的波动会更加剧烈。

另一个导致国际基金价格波动更加剧烈的原因是发展中国家的利率波动幅度比发达国家的大。

投资于国际债券共同基金，最担心的莫过于汇率风险和违约风险。例如，对于没有作汇率风险对冲的国际债券共同基金，美元升值必定导致投资国外债券的收益转换成美元时缩水。作汇率风险对冲的共同基金则有可能抵消这种风险。

投资于低品质债券的共同基金，违约风险也是投资者担心的。例如投资于正经历紧张的政治局势和经济困难的新兴国家政府债券，或是低品质的公司债券。总之，相比发达国家高品质低收益的国债以及大盘蓝筹股，发展中国家高收益但评级极低的外国债券的违约风险率更高。

投资者在对基金违约风险进行评定时，要特别注意基金持有债券的内容。不要因为国际债券共同基金在过去几年（2005 年左右）的业绩好过国内的共同基金，就认为会一直如此。债券价格会因利率的下跌而上涨，同时利率的上涨也将导致债券价格下跌。随着利率的上涨和全球经济发展的放缓，新兴市场的债券将会面临更大的风险。

购买国际债券共同基金的要点

相比单一购买国际债券，投资于共同基金更加简单，投资者不需对单个的债券进行估值，以及比较评级和价格，也不用担心债券市场的流动性、价格不明以及汇率波动。当然，精明老练的投资者会利用汇率 ETFs 来对冲外国债券面临的利率风险。例如，如果投资者认为欧元兑换美元将要上涨，那么投资者就会买入瑞德克斯欧元货币基金（Rydex Euro Currency Trust），交易编码 FXE，这只基金是为了抵消新兴市场货币贬值而投资欧元的货币市场共同基金。

投资者在选择基金品种时，应尽量选择费用率低，没有认购费用和赎回费用，而且持有的债券大多数应该是高品质、高评级的债券，同时还要确定基金是否对冲了汇率风险。

1. 投资国际债券基金的优势

（1）只要少量的投资额度，投资者就可以拥有一个多元化的国际债券投资组合。

（2）给投资者的国内债券投资组合加入了多元化因素。

（3）汇率波动对基金持有的债券产生有利影响时，收益兑换成美元会增加收入。

（4）投资国际债券共同基金给投资者带来了潜在的高于国内债券投资的收益。

（5）投资国际债券共同基金显然易于投资单一的国际债券。

2. 投资国际债券基金的劣势

（1）基金管理费用及其他花费削减了收益。

（2）投资者在一个季度后才知道基金所持投资的内容。

（3）投资者对基金所持债券的选择没有控制权。

（4）国际债券共同基金不像单一债券一样有到期日，投资者在卖出基金时有可能损失本金。

（5）投资国际债券共同基金给投资者带来的风险高于国内债券基金。

（6）由于国际债券基金是以当天的收盘价交易，所以投资者在下单要买入或卖出基金份额时并不知道基金交易的具体价格。

国际债券 ETFs

国际债券 ETFs 是投资者投资外国债券的第三种途径。这个投资途径很难运作，直到 2008 年 2 月，美国市场上才有唯一的一只国际债券 ETFs 可供投资者投资。香港市场上有一只主要投资亚洲债券的 ETFs，目前在香港联交所挂牌交易，即沛富基金（交易编码为 2821. HK）。对于美国投资者而言，交易香港市场的 ETFs 是比较困难的。

SPDR 巴克莱资本国际国库债券 ETF（SPDR Barclays Capital International Treasury Bond ETF）（在纽交所的交易编码为：BWX），现时由美国道富环球管理基金，其实是根据巴克莱资本全球债券除美国之外的指数走势作标准。该 ETFs 股份分别自 2007 年 10 月 5 日于纽约证券交易所上市。

该类债券 ETFs 大量持有高品质的外国国债，投资者通过财经网输入"BWX"就可以知道其具体持有的债券内容。2008 年 2 月 27 日，该 ETFs 的债券持有平均评级为 AA2，到期收益率为 3. 61%，净费用率为 0. 5%。到期收益率与其他一些国际债券 ETFs（特别是新兴国家的债券 ETFs）相比看似较低，但这些国际债券 ETFs 持有的债券级别不高。其实，新兴国家的债券 ETFs 具有更高的信用和违约风险。

SPDR 巴克莱资本国际国库债券 ETFs 同美国普通股一样，在美国的证券交易所买卖，在交易日内甚至交易时间之外通过经纪公司买卖基金。

1. 投资国际债券 ETFs 的风险

根据历史统计数据，外国债券与美国国内债券之间的投资收益相关性不强，但当遇到全球的经济衰退或世界范围内的通货膨胀时，在整个收益都下降的情况下，国际债券 ETFs 的多元化对美国投资者的投资组合而言并不会有多大益处。

国际债券 ETFs 像普通股一样在市场上买卖，也存在市场性风险。当市场上出现大量卖盘，显然会打压基金股份的价格，即使这样的价格下跌是毫无原因的。因此，当基金价格跌破投资者买入价格时，投资者就有损失资金的风险。

SPDR 巴克莱资本国际国库债券 ETFs 的投资范围包括 18 个国家，11 种不同的货币面值，其也存在汇率风险。如果美元相对日元、欧元以及加元大幅升值，那么国际债券 ETFs 的收益在转换成美元时会缩水。除此之外，国际债券 ETFs 还面临其他风险，如利率风险、信用违约风险、全球政治及经济变化的风险等。如果 ETFs 持有大量的新兴国家市场的债券，那么这些风险会放大。

2. 投资国际债券 ETFs 的优势

（1）国际债券 ETFs 的透明度高，持有的国际债券内容是对外公开的。

（2）ETFs 的费用率一般低于共同基金。

（3）在交易时间甚至股票交易所下班后，投资者都可以很方便地买卖国际债券 ETFs。

（4）国际债券 ETFs 的交易价格很透明。

3. 投资国际债券 ETFs 的劣势

（1）积极管理的共同基金的业绩可能好于指数跟踪性的债券 ETFs。

（2）每次交易都有手续费，这些费用会使投资收益减少。

（3）由于市场性风险、经济风险以及地缘政治风险，当基金价格跌破投资者买入价格时，就会有损失投资本金的风险。

(4) 直到 2008 年 2 月，美国市场上才有唯一的一只国际债券 ETFs 可供投资者选择。

单一国际债券、国际债券共同基金以及国际债券 ETFs 的对比分析

相比投资国际债券共同基金和国际债券 ETFs，个人直接购买单一国际债券对投资内容更具把控优势，投资者可以自由买卖自己选择的债券。而投资共同基金，投资者要在一个会计季度后才能知道基金所持投资内容；投资国际债券 ETFs，投资者也没有把控投资内容的权利（即便 ETFs 的投资内容对潜在投资者是公开的）。

然而，个人直接购买单一国际债券不仅需要专业知识，还需要花费时间收集足够的信息，以便做出谨慎的选择及管理，达到或超过投资基金得到的投资收益。投资单一国际债券，投资者可以预测收益的现金流，而国际债券共同基金和国际债券 ETFs 的利息收入不可预测。单一国际债券投资的本金在到期日时收回，而国际债券共同基金和国际债券 ETFs 则无明确的到期日。个人直接投资国际债券时，会知道自己投资的到期收益，相比之下，投资共同基金和 ETFs 是不能提前知道自己的投资收益的。

随着债券到期日的临近，单一债券价格受利率变化的影响变小，而共同基金和 ETFs 的价格则更易受利率变化带来的影响。共同基金和 ETFs 持续的费用会侵蚀投资收益。由于外国债券的标价不透明，所以投资者无法确定自己购买的债券收取的佣金是否合理。

积极管理的外国债券共同基金的业绩可能好于指数跟踪性的债券 ETFs。

不论是投资国际债券、国际债券共同基金还是国际债券 ETFs，都有许多的优势和劣势，问题的根源在于，投资者是否拥有专业知识和时间来筛选要投资的外国债券，同时还要考虑相关发行国家的地缘政治、经济的风险等。如果不能做到，投资者最好在共同基金和 ETFs 投资中作选择。表 14-1 总结了单一国际债券、国际债券共同基金和国际债券 ETFs 的特点，供读者比较分析。

表 14-1　单一国际债券、国际债券共同基金和国际债券 ETFs 的对比

比较项目	单一国际债券	国际债券共同基金	国际债券 ETFs
买卖难易程度	买卖单一国际债券较为困难	基金份额买卖方便，但只以当天的收盘价交易	交易时间内以实时价格交易，买卖方便
交易费用	在二级市场上交易已发行的市政债券要交佣金，同时缺乏价格透明度，要从拥有国际债券头寸的代理经纪公司购买	无佣共同基金没有交易费用	每次交易都有手续费，但交易价格很透明
现金收入	到期之前会产生固定的现金流收益	每个月的现金分红不同	现金收入不固定
管理费用	无	视不同基金而定	视 ETFs 而定
收益	固定收益，无需扣除其他费用	收益不固定，还要扣除其他费用	收益不固定，还要扣除其他费用
税收计划	易于算出收益和风险报酬比	基金分红不固定，所获收入会扰乱纳税计划	相比共同基金，其具有更有效的税收计划
投资额度	最小投资额为 25 000 ~ 50 000 美元	不同基金要求认购的最小份额不同（要求可能会很低）	最小投资额是一股
本金安全度	持有至到期日可以收回所有本金	卖出基金时的价格低于购买价，本金可能受损	变动的基金股份价格可能导致本金遭受损失

（续表）

比较项目	单一国际债券	国际债券共同基金	国际债券 ETFs
持有内容	已知	一个季度后才公布基金所持投资内容	已知，但是会不时发生变动
多元化	需大量投资才能构建多元化投资组合	通过少量投资于持有多元化组合的基金即可	通过少量投资于持有多元化组合的基金即可

All About Bonds,
Bond Mutual Funds, and Bond ETFs

第15章

封闭式基金

　　封闭式基金与开放式基金既有很多相似之处，也有显著的区别。开放式基金可以无期限地发行基金份额，当基金持有人想出售时，也可以随时赎回。投资者购买的开放式基金份额越多，基金经理得到的资金越多，这样就可以购买更多的投资资产。

封闭式基金与开放式基金的对比

封闭式基金与开放式基金既有很多相似之处，也有显著的区别。开放
式基金可以无期限地发行基金份额，当基金持有人想出售时，也可以随时
赎回。投资者购买的开放式基金份额越多，基金经理得到的资金越多，这
样就可以购买更多的投资资产。

封闭式基金与开放式基金的对比如表 15-1 所示。

表 15-1 封闭式基金与开放式基金的对比

封闭式基金	开放式基金
发行的基金份额数量固定，向普通股东发售	发行的基金份额不固定
发行后，基金份额可在股票交易所交易	基金份额（包括新发行的份额）可以在基金公司进行买卖
基金份额可以等于、高于或者低于净资产价值交易	基金份额以净资产价值进行交易
份额价格不仅取决于发行基础，还取决于对基金份额的供求	基金价格取决于基金公司中资产的当日收盘价
基金份额持有者可以在二级市场上卖出基金	基金份额持有者可以将基金卖给基金公司，同时，基金经理会被迫卖出投资组合中的债券，以筹集现金
封闭式基金没有到期日，单位投资信托基金则有到期日	除零息基金外，开放式基金没有到期日

271

　　封闭式基金的基金份额是固定不变的，基金出售之后就不再发行新的基金份额。封闭式基金是在交易所或者场外市场交易。大多数封闭式基金都在纽约证券交易所交易，有些在美国股票交易所交易，少量的则在场外交易市场买卖。

　　由于封闭式基金的份额是固定不变的，所以投资者要想投资一只现存的基金（与新基金相区别），就要从市场上那些愿意出售基金份额的持有人手中购买。随着供求关系以及其他因素（如基金回报率、基金资产的平均期限和资产净值（NAV）等）的变化，封闭式基金的价格也会发生变化。

　　与开放式基金一样，资产净值对封闭式基金份额价格的评估十分重要。然而，与开放式基金不同的是，封闭式基金的价格可能高于或低于资产净值。例如，利率下降，投资者对封闭式基金的需求可能会大量增加，从而推动基金的价格高于其资产净值，这时基金会溢价交易。与此同理，当利率上升时，封闭式基金会出现与其资产净值大幅度折价交易的情况。例如，封闭式基金的资产净值为 9 美元，每份基金的价格可能是 7.50 美元（每份基金折价 1.50 美元）。有时，封闭式基金价格相对于其资产净值的折价可能会高达 20%～30%。表 15-2 列出了分别以相对于其资产净值折价和溢价交易的两只基金，以及如何计算其折价和溢价比例。封闭式基金的市场价格可以从金融类报纸或网站上获得。

表 15-2　封闭式基金的折价和溢价

基金名称	交易代码	资产净值	市场价格	溢价率/（折价）率
Blackrock Ins Muni	BMT	10.58	10.10	(4.5)
PIMCO Corp. Inc.	PNC	13.43	14.78	10.1

　　注：市场价格指的是 2008 年 1 月 8 日的价格。计算过程如下：

溢价率/（折价率）=（市场价值－NAV）÷NAV×100%

PIMCO Corp. Inc. 基金的溢价率 =（14.78－13.43）÷13.43×100% = 10.01%

　　基金持有的资产种类及到期期限也会影响基金的单位价格。到期期限越长，单位价格的波动越大。

与开放式基金一样，封闭式基金的种类也很多，包括股票基金、债券基金、国际基金和特殊基金。据 2006 年统计，封闭式基金共有 444 只，其中美国国内应税债券基金 135 只、市政债券基金 276 只、国际市场债券基金 33 只。

封闭式基金的专业经理人（基金经理）会根据基金的投资目标投资不同的金融资产，实现分散化的投资组合。尽管封闭式基金不以发行新的基金份额来扩张它们的资本结构，但其投资组合的资产也能扩张和变化。它们可以出售已发行的债券或购买新的债券，以调整投资组合。因此，当组合中某些债券到期时，债券兑付获得的收益通常会被用来购买新的债券。封闭式基金与开放式基金一样，从来没有到期期限。封闭式基金优于开放式基金的一点在于，其基金经理不需要在基金持股人出售基金时卖出基金投资组合中持有的投资品，其在交易所就可以卖给其他投资者。

封闭式基金资产净值的计算方法与开放式基金大致相同，即用总资产减去总负债，再用净值除以基金的固定份额，就能得到基金的单位资产净值。

封闭式基金可以通过经纪公司买卖。购买时，投资者应该注意以下几点。

- 经纪公司可以承销和销售新发行的封闭式基金股份。
- 经纪公司承销和销售新发行的封闭式基金股份收费很高，这会影响该基金的市场交易价格。例如，某封闭式基金以每份 10 美元的价格出售 100 万份，其中经纪公司收取 6% 的佣金，那么扣除 60 万美元的销售佣金后，只剩下的 960 万美元投资于不同的债券。也就是说，基金份额价格要从最初发行的 10 美元折价进行交易。
- 不建议投资者购买新发行的封闭式基金的原因还有一个，就是基金的投资组合还没搭建好，投资者必然不清楚投资的内容，而对于债券类的基金，其收益率较为明显。

什么是单位投资信托基金

单位投资信托基金（UIT）是封闭式基金的一种，发行的基金份额数是固定的，最初是由信托公司的担保者出售，所得销售金额用于购买信托债券，并持有至到期日。与开放式基金和普通的封闭式基金不同，其投资组合中的交易并不活跃，所以管理费较低，信托基金具有到期日，基金持有者会获得收益。此类信托基金与债券很相配，债券提供持续的现金流以及到期日的本金偿付，而大多数的单位投资信托基金都投资于免税的市政债券。

从理论上讲，单位投资信托基金在市面上的销售应该很具诱惑力，投资者不仅可以获得高额的当期收入，而且在信托资产到期时，还能收回全部本金。在实践中，情况并非总是如此。通过考察单位信托是如何运作的，投资者就可以了解要实现这一"宏伟"目标是多么困难。

像封闭式基金一样，单位投资信托基金销售的份额也是固定的。例如，信托以每份 10 美元的价格出售 100 万份，总共筹集资金 1 000 万美元。扣除 50 万美元的销售佣金后，剩下的 950 万美元的单位信托就投资于不同的债券（与封闭式债券基金一样）。信托会将投资所获得的收益在扣除管理费后寄给投资者。当不同的投资品种到期时，信托就将投资收入偿还给投资者（封闭式基金与之不同的是，当一种债券到期时，它会将得到的收入再投资于其他债券）。投资者投了 1 000 万美元，而只剩下的 950 万美元投资于不同的债券，那么至到期日其价值只有这 950 万美元的债券投资。与此同时，投资的债券也会出现利率和本金上的违约，这时投资者会损失更多。

一般来讲，单位投资信托基金的资产组合在购买后不会改变。换言之，单位信托不会购买新的债券，也不会出售已购买的债券。从理论上说，随着持有资产临近到期日，每只债券的价格会逐渐地接近平价。由于投资组合保持不变，单位投资信托基金的管理费应低于封闭式基金。在封闭式基金中，投资组合会随着债券买卖而变化。

　　与封闭式债券基金一样，单位投资信托基金是在二级市场上交易的，也可以将其卖给信托担保商。然而，在一定的条件下，单位投资信托基金的份额会变得不具有流动性。当利率上升，新投资者不想买入收益率低的债券投资的信托时，就会发生这种情况。因此，由于缺乏流动性，单位信托原来的持有者可能很难出售其信托份额。

封闭式债券基金和单位投资信托基金的风险

　　封闭式债券基金和单位投资信托基金都要承担利率风险。当市场利率上升，单位信托和封闭式基金资产组合中的债券价格就会下跌。这就意味着这些资产份额的价格也会下跌。甚至，如果抛售的压力比较大，信托和基金的价格会跌到资产净值以下；反之亦然。如果利率下降，资产价格就会上升，自然地，信托与基金的单位价格也会跟着上升。由于股票市场抛售的压力比较大，封闭式债券基金和单位投资信托基金的价格可能会跌到资产净值以下，那么此时出售基金份额则有不能达到原始投资价格的危险。而对于封闭式债券基金和单位投资信托基金来说，这已是常态。

　　单位投资信托基金的持有人还有另一个风险，即不能如数收回原始的投资。造成这一局面的因素很多，其中之一是，债券可能会在到期前要求偿付，偿付的价格会低于面值。信托资产的构成、佣金、高额管理费、红利收益以及财务杠杆的使用等，都是增加本金损失风险的因素。在许多情况下，单位投资信托基金和封闭式基金除收取前端佣金外，还会收取大量的年度杂费。这些基金需要获取大量的回报，以遮盖收费侵蚀收益的现实。它们还不得不努力赚取大把的资本利得，以补偿销售佣金及到期时返还持有人的投资额。这也正是投资信托利用财务杠杆和借助衍生证券努力提高回报率的原因所在。

　　基金或信托持有的投资种类对资产净值及定位份额的价格有很大影响。对封闭式基金和单位投资信托基金的原始持有人来讲，当他们第一次认购时，根本无法知道投资组合的构成，只有在原始投资者投入资金之后，基金或信托的经理人才能够购买投资资产。因此，在投资组合完成之前，持有人可能无法评估资产的风险水平。在投资组合中，可能存在低质量的债券，或复杂的衍生证券，其目的在于提高投资组合的收益率。如果低质量债券违约或利率出现了始料未及的变化，这一组合会造成严重的后果，使基金和信托的价格急剧下跌。那些试图出售的投资者，会因价格的大幅下跌而蒙受巨额的损失。

当利率下降时，会出现提前赎回债券的风险，即单位信托的持有人会收回他们的资金，将其投资到利率更低的资产上，从而导致投资者总回报率下降。

许多单位投资信托基金时会利用杠杆来增加收益率。杠杆就是信托用借来的钱补充信托人投入的资金，将其投资于组合资产。目前，因收益率曲线的变化，许多信托在这方面都做得很好。收益率曲线是一条刻画长期与短期利率关系的曲线。现阶段，短期利率低于长期利率，信托就借入短期资金，投资于回报率更高的长期债券。只要短期利率低于长期利率，这一战略就会收到很好的成效。然而，这是一种高风险的投资战略。如果利率到了底线，并开始回升，不仅借入资金的成本会上升，还会使支付给信托持有人的收益率下降，投资组合中不同债券的价格将下降，从而导致单位信托的价格下跌。因此，当利率发生变化时，利用杠杆就会带来更高的风险。

封闭式债券基金和单位投资信托基金的购买要点

封闭式债券基金和单位投资信托基金发行时，基金份额是由经纪公司承购的，并由其负责销售。这一环节中，经纪费用会高达8%，而投资者的投资额会相应减少8%。例如，基金或信托以每份10美元的价格出售100万份，总计1 000万美元，在扣除80万美元（8%）的佣金后，实际只有920万美元可用于投资。这意味着，持有人按每份10美元投资于新的基金或信托后，其份额的价值就下降了，属于折价交易。有些经纪人声称销售封闭式基金不收取佣金，这只是一个文字游戏，他们可能会不收取佣金，但会收取高额的承销费，而这些承销费是由债券持有人承担的。所以说，投资者最好还是等到基金或信托在股票交易所上市后再购买。不要在发行时就购买封闭式债券基金和单位投资信托基金的另一个原因在于，那时资产组合还没有形成，投资者不清楚他们将得到什么，更不清楚收益率是多少。单位投资信托基金的发起人不希望看到信托份额折价交易，对此，他们经常会报出比市场收益率更高的收益率，以防止份额出现按资产净值折价交易的情况。

1. 购买考虑因素

在购买封闭式债券基金与单位、投资信托基金时，投资者应考虑以下几方面的因素：

（1）收益率很重要，投资者在投资前要考察基金的收益率、总回报率和费用比率；

（2）支付红利的频率（半年、季度或者是按月）；

（3）资产的构成及资产的信用质量；

（4）资产投资组合距到期日的平均期限。

上市的封闭式债券基金和单位投资信托基金的单位价格可以在每日新闻报纸上的股票交易栏中找到，或是到金融网站上查询。在买入封闭式基金或信托之前，投资者不要忘记向经纪人或基金发起人索取年度或季度报告。

2. 封闭式债券基金和单位投资信托基金的优势

（1）投资者可以按资产净值折价买入基金或信托，这会提供增加资本利得和提高收益率的机会。采用这一战略时，投资者应注意，若资产净值折价过多可能会造成资本损失。

（2）投资者可以按资产净值溢价卖出基金或信托。

（3）份额较多、交易活跃的封闭式基金或信托比较容易在股票交易所买卖。

（4）对那些追逐收益的投资者来说，大多数单位投资信托基金按月支付红利。

（5）单位投资信托基金有到期日。到期时，投资者可收回所有或大部分资本投入。

3. 封闭式债券基金和单位投资信托基金的劣势

（1）封闭式债券基金和单位投资信托基金都有利率风险。由于单位投资信托基金的资产组合是固定的，所以它们无法规避利率风险。

（2）封闭式债券基金和单位投资信托基金可能面临单位价格与投资组合中债券的价格相背离的风险。当基金或信托的投资者多于买入者，就会促使价格走低（尽管基金的资产良好）。当然，这对投资者而言是买入的好时机，投资者可按资产净值很高的折价买入基金或信托。

（3）经纪人佣金和管理费可能会很高，这会吞噬掉封闭式债券基金和单位投资信托基金的收益率。

（4）有些份额较小、交易不活跃的基金和信托达不到封闭式债券基金和单位投资信托基金的收益率。

（5）当购买初次发行的基金和信托时，投资者会搞不清楚该基金和信托的资产组合。这对单位投资信托基金影响很大。因为，投资者会因此不能把握资产构成的风险以及信托是否会利用财务杠杆来提高收益率。

（6）由于投资组合是固定的，所以单位投资信托基金无防范资产质量下降的措施。

注意事项

- 由于首次发行的封闭式债券基金和单位投资信托基金要将一定比例的初始资金用于支付承销和销售费用，因此，投资者应当避免购买初次公开发行的封闭式债券基金和单位投资信托基金。例如，如果投资者花10美元购买基金，其中0.80美元会用于支付费用，发行后资产净值就减少到9.20美元。
- 在投资之前，投资者应当比较封闭式债券基金和单位投资信托基金的长期业绩。投资者应当避免投资那些历史业绩较差的基金和信托。

- 在买入封闭式债券基金和单位投资信托基金之前，投资者要考察一下其是否收取杂费。
- 如果单位投资信托基金中的债券被提前兑付或出售，所有利息都应返还投资者。如果花掉了返还利息收入，投资者就花掉了自己投资的部分本金。

封闭式债券基金和单位投资信托基金的适用对象

过去，在一定条件下，封闭式债券基金和单位投资信托基金为投资者带来了可观的回报。有时候，投资者可以按资产净值折价买入基金或信托。如果所投资债券的票面收益率高于市场利率，有些封闭式债券基金和单位投资信托基金就会出现相对于其资产净值的溢价交易。单位投资信托基金不买卖所持有的债券，如果在利率下跌时持有至到期日，就能获得较高的收益率。如果债券被赎回，信托会将本金返还给投资者。对封闭式基金而言，基金经理将收回兑付债券的收益，并将之投资于息票率较低的新债券，这会降低基金的平均总收益率。

当封闭式债券基金和单位投资信托基金折价交易时，买进对投资者是十分有利的。事实上，当封闭式债券基金和单位投资信托基金的价格相对于其资产净值出现大幅度折价时，许多投资顾问会建议买进，而当折价较小或溢价交易时，他们会建议卖出封闭式债券基金和单位投资信托基金。这一谨慎战略告诉人们：固定收益封闭式基金和单位投资信托基金对利率的变化很敏感。当市场利率上升时，封闭式债券基金和单位投资信托基金的价格会下跌，这会加大折扣的幅度。

由于其内在特征，投资者在购买单位投资信托基金之前必须仔细审核其各项条款。单位投资信托基金是有到期日的，而投资者能否全部收回其本金尚在未定之中。如果利率持续下跌，单位投资信托基金持有人就能获得较高的收益率，考虑到基金费用的收取，基金持有人可能得不到全部的本金返还。

封闭式债券基金和单位投资信托基金收取的费用高于开放式基金，因而投资者也可以考虑投资共同基金。

单一债券共同基金与封闭式债券基金的对比分析

封闭式债券基金和共同基金很像，给投资者提供了多种不同债券组合及国际债券基金的投资机会。这两种基金的优势都在于管理专业、投资多元化、投资者花少量的钱就可以购买债券，买卖便捷。对于投资者而言，这些优点可以让其对债券的少数缺点忽略不计。

封闭式债券基金优于共同基金的一点在于，投资者可以按资产净值折价买入基金，这就近似于不用 1 美元却买来价值一美元的资产。这种投资策略对债券投资者很有吸引力，他们有足够的耐心等待资产升值。

投资者将手中的基金份额卖回给基金经理，基金经理必须要卖出所持有的债券才有现金，如果共同基金投资者的买卖过于频繁，共同基金经理将面临流动性风险。而封闭式基金就没有此种风险，基金经理可以投资流动性较差的债券。

投资单一债券和封闭式基金，投资者可以在交易日选择买卖的具体价格，而共同基金是以单日交易的收盘价交易。同时，封闭式基金没有最低投资额度的限制，而共同基金则有限制。

在特定情况下，单一债券的收益率通常高于共同基金和封闭式基金，即便是免佣金基金也不例外。后者除了销售佣金外，还存在其他费用，如 12b－1①、经营费用等，这些费用侵蚀了共同基金的收益。投资单一债券，投资者可以避免这些费用。封闭式债券虽然没有 12b－1 费用，但是其经营管理费用较高。

---

① 12b－1 这项费用主要用于补偿财务顾问或销售机构在基金宣传，打印、发送招募说明书，以及打印、发送传单等方面的花费，支付的前提是基金的管理机构在基金发行时就已经参与了 12b－1 计划，并最终需要董事会批准同意才能进行相关支付。12b－1 费用的收取最高限额是 1%。美国证监会是在 1980 年批准该项费用计划的。

　　如果投资者的资金不够建立多元化投资组合，并且没有足够的时间、专业能力以及选择和管理债券组合的兴趣，那么可以投资债券共同基金和封闭式基金。另外，债券基金的范围广泛，为投资者提供了投资多种债券的机会。这一点对于购买单一债券的投资者而言却是不可能的。

　　单一债券、共同基金和封闭式基金的对比如表 15-3 所示。

表 15-3　单一债券、共同基金和封闭式基金的对比

比较项目	单一债券	共同基金	封闭式基金
多元化	需大量投资才能构建多元化投资组合	通过少量投资于持有多元化组合的基金即可	通过少量投资于持有多元化组合的基金即可
买卖难易程度	由于价格缺乏透明度，买卖单一债券较为困难	基金份额买卖方便，但只以当天的收盘价交易	基金买卖方便，流动性好
有无专业管理团队	无	有	有
各种费用	买卖时要交一定的佣金	费用决定于所投的基金，从低到高都有	费用决定于所投的基金，从低到高都有，买卖时还要交佣金
税收计划	基金分红固定，易于算出收益和风险报酬比	基金分红不固定，所获收入会扰乱纳税计划	基金分红不固定，所获收入会扰乱纳税计划

All About Bonds,
Bond Mutual Funds, and Bond ETFs

第16章

投资组合管理
及估值

　　投资组合管理的目的就是通过对多种债券投资产品进行整合，来达到投资者的风险报酬比要求。投资者的目标是投资组合管理最重要的行动指南。

投资者的目标

投资组合管理的目的就是通过对多种债券投资产品进行整合，来达到投资者的风险报酬比要求。投资者的目标是投资组合管理最重要的行动指南。

投资组合的目标主要包括本金的保值、提供现金收入以及寻求资本的升值。例如，寻求资本升值的投资者在资产配置中会倾向于成长股、小盘股以及房地产的投资。投资者会不时地评估投资组合的业绩表现，看其风险与报酬能否满足投资目标。

如果投资者期待现金收入以及资本金的少量提升，那么投资组合中会配置大量的债券以及部分股票。例如，一笔 60 万美元的投资组合包括，50 万美元投资于年收益率为 6% 的债券，一年下来总现金收益为 3 万美元；10 万美元投资于年分红率为 4% 的股票，一年下来还会得到 4 000 美元的现金收入。将少量资金投资于股市，而非 100% 投资于债券，是为了追求潜在的资本增值，同时从总体上减少组合的风险。如果大盘股一年上涨了 8%，股票组合就增值到 108 000 美元，这笔钱已大大超过股票一年的分红收益。

投资者应该意识到，随着时间的推移，不仅个人的投资目标及性格特征会有变化，投资品也会有所改变。受发行公司环境变化的影响，其债券很可能不会满足之前投资时的标准。不是投资组合中所有的投资都能达到预期收益，投资者应该将部分投资产品卖出，用其他的投资品取而代之。这并不意味着投资组合中所有的或大多数的投资品都要持续地变更，只是对其中不能达成投资目标的投资品进行清除。

资产配置

资产配置是关于投资不同类型证券（股票、债券及货币市场共同基金）的投资计划，从而保护投资的资产不受市场上不利因素的影响。从本质上讲，这也是投资者"将鸡蛋放在一个篮子里"的对立面。资产配置的第一步就是确定在各个市场上（货币市场、股票、债券及其他投资工具）的投资比例。

1. 多元化平衡投资组合

多元化是用以平衡投资组合的另一个工具。例如，根据一个良好的资产配置计划，投资组合应该涉及不同资产类型的投资产品，其中投资的股票或债券可能属于同一经济领域的发行公司，这将不利于投资组合的损失隔离。而投资不同经济领域的股票，同时令债券投资品种多元化，这样的组合就能降低遭受损失的风险。

换言之，损失的风险已分散到各个股票和不同的债券品种上，增加的股票和债券种类降低了投资组合的波动，同时也使得整个组合的潜在业绩下调。多元化投资寻求的是风险报酬之间交换的平衡，毕竟投资的收益取决于组合中投资品种的选择。如果按风险的高低对投资品进行分类，那么普通股股票的风险应该是最高的（在股票价格的波动风险方面），其次是长期债券，然后，随着期限的缩短，风险降至最低。投资者应记住：还有许多投资品的风险大于普通股股票，例如商品和期货合约。而在普通股股票之间，其质量差别也很大。一般认为，稳定的蓝筹股风险低于有可疑资产负债表和高负债率的公司发行的债券。

2. 风险级别介绍

不同固定收益债券的风险级别如图 16-1 所示。

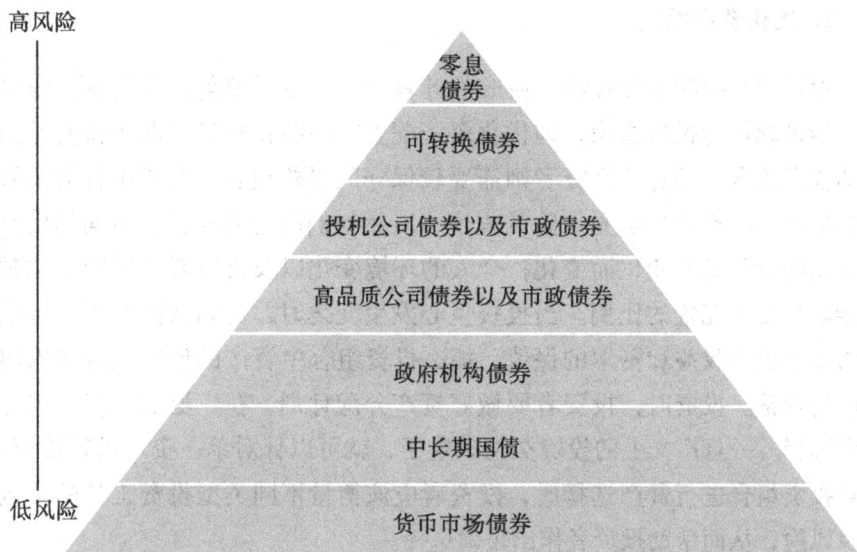

图 16-1　不同固定收益债券的风险级别

在三角形的最底层是货币市场债券，也是所有固定收益债券中风险级别最小的。三角形自下而上，风险慢慢升级，风险级别最高的是零息债券。其实，高收益、低评级的垃圾债券（包括公司债券和市政债券）的风险不低于零息债券。该图对风险级别的分类是相对的，具体的风险情况应该与债券的品质和特征相关。例如，有可疑资产负债表和高负债率的公司发行的债券的风险显然高于高品质的零息债券。

虽然普通股股票因其价格的不稳定被视为风险最大的投资品，但从长期投资的角度来看，股票市场的上下波动被平均化之后，它所产生的收益是较高的。普通股股票为投资组合提供了增值潜力，因此应将其纳入投资资产的范围，以实现长期的增长目标。股票投资的比例取决于投资者的目标与自身的特点。正如前面所讲，一位依靠投资收益生存的投资者，如果其投资组合能够产生充足的现金流来满足他眼前之需，那么该投资者就可以用一小部分资金投资于普通股，使投资组合获得更长远的收益。

3. 优化资产配置

投资组合的配置没有约定俗成的计算公式，在投资前，投资者应考虑以一种理念作为投资指南，即优化资产配置。一些投资者倾向于持有较激进的投资组合，还有些投资者则需要较保守的投资组合。投资组合的配置主要取决于投资者可承受风险的程度，以及他们的时间安排。不同的资产配置比例依环境的变化而变化，个人的环境变化以及投资者目标的变化都可能影响资产配置的比例。当投资重心发生变化时，例如从强调资本增值变为着重提高收益和资本的保值，那么投资组合中资产的比例就应当做出相应的调整。投资时，投资者要做好资产分配计划，在广泛的资产中进行投资选择。一旦广义上的投资类型确定了，就可以针对单一资产进行投资。在对投资组合进行资产选择时，投资者应该衡量不同类型投资工具的特点以及风险，从而帮助投资者作出正确选择。

投资者应该不时地查看和分析自己的资产分配组合，确定是否需要重新平衡这一组合，或者将其与投资目标进行再匹配。资产分配计划进行再平衡的频率也取决于投资组合的管理风格。消极的投资管理风格意味着任其投资组合发展，也就是说，任意购买和选择投资工具，而不管市场上影响组合中投资工具的因素。积极的组合投资风格意味着，在外在的环境可能影响投资收益时，应改变组合中的投资资产。债券组合管理与股票组合管理大不相同。债券能够为投资者提供稳定的收入，并且有固定的期限；而股票则没有到期日，若不分红就无稳定的收入，未来股票价格具有不确定性。这意味着，在股票投资组合管理中，投资者应注意股票产品的选择，尽量购买那些最有可能增值的股票。

4. 重新平衡投资组合的优缺点

重新平衡资产分配组合既有优点又有缺点。优点如下：

★ 投资组合中的资产比重与投资者的目标、个人特征、风险承受力以及收益水平相匹配；

★ 通过出售已升值资产来实现资本利得，可以降低损失的风险。

缺点为：

★ 需付出一定的成本，包括交易成本（佣金）、间接管理成本和咨询费等；

★ 可能售出价格上涨资产，购进价格下跌资产，从而产生损失的风险；

★ 所售债券涉及税收。

5. 重新平衡投资组合的必要性

重新平衡投资组合的必要性如下所示。

（1）投资者始于以下资产分配计划，如图 16-2 所示。

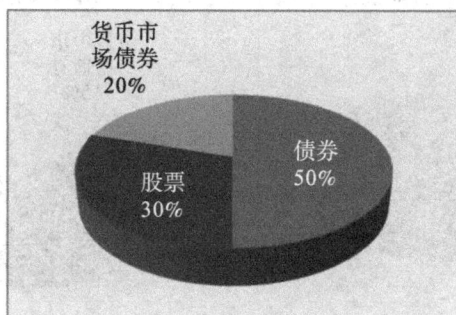

图 16-2　初始资产分配组合

（2）一年后，由于股票的迅速增值，资产分配组合调整成以下比例，如图 16-3 所示。

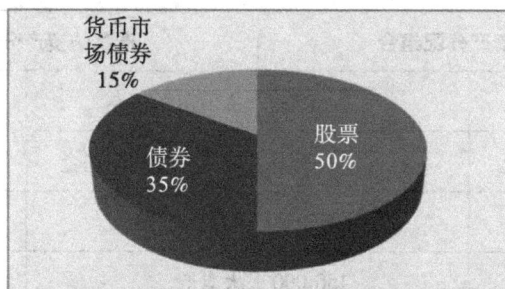

图 16-3　一年后的资产分配组合

（3）必要时，重新平衡投资组合。投资者需确定新的资产分配组合是否与自己的投资目标、个人环境及风险承受力一致。随着股本资产的增值，在新的投资组合中，股票占了50%，而债券比例则从50%下降到35%。对于依靠投资产生的收入生活而不是追求资产增值的投资者来说，这一组合是不合适的。重新平衡就要求卖出部分股票，购入更多能够提供固定收入的债券，从而使资产分配组合更好地被投资者所接受。

（4）重新平衡后推荐的资产分配组合如图16-4所示。相关说明如表16-1所示。

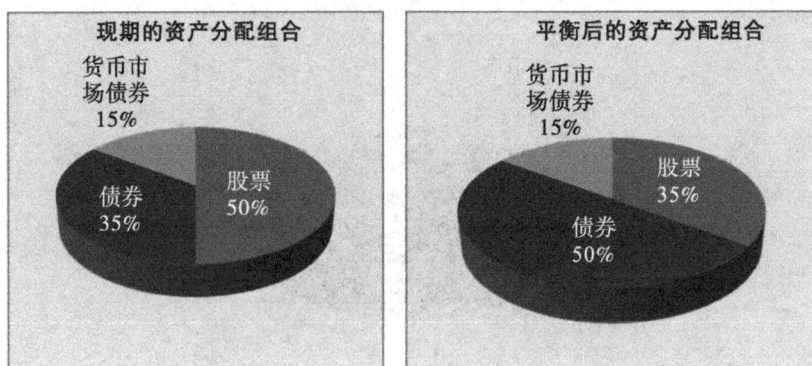

图 16-4　现期的和平衡后推荐的资产分配组合

表 16-1　现期的资产分配组合和推荐的资产分配组合的比较说明

金额单位：美元

现期的资产分配组合		推荐的资产分配组合	
货币市场债券	15%	货币市场债券	15%
货币市场共同基金	45 000	货币市场共同基金	45 000
股票	50%	股票	35%
大盘股	150 000	大盘股	52 500
债券	35%	中型股	52 500

（续表）

现期的资产分配组合		推荐的资产分配组合	
个人债券	105 000	债券	50%
		中期市政债券	50 000
		长期国债	25 000
		中期机构债券	35 000
		AAA 等级的公司债券	40 000
总计	300 000	总计	300 000
税前收益率	5.10%	税前收益率	6.15%
税后收益率	3.15%	税后收益率	4.5%
风险（标准差）	9.00%	风险（标准差）	7.65%

如果投资者的目标和个人特征在一年后没有发生变化，资产分配计划应该同以前的组合一致。

6. 不同投资目标的不同资产组合配置模型

投资最为重要的是资产分配组合计划，这个计划中所包含的可投资资产的内容较为广泛。以下针对不同投资目标，讲述了如何建立相应的资产分配组合计划。

（1）保守型的投资组合

保守型投资组合的投资者是以资本的增值保值为目的，其投资的比重倾向于高品质的债券和一些普通股，如图 16-5 所示。

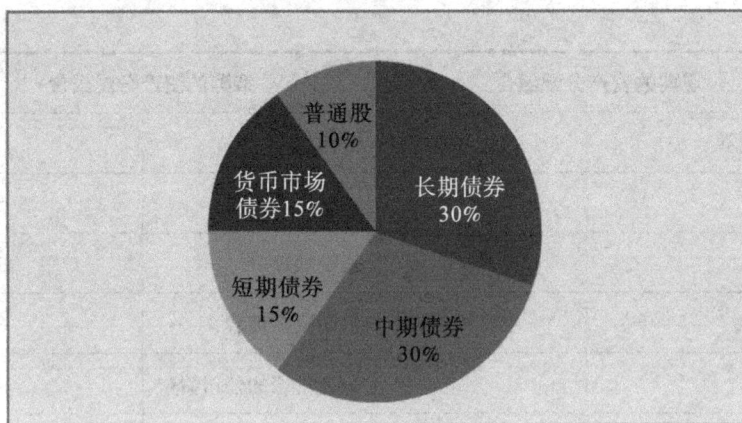

图 16-5　保守型投资组合的资产配置

（2）平衡型的投资组合

一个平衡的投资组合包括占有较大比例的普通股，其目的是为了实现资本的增值以及大比例的固定收益，以提供现金收入，如图 16-6 所示。

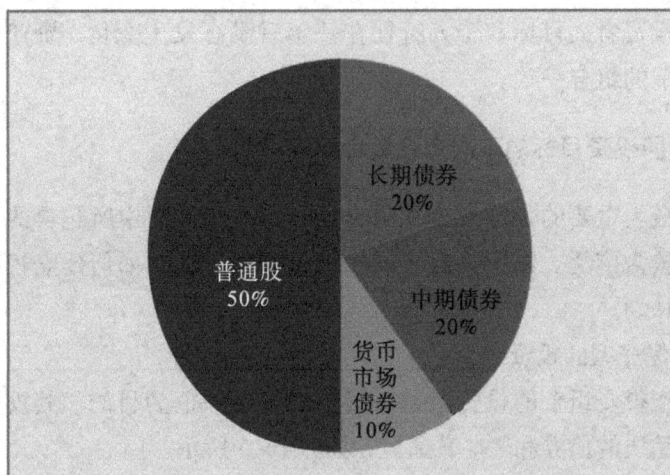

图 16-6　平衡投资组合的资产配置

（3）激进投资组合的资产配置

一个激进的投资组合，为了获取资本增值，其更倾向于持有高比重的普通股股票，如图 16-7 所示。

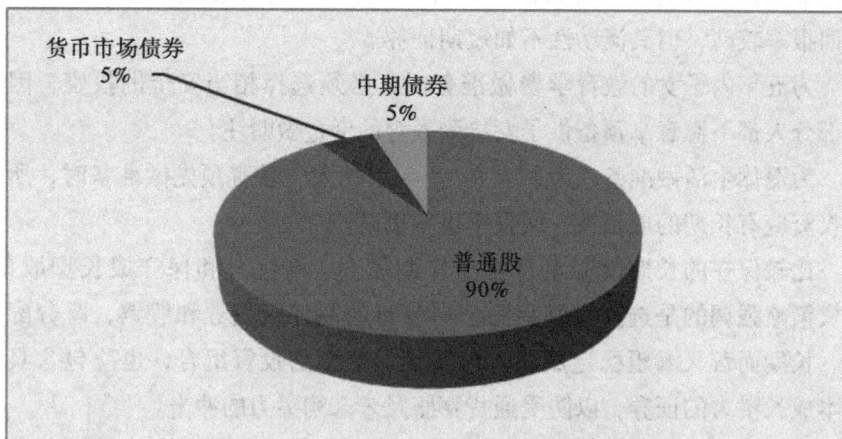

图 16-7　激进投资组合的资产配置

选择个别投资

为了选择特定的资产来搭配个人目标，投资者必须了解不同资产的特性和风险。立即需要的资金和应付急需的资金，应投资高流动性的资产，适合的投资对象有货币市场共同基金、支票存款账户和储蓄账户。投资期限从立即需要资金拉长到短期内需要资金时，可投资 CD 存单、国库券和商业本票，这类投资可以略微提高回报率。但是，这里面只有国库券具有市场性，也就是到期前能在二级市场出售。

这些个别投资（储蓄账户、CD 存单、货币市场共同基金、国库券及商业本票等）提供一些应税所得，流动性高，但没有市场性（国库券除外），也不可能创造资本收益。投资这类资产，虽然不会失去本金，但还是存在投资回报率赶不上通货膨胀率的风险。

关注中期目标的投资，期限可达数年，例如买车、买房、买家电或准备子女的教育学费以及将来可能急需的资金，对此所选的投资产品应相对安全。这类投资产生的回报率一般会高于储蓄账户或短期货币市场债券。

短期到中期的债券提供的回报率高于货币市场债券，但债券期满还本前，如投资人因急需资金而将其出售，会产生资本收益或损失。虽然中期证券的回报率较高，但其流动性不如短期证券。

为五年内子女的教育学费做准备时，必须选择相当安全的投资，因为大部分人都不愿意拿预备供子女接受教育的资金做赌注。

为退休生活做准备或为初生儿 18 年后的大学教育预先做准备时，所选的投资应有长期的成长性，回报率也应更高。

比较保守的长期投资组合包括长期债券、绩优股和保守成长型股票。投资策略强调的是选择根基稳固公司发行的高评级债券和股票，既分配股利，长期而言又渴望稳定成长。即使是保守型的投资组合，也应包含具有资本成长潜力的证券，以防受通货膨胀及未来购买力的冲击。

如果投资人能够接受比较高的风险水平，则可以建立投机性较浓的投资组合，以获取较高的成长率和报酬，资产内容包括成长型股票，小型、新兴公司的股票，可转换债券，垃圾债券，不动产，期权，商品以及期货。关于期权、商品和期货投资，不建议在投资组合中占重要地位。投机心较强的投资人，即使了解这些投资的细节，这些投资产品在总投资组合中所占的比率也不应高于 5%。前面提到的其他资产让投资人有机会获取很高的收益，但发生损失的风险也较大。投资外国债券和股票时，也应考虑这些风险。投资人应先提前做好功课，充分了解投资产品的有关风险。虽然国际共同基金有助于分散若干风险，但投资海外资产一定会有汇率风险。

总之，在建立投资组合，考虑选择不同类型的债券时，投资人应了解各种资产的特性和风险。应对风险的策略如表 16-2 所示。

表 16-2　应对风险的策略

投资产品	风险	策略
普通股	市场风险	进行长期投资
	金融风险	分散投资，对低资产负债率的公司进行投资
	利率风险	根据投资者的投资时间，实行消极或积极的管理策略
	市场利率下调时	增加组合中股票的比重
	市场利率上升时	减少组合中股票的比重
	信用风险	投资于高品质的债券
	购买力风险（通货膨胀风险）	采取积极的组合投资管理策略。通货膨胀率上升时，投资股票（例如黄金、石油和大宗商品）可以增加组合抗击通货膨胀的能力
债券	利率风险	利率管理策略
	市场利率下调时	延长债券的投资期限
	市场利率上浮时	缩短债券的投资期限，实行投资组合的梯形化策略
	信用风险	投资于高质量债券，缩短投资期限
	通货膨胀风险	投资通货膨胀保值债券

投资组合的管理

1. 消极的管理方式

有些债券投资者不相信自己能够抓住市场的波动，从收益率变化中获取利润，他们一般采用消极的管理方法。这类投资者的投资哲学是"买入持有至到期"，所以购入的债券期限或久期要与组合的投资时间相匹配，对此，投资者务必注意债券的品质、赎回条款以及息票率。投资者可以采用梯形化策略、哑铃式策略或子弹式策略来安排投资品的期限。

消极管理的另一种形式是建立跟踪某一指数的债券组合，即指数化策略。例如，美林债券指数、雷曼债券指数。雷曼债券指数中的公司债券指数拥有超过 4 000 多个债券，这对个人投资者而言"跟踪"很难。

消极策略的优势在于，其不仅可以使交易成本最小化，还能使债券在到期日之前的价值波动不影响其投资目标。如果投资者在到期前因某种理由需要资金，那么市场的现价就非常重要。

2. 积极管理方式

积极的投资组合管理方法则是希望通过管理来影响投资的最终利益，具体管理方式包括债券互换、预期利率的变动、分析债券的价值和信用以及对收益率的管理。

（1）债券互换

债券互换是指用新债券替代投资组合中的旧债券，这一战略是以减免资本增值税为目的。在纳税年度期末，如果投资者有来自于其他交易的资本收益，那么可以卖掉一些价格下跌造成亏损的债券，以此抵消部分或全部资本收益（如果投资者的组合中仅持有债券，并且债券的价格没有下跌，则不宜采用这种策略），出售债券的收益用于购买类似的债券（相同的期限和质量），然后将一组债券与另一组类似的债券进行互换，这样，投资者就可以通过损失额达到节税的目的，从而获得收益。

债券互换的其他理由是为了提高收益率（用一个较低收益的债券来换一个较高收益的债券），或是从不同种类债券的价格差异中获益，例如出售机构债券并用高收益的公司债券取而代之。

（2）预期利率变动

预期利率变动可以促使投资者互换不同期限的债券。如果预期市场利率走高，投资者可以把现有的债券换成期限较短的债券；如果预期市场利率走低，投资者可将其持有的短期债券换成期限较长的债券。

（3）延长所持有债券的期限

当收益率曲线表明长期债券利率会持续高于中期和短期债券时，投资者可以考虑延长所持有债券的期限。但要记住：债券期限越长，潜在的不稳定性就越大。

（4）增加低质量债券的持有量

在增加低质量债券的持有量之前，投资者需要核查高质量债券与低质量债券的收益差，看收益差是否足够大，是否值得去冒险。从国库券投资转换为具有高收益的高质量公司债券，也许比从国库券转换为垃圾债券更能减轻投资者担忧。如果垃圾债券风险太大，可以将转换的范围扩大至中等质量债券，而向低质量债券转换的前提条件是，投资者能够承受因转换而增加的风险。

（5）增加税后收益

如果投资处在高税率档，不妨考虑一下购买市政债券，以增加税后收益。计算方法为：用1减去边际税率，再除以市政债券的免税收益。例如，对于一个税率处于39.6%档次的投资者来说，市政债券4.5%的收益率相当于7.45%的应税收益率。如果税后收益率大于投资者从应税债券中所获得的利润，那么投资者就应该考虑购买市政债券。

总之，投资者应追求未考虑市场利率变化的战略，而不是试图去预测市场利率水平。通过匹配战略（matching strategy），投资者可以确定各投资工具的持有期或者时间计划，继而选择久期等于持有期的投资组合。例如，如果持有期是七年，就选择久期为七年的债券组合。

久期与债券期限正相关（债券期限越长，久期越长），与息票率和市场利率负相关（息票率越高，久期越短）。同样的，久期与市场利率呈反向变动。通过将久期与资金需要的时间进行匹配，利率风险将降到最低水平。如果市场利率上升，组合中债券的价值下降，那么获得的利息收入将在更高的利率水平上进行投资。同样的，如果市场利率下降，投资组合中的债券价值上升，其获得的利息收入将在较低的利率水平上进行再投资。通过久期的使用，可以保护投资组合不受市场利率变动的影响。

收益率曲线战略

积极的债券组合管理包括预测未来市场利率，并且利用这一信息调整投资组合，进而从利率变化中获利。其中，一种主要方法就是预测未来市场利率及收益率曲线形状，基于这两个预测进行债券组合的期限选择。

在为投资组合选择债券期限时，存在三种收益率曲线战略，它们是梯形化战略、哑铃式战略及子弹式战略。

1. 梯形化战略（ladder strategy）

梯形化战略是帮助投资者应对市场利率变动的又一个方法。这个方法属于消极战略，不需要投资者预测未来利率。通常来说，长期债券到期收益率最高，其利率风险也最高。梯形化战略包括一段期限内的短期、中期和长期债券，而不单单追求最高到期收益率。图 16-8 描绘了一个投资期为 10 年的梯形化投资组合，其组成包括 10% 的一年期债券、10% 的两年期债券等，以此类推。一年期的债券到期后，投资者将收回的资金（如果投资者不需要的话）再投资于 10 年期的债券，以维持原有的梯形机构。而年限的选择取决于投资者的个人需要。其中，有 1～5 年的短期结构，也有 1～20 年的长期结构。

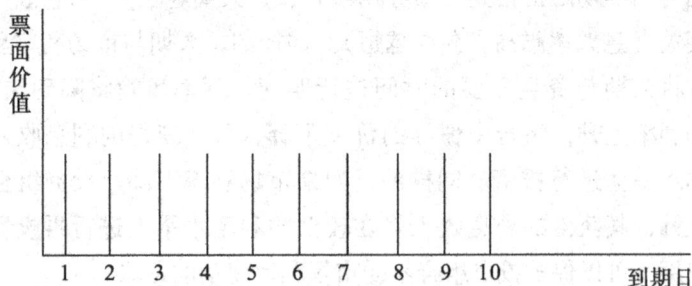

图 16-8　梯形化战略

梯形化战略的优点在于:

- 投资的资金逐年回收，可以满足任何短期资金需要;
- 投资于短期债券的收益通常高于货币市场债券;
- 能够降低市场利率波动对投资组合价值的影响。

梯形化组合的不利之处在于如果预测到市场利率的变化，投资者将不得不出售组合中的大部分债券，以应对这种变化。例如，在上图 10 年期的梯形化投资组合中，如果利率上升，投资者要将组合中 9/10 的债券替换成息票率更高、期限更短的债券。同理，如果利率下降，投资者要将组合中大部分短期债券替换为期限更长、息票率更高的债券。

2. 哑铃式战略（dumbbell strateegy）

哑铃式战略主要是用来克服梯形化战略的主要缺点：为利用预期或实际利率变动而不得不清算投资组合中的大部分债券。具体如图 16-9 所示。

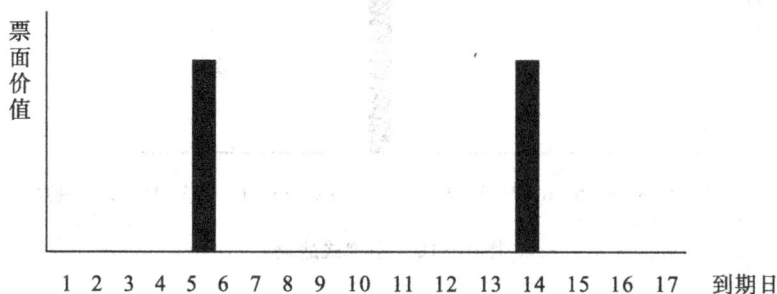

图 16-9　哑铃式战略

哑铃式战略中仅包括短期债券和长期债券。图 16-9 描绘了到期日集中于第 5 年和第 15 年的投资组合。投资组合直接排除了中期债券，这使得投资者能够更好地利用市场利率的预期变化。如果投资组合中的一半是短期债券，那么在预期利率下降时，投资者可以卖出短期债券继而购买长期债券。同样，在预期市场利率上升时，则将长期债券替换成短期债券。

哑铃式战略的优点在于：

- 排除了中期债券，投资组合一方面从短期债券中获得了更强的流动性，另一方面从长期债券中获得了更大的收益；
- 在预期市场利率变动的情况下，仅需要替换组合中一半的债券；
- 如果对市场利率的预期准确，投资者无需改变投资组合。

哑铃式战略的不利之处在于，如果对市场利率预期错误，投资者可能遭受更大的损失。

3. 子弹式战略（bullet strategy）

子弹式战略主张将资金集中投资于一种期限的债券投资组合，如图16-10所示。

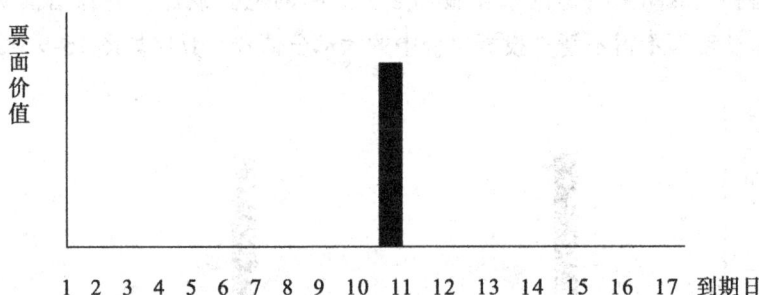

图 16-10　子弹式战略

图 16-10 显示了到期日集中于第 10 年的投资组合。投资者对利率的预期以及对现金的需求是决定具体投资年份的因素。

子弹式战略的优点在于，如果投资者在将来某一特定时刻需要现金，那么这一战略能够将债券的到期日锁定在这一特定时刻。其不利之处在于，利率的不利变动会影响整个投资组合。

梯形化战略、哑铃式战略以及子弹式战略都是为了消除投资组合中利率风险对组合的影响。债券投资组合成功管理的关键在于对市场利率的准确预测。

积极的投资组合管理还包括对组合债券的信用风险进行监控管理。这一监控理想的目的是将债券在评级机构下调评级之前卖出，以避免评级下调后债券价格急剧下跌所带来的损失。但是，大多数的投资者不能够提前洞察这类风险，所以在决定债券的售出或持有并进行信用风险判断分析时，投资者除了对外部宏观经济因素进行分析，还要对具体公司（公司债券）、市政机构等的财政状况进行调查了解。

还有一个积极的投资组合管理方法是对收益率差的分析，即比较债券的到期收益率和美国国债的基准利率。一般情况下，如果不同投资债券与国债的收益率差加大，则预示经济增长放缓，低等级的债券则面临更大的违约风险。反之，不同投资债券与国债的收益率差缩小，则预示经济增长加快，低等级债券的违约风险降低。2008 年 3 月，信用市场通过与国债相比，出现了高达 2.17% 的收益率差（又称信用利差），这反映出了资产抵押债券的违约风险程度。2007 年夏天，公司垃圾债券与期限国债收益率的收益率差从 2.4% 升到了 8%。

投资者应该用心观察收益率差的变化，如果投资者没有提前观察到政府支持的资产抵押债券会有违约的迹象，大可放心地将国债置换为政府支持的资产抵押债券，以获得额外的收益差。这里要注意一个问题，投资者应时刻质疑通过这样的置换所获得的收益是否值得抵消投资高风险债券所带来的额外风险。

《债券及债券基金投资从入门到精通》
编读互动信息卡

亲爱的读者：

感谢您购买本书。只要您以下三种方式之一成为普华公司的会员，即可免费获得普华每月新书信息快递，在线订购图书或向我们邮购图书时可获得免收图书邮寄费的优惠：①详细填写本卡并以传真（复印有效）或邮寄的方式返回给我们；②登录普华公司官网注册成为普华会员；③关注微博：@普华文化（新浪微博）。会员单笔定购金额满300元，可免费获赠普华当月新书一本。

哪些因素促使您购买本书（可多选）

○本书摆放在书店显著位置　　　○封面推荐　　　　　　○书名

○作者及出版社　　　　　　　　○封面设计及版式　　　○媒体书评

○前言　　　　　　　　　　　　○内容　　　　　　　　○价格

○其他（　　　　　　　　　　　　　　　　　　　　　　　　　　）

您最近三个月购买的其他经济管理类图书有

1.《　　　　　　　　　　》　　　2.《　　　　　　　　　　》

3.《　　　　　　　　　　》　　　4.《　　　　　　　　　　》

您还希望我们提供的服务有

1. 作者讲座或培训　　　　　　　2. 附赠光盘

3. 新书信息　　　　　　　　　　4. 其他（　　　　　　　　　　）

请附阁下资料，便于我们向您提供图书信息

姓　　名　　　　　　　联系电话　　　　　　职　　务

电子邮箱　　　　　　　工作单位

地　　址

地　　址：北京市丰台区成寿寺路 11 号邮电出版大厦 1108 室

　　　　　北京普华文化发展有限公司（100164）

传　　真：010-81055644

读者热线：010-81055656

编辑邮箱：fuweiwei@puhuabook.cn

投稿邮箱：puhua111@126.com，或请登录普华官网"作者投稿专区"。

投稿热线：010-81055633

购书电话：010-81055656

媒体及活动联系电话：010-81055656　　　　　　邮件地址：hanjuan@puhuabook.cn

普华官网：http://www.puhuabook.cn

博　　客：http://blog.sina.com.cn/u/1812635437

新浪微博：@普华文化（关注微博，免费订阅普华每月新书信息速递）